교 육 사 회 학

주동범·김정희·정일환 공저

SOCIOLOGY OF EDUCATION

동문사

머 리 말

교육사회학은 교육의 제 현상을 사회학적 관점에서 접근하려는 학문이다. 교육사회학이란 학문이 우리나라에 소개된 지도 벌써 60여 년이 지났으며, 그 과정에서 양적으로뿐만 아니라 질적으로 많은 발전을 이룩하였다. 이러한 모습은 교육사회학과 관련된 많은 문헌들이 관련 학자들의 노력에 의해 출판된 숫자만 보아도 짐작할 수 있다.

지금까지 대학의 강단에서 교육사회학을 강의하면서 많은 문헌들을 접할 수 있었다. 지금까지 출판된 교육사회학 관련 문헌들은 그 나름의 독특한 특성을 지니고 있다. 누구를 대상으로 집필되었느냐에 따라, 그리고 저자의 관점에 따라 문헌의 체제나 내용은 다양할 수밖에 없다. 그러나 좀 더 쉽고 학생들이 이해하기 용이한 교육사회학 문헌이 없을까 하는 아쉬움이 늘 남아 있었다. 그래서 이 아쉬움을 조금이나마 무엇인가로 채우기 위한 노력의 일환으로 이 책을 기획하였다. 이 책은 저자들이 '교직과정을 위한 교육사회학'(2002, 원미사), '교육사회학'(개정판, 2005, 대건인쇄출판사) 발간 이후, 이를 토대로 사회변화와 학문발달 추세에 따라 내용의 보완 필요성을 인식하게 되어 집필하였다.

이 책은 대학에서 학부 및 교육대학원의 교직과정으로서 교육사회학을 처음 접하는 학생들과 학부 전공과목에서 교육사회학을 이수하는 학생들을 대상으로 하여 집필하였다. 교육사회학이란 학문이 어떤 성격을 지니고 있으며, 관련된 이론에는 어떤 것들이 있는지, 그리고 어떤 영역을 탐구하고 있는지를 소개하고자 하였다. 이러한 목적을 위해 이 책은 학생들이 교육사회학의 내용을 쉽게 이해할 수 있도록 가능하면 용이하며 평이한 수준에서 집필하고자 노력하였다.

이 책은 총 3부 12장으로 구성되어 있다. 제I부 '교육사회학의 이해'는 크게 두 개의 장으로 되어 있는데, 교육사회학에 대한 학문적 이해를 돕기 위해 교육사회학의 성격 및 이론 등을 포괄적으로 소개하였다. 제1장에서는 교육사회학의 성격을 규명하고자 교육사회학의 학문적 특성, 교육사회학의 발달과정,

교육사회학의 탐구영역 등을 기술하였다. 제2장은 교육사회학에서 주요하게 다루어지고 있는 이론들인 기능주의 이론, 갈등주의 이론, 상징적 상호작용 이론, 해석학적 이론, 신교육사회학 이론, 교육과정사회학 이론을 소개하였다. 각 이론에 대한 독자 또는 학생들의 이해를 돕기 위해 각 이론을 기본 관점, 교육 및 학교교육을 보는 관점, 그리고 평가 등으로 나누어 포괄적으로 기술하였다.

제II부 '교육사회학의 실제'는 여섯 개의 장으로 구성되어 있으며, 교육사회학의 실제적인 연구 주제나 영역이라 할 수 있는 사회화, 가정, 학교, 사회변화, 평생교육, 다문화사회를 다루었다. 제3장은 사회화라는 주제를 다루면서 사회화의 의미, 사회화에 대한 여러 이론 중 Freud, Bandura, Mead, Cooley의 이론, 사회화 과정에 영향을 미치는 주요 매체 또는 기관을 기술하였다. 제4장은 가정과 교육 간의 관계를 탐색하고 최근의 가정의 변화와 그에 따른 교육적 문제점 등을 기술하면서 가정의 교육적 기능을 새롭게 부각시키려고 노력하였다.

그리고 제5장 학교와 교육에서는 학교의 교육적 기능, 교사-학생 관계, 교육환경, 대안교육, 학교교육의 과제를 살펴보았다. 제6장에서는 사회변화와 교육 간의 관계를 탐색하기 위해 사회이동, 사회계층, 그리고 불평등의 문제를 다루었다. 그리고 이러한 사회변화 속에서 교육의 역할 및 기능을 조명해보려고 하였다. 제7장 평생교육에서는 평생교육의 성격, 평생교육 정책, 평생교육의 과제 등을 개략적인 수준에서 소개하였다. 제8장 다문화사회와 교육은 다문화사회의 의미, 다문화교육정책, 다문화사회와 교육의 과제를 제시하였다.

제Ⅲ부 '교육과 사회발전'은 네 개의 장으로 되어 있으며, 제I부와 제II부의 교육사회학의 이해와 실제를 토대로 하여 사회발전 패러다임, 문화발전, 양성평등교육과 교직사회, 인적자원개발을 다루었다. 제9장 교육과 사회발전 패러다임에서는 발전패러다임이란 무엇이며, 그 유형에는 어떠한 것들이 있는지를 기술하였다. 그리고 사회발전 패러다임 속에서 교육이 담당하는 역할이나 기능을 포괄적으로 제시하였다. 제10장 교육과 문화발전에서는 교육과 문화발전간의 관계를 다루면서 문화발전의 과정에서 교육이 어떤 역할 및 기능을 하는지를 기술하였다. 제11장 양성평등교육과 교직사회의 이해에서는 양성평등교육의 의의, 성불평등에 대한 교육적 관점, 교직사회의 이해에 대해 기술하였다. 마지막으로 제12장 교육과 인적자원개발에서는 인적자원개발의 의미, 특징, 교육의 역할 등을 탐색 · 제시하였다.

이 책은 교육사회학의 모든 부분을 다루지 못하고 있다. 미진하거나 누락된 내용들은 차후 더 많은 노력을 기울여 계속 보완 · 수정할 계획이다. 따라서 이 책의 미흡한 점이나 부족한 점은 많은 선배나 동학의 끊임없는 지도 편달을 통해 보충해 나갈 계획이니 아낌없는 조언을 바라는 바이다. 끝으로 이 책이 나오기까지 많은 조언과 격려를 아끼지 않으신 동문사 이중수 사장님과 책이 곱게 편찬되도록 수고하신 편집부 직원들께도 고마움을 표한다.

2013년 7월

저자 일동

목 차

목 차

제III부 교육과 사회발전

part

1

교육사회학의 이해

제I부 교육사회학의 이해는 크게 두 개의 장으로 구성되어 있다. 먼저 제1장에서는 교육사회학이란 학문이 무엇이며, 어떤 특성을 가지고 있고, 어떻게 발달되어 왔는지 등을 포괄적으로 다룬다. 제2장에서는 교육사회학의 학문적 기초를 이해하기 위해 교육사회학의 주요 이론들을 다룬다.

제1장 교육사회학의 성격에서는 교육사회학의 학문적 특성을 규명해보기 위해 교육과 사회와의 관계, 교육사회학과 사회학의 관계, 그리고 교육사회학이라는 학문이 가지는 고유한 특성에 대해 알아본다. 그리고 교육사회학이 발달되어 온 과정을 서구에서의 경우와 한국에서의 경우로 나누어 살펴본다. 또한 교육사회학에서 다루고 있는 영역 또는 주제에는 어떠한 것들이 있는지도 검토해 본다.

제2장 교육사회학의 이론에서는 교육사회학에서 주요하게 다루어지고 있는 이론들을 탐색해 본다. 이를 위해 교육사회학의 이론들을 크게 여섯 가지 즉, 기능주의, 갈등주의, 상징적 상호작용, 해석학적 이론, 신교육사회학, 그리고 교육과정사회학으로 나눈다. 각 이론들을 좀 더 자세히 이해하기 위해 각 이론이 취하고 있는 기본 관점, 각 이론이 교육을 보는 시각, 그리고 각 이론에 대한 평가 등을 검토해 본다.

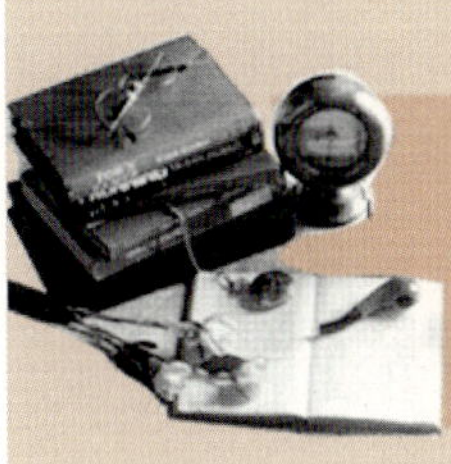

CHAPTER

교육사회학의 성격 01

이 장에서는 교육사회학이란 어떤 학문인지를 고찰해 본다. 이를 위해 교육과 사회와의 관계, 교육사회학과 사회학간의 관계, 교육사회학의 학문적 특성이 무엇인지를 살펴본다. 그리고 교육사회학이 서구와 우리나라에서 어떻게 발달되어 왔는지를 알아보고, 마지막으로 교육사회학에서 주요하게 연구되고 있는 영역 또는 주제는 무엇인지를 탐색해 본다. 이러한 일련의 탐색은 교육사회학이라는 학문에 대한 이해의 폭을 넓히는 데 도움을 줄 것이다.

제1절 교육사회학의 학문적 특성

1. 교육과 사회

오늘날 인간이 영유하는 활동은 다양화되고 있을 뿐만 아니라 점점 더 복잡한 양상을 띠고 있다. 정치활동, 경제활동, 사회활동, 문화 활동 등은 대표적인 인간의 활동이며 인간은 이러한 활동에 영향을 줄 뿐만 아니라 그러한 활동으로부터 영향을 받고 있다. 즉, 인간과 인간 활동 사이에 상호작용이 존재하고 있는 것이다.

인간의 제반 활동은 다양한 메커니즘(mechanism)을 가지고 있으며 그 나름의 추구하는 다른 목적을 가지고 있다. 비록 이러한 활동이 다른 목적 및 내용을 지니고 이루어지고 있지만 분명한 사실은 이 모든 활동이 사회(society)라는 하나의 커다란 구조 속에서 이루어지고 있다는 것이다. 사회라는 구조를 벗어나서는 인간의 활동은 생각할 수 없으며 또한 아무런 의미가 없다고 할 수 있다.

인간이 추구하는 많은 활동 중 매우 중요한 위치를 차지하고 있는 활동이 교육 또는 교육활동이다. 오늘날의 교육은 과거와는 다른 관점에서 평생 동안 이루어지고 있다고 보고 있다. 즉, 인간은 태어나면서부터 죽을 때까지 교육을 받고 있으며 형식적인 학교교육뿐만 아니라 비형식적인 교육 모두가 이루어지고 있다.

이러한 교육 및 교육활동은 위에서 언급한 인간의 제반 활동과 마찬가지로 사회라는 큰 구조 속에서 이루어지고 있다. 교육은 한편으로 사회를 깊이 반영하고 사회로부터 구속을 받는다. 다른 한편으로 부분적으로나마 자유롭기도 하며, 사회에 적극적으로 영향을 미치기도 한다(이종각, 2005). 교육과 사회는 서로 영향을 주고받으며 발전을 꾀하고 있고 교육의 제반활동은 사회구조 속에서 이루어지고 있는 것이다.

교육과 사회와의 관계는 크게 세 가지 측면으로 설명할 수 있다(이종각, 2005). 교육은 사회에 대해 기본적 관계, 수동적 관계, 능동적 관계의 세 가지 관계를 가지고 있다.

첫째, 교육의 사회에 대한 기본적 관계란 본질을 의미하는 것으로 교육과 관련된 모든 활동 자체가 사회를 벗어나서는 아무 의미가 없음을 뜻하는 것이다.

둘째, 교육의 사회에 대한 수동적 관계란 교육이 사회로부터 받는 일방적 영향을 말한다. 교육은 우선은 사회의 피구속적인 활동이며 교육은 사회가 만들어 놓은 대로 이루어지는 측면이 강하다. 교사이든 학생이든 학부모이든 이미 사회에 의해 만들어진 제도와 내용과 방식에 따라 교육을 시키며 받고 있다. 교육의 다양한 측면들이 사회의 제도, 규범, 규칙, 가치 등에 의해 영향을 받고 있음을 나타낸다.

셋째, 교육의 사회에 대한 능동적 관계란 교육이 사회에 미치는 영향으로 혁신적 관계인 것이다. 이것은 주체적인 인간의 형성이 교육을 통해 이루어지고 있고 교육받은 인간이 사회의 발전에 영향을 미치고 있는 것이다. 이렇게 볼 때 교육은 사회의 여타 부문으로부터 완전히 구속된 것이 아니라 상대적 자율성을 가진 하위부문이며, 사회와 적극적인 관계를 맺고 있는 것이다.

이처럼 교육과 사회는 불가분의 관계 속에 놓여 있다. 따라서 교육 또는 교육과 관련된 제반 현상이나 문제들을 이해하기 위해서는 그 기저가 되는 사회적 메커니즘을 이해해야만 한다(그림 1-1 참조). 이것이 교육에 대한 사회학적 탐구 및 이해 또는 교육사회학에 대한 탐구와 이해가 필요한 까닭이다.

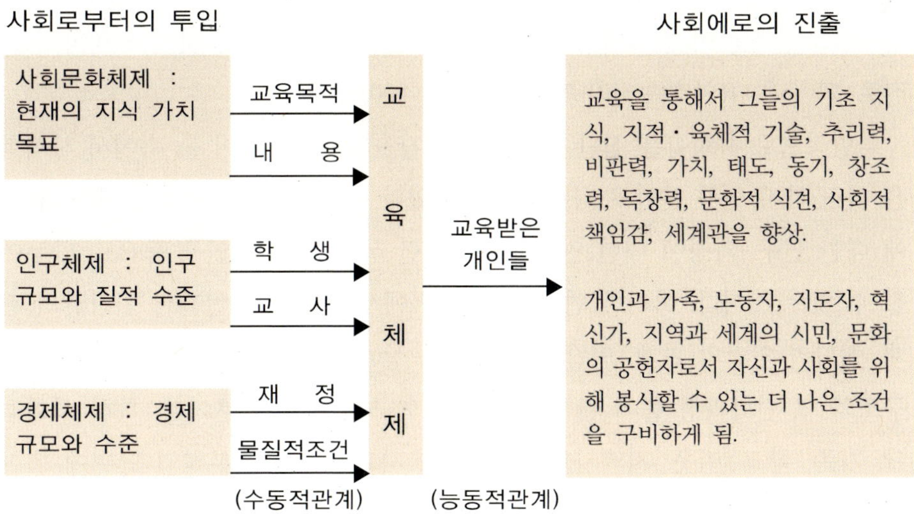

그림 1-1 교육과 사회와의 관계

출처 : 이종각(2005: 41).

2. 교육사회학과 사회학

교육의 사회적 탐구와 이해라고 여겨지는 교육사회학(sociology of education)과 사회학(sociology)은 여러 가지 면에서 유사성을 띠고 있다. 교육사회학이란 무엇인가를 물었을 때 흔히 교육학과 사회학을 접목시킨 학문이라고 말한다. 이러한 대답은 교육사회학과 사회학의 구분이 모호하여 교육사회학의 정체성을 상실하게 만든다. 왜냐하면 교육사회학과 사회학은 엄연히 구분되어지기 때문이다. 따라서 여기서는 교육사회학과 사회학이 어떻게 구분되어지며, 각각은 어떤 특성을 지니고 있는지에 대한 논의를 통해 교육사회학의 정체성을 탐색해 보고자 한다.

사회학은 19세기 중엽에 프랑스의 실증주의 철학자 Comte가 인간의 집단이라는 뜻을 가진 Socius라는 라틴말과 연구를 의미하는 logos라는 라틴말을 합쳐서 사회학, 즉 Sociology라는 말을 처음 썼다. 사회학은 이때부터 실증적인 과학으로 발전되어 왔으며 인간과 집단의 관계를 연구하는 것이 사회학의 본질로 되어 왔다(차경수 · 최충옥 · 이미나, 2002).

일반적으로 사회학은 집단 상황에서 인간을 연구한다. 이 틀 속에서 사회학은 여러 가지 연구 분야로 나누어 질 수 있다. 예를 들면, 사회의 기구나 제도에 대한 연구, 과정에 대한 연구, 집단 관련 상황에 대한 연구 등으로 나누어 질 수 있는 것이다. 이러한 연구의 초점 속에서 사회학은 인간과 인간간의 관계, 집단과 인간의 관계, 인간의 사회적인 상호작용, 거기에서 형성되는 사회구조와 그 변화과정 등에 관한 경험적인 연구를 하는 학문이다. 특히 사회집단, 가족, 학교, 이웃, 지역사회 등과 같이 사회생활의 기본적인 단위에 대한 연구에 사회학자들은 많은 관심을 가지고 있다.

이처럼 사회학은 사회구조의 기본 틀 속에서 사회구조를 형성하고 있는 많은 측면을 연구한다. 그러한 많은 연구는 사회를 이해하기 위한 이론과 실증적인 자료를 축적시켜 왔고 발전을 거듭하고 있다.

사회학에서의 질문의 기본은 인간의 집단 또는 사회관계의 파악에 있다. 사회학적 탐구의 질문은 인간의 집단생활과 그러한 집단생활의 산물에 관련되어 있다. 사회학적 관심은 관습 · 제도 · 전통 · 가치체제들이 어떻게 형성되어 왔으며, 그러한 것들이 집단생활에 어떤 영향을 미치는가에 관심을 갖는다. 즉, 사회학적 질문은 인간이 만들어 낸 사회적 세계에 관한 질문이다(이종각, 2005).

여기서 Berger(1963)가 제시하고 있는 사회학적 질문은 사회학의 전형적인 질문이 무엇인가를 파악하는 데 도움을 준다.

첫째, 인간들은 여기서 서로 무엇을 하고 있는가?

둘째, 인간들은 서로 어떤 관계를 유지하고 있는가?

셋째, 사회제도 속에서 그러한 관계들이 어떻게 조직되어 있는가?

넷째, 인간들과 그런 제도들을 그와 같이 움직이게 하는 집단이념은 무엇인가?

이러한 Berger의 질문은 사회학의 탐구가 인간과 집단 또는 사회와의 관계 속에서 파생되고 있음을 시사하고 있다. 이런 점에서 사회학은 사회질서(social order)에 대한 탐구이며, 인간이 영유하고 있는 모든 측면은 사회학의 연구대상이 될 수 있는 것이다. 결국 사회학의 기본적인 문제의식은 인간(개인)과 집단(사회)과의 관계를 연구하는데서 출발한다.

비록 교육사회학이 연구방법이나 접근방법에서 사회학과 많은 관련성을 지니고 있지만 그 나름의 독특성을 가지고 있다. 교육사회학에서의 일차적인 관심의 초점은 교육이나 교육과 관련된 측면이다. 즉, 사회 속에서 교육의 의미와 교육활동에 대한 탐구라고 볼 수 있다. 이러한 측면을 이종각(2000: 25~26)은 다음과 같이 진술하고 있다.

교육사회학은 교육질서에 대한 학문적 탐구이다. 교육질서는 넓은 의미의 사회질서의 한 측면이다. 교육질서는 인간의 공통체적인 삶에 있어서 성원들의 교육과 관련된 행동이 유형화된 모습을 뜻한다. 교육질서란 교육에 관련이 깊은 다양한 요소들이 관계를 맺는 방식을 말한다.

이러한 진술에서 교육사회학의 기본적인 출발점은 사회와 교육 및 인간의 세 측면으로부터임을 알 수 있다. 이 세 측면이 어떤 상호 관련성을 맺고 있으며 각각이 다른 측면에 어떤 영향을 주고 어떤 영향을 받고 있는지를 탐구하게 되는 것이다. 좀 더 구체적으로 교육사회학에서 다루고 있는 몇 가지 탐구문제를 열거하면 다음과 같다.

첫째, 교육행위자들(교사, 학생, 학부모, 교육행정가 등)은 어떤 교육행위를 하고 있는가?

둘째, 이들 교육행위자들은 서로 어떤 관계에 있는가?

셋째, 교육제도는 이들 교육행위자들의 행위와 관계에 어떤 영향을 미치는가?

넷째, 이러한 것들은 사회제도와 사회이념과 어떻게 관련되어 있는가?

결국, 교육사회학은 사회와의 관련 속에서 교육을 파악하며, 사회적 맥락 속에서 일어나고 있는 개인 또는 집단의 교육행위에 관한 탐색을 목적으로 하고 있고, 그 탐색을 위한 도구로 사회학적 조망을 이용하고 있는 것이다.

지금까지 논의된 사회학과 교육사회학간의 관계는 <표 1-1>에 제시되어 있다.

표 1-1 사회학과 교육사회학과의 관계

구분	사회학	교육사회학
탐구 목적	인간(개인)과 집단(사회)과의 관계 탐구	인간(개인)과 교육 및 집단(사회)과의 관계 탐구
탐구 내용	-인간(개인) -인간(개인)과 인간(개인)과의 관계 -집단(사회)구조 -집단(사회)구조 속에서의 인간관계 -집단(사회)이념	-인간(교육행위자) -인간(교육행위자)간의 관계 -교육행위자의 교육행위 -교육체제 -교육체제 속에서의 인간관계 -교육이념 -사회구조 속에서의 교육체제
탐구 방법	사회학적 이론과 방법	-사회학적 이론과 방법 -교육학적 이론과 방법

3. 교육사회학의 특성

1) 교육사회학의 정의

위에서 살펴본 것처럼 교육사회학은 그 초점 및 관점에 있어서 사회학과는 구별되는 독립된 학문이다. 교육사회학이 사회학만큼 그 역사에 있어서 오래되지 않았지만 많은 발전을 거듭하여 이제는 하나의 독립된 학문체계를 이루고 있다. 여기에서는 교육사회학의 본질을 알아보기 위해 교육사회학에 대한 다양한 정의나 그 접근방법을 살펴보기로 한다.

교육사회학자들이 교육사회학의 성격과 그 본질을 규명하기 위해 많은 노력을 기울여 왔으나 아직 만족할 만한 성과를 거두지 못하고 있다(차경수 · 최충옥 · 이미나, 2002). 이는 학문으로서의 길지 않은 연한, 사회학과의 구분의 모호성, 연구영역의 중첩 등에서 기인하는 것으로 볼 수 있다. 하지만 국내 · 외의 여러 교육사회학자들은 교육사회학을 어떻게 규정하고 있는지를 살펴보는 것은 교육사회학의 의미를 좀더 구체적으로 이해하는 데 도움을 줄 수 있으리라 본다.

Corwin(1965)은 교육사회학은 도덕적 교육사회학으로부터 과학적 교육사회학으로 발전되어 가고 있으며, 과학적 교육사회학의 정립이 앞으로의 과제라고 하였다. Prichard와 Buxton(1973)은 교육사회학은 교육에 대한 사회학적 연구이며, 그것은 사회학의 한 하부영역이라고 주장하고 있다. 그리고 Parelius와 Parelius(1978)는 교육사회학은 사회학의 과학적 연구방법에 의하여 교육현상을 연구하는 것이라고 정의하고 있다.

또한, Bidwell과 Friedkin(1988)은 교육사회학의 가장 중심적인 것은 바로 교육활동에 대한 분석이며, 교육활동의 분석에는 교육의 유형과 내용, 사회구조 속에서의 교육, 개인과 집단의 교육적 성과 등에 대한 분석이 포함될 수 있다고 하였다.

한편, 차경수·최충옥·이미나(2002)는 교육사회학이란 교육에 대한 사회학적 연구로서 교육체제와 교육의 과정에서 발생하는 집단의 관계를 사회학적인 연구에서 성취된 지식, 기술, 방법 등으로 연구하는 학문으로 규정하고 있다. 이종각(2000)은 교육사회학이란 ① 사회 속에서 차지하는 교육의 의미와 교육질서의 탐구, ② 교육을 사회와의 관련 하에서 파악하며, 사회적 맥락 속에서 일어나고 있는 개인 혹은 집단의 교육행위에 관한 탐색, ③ 개인 · 집단 · 조직 · 문화 · 사회 간의 상호관련성과 교육과의 관계를 탐구하는 학문으로 설명하고 있다.

이처럼 교육사회학의 의미는 학자에 따라, 시대의 흐름에 따라 다양한 각도에서 정의되고 있다. 이것은 교육사회학을 사회학적인 관점을 더 중요시 여기느냐, 교육학적인 관점을 더 중요시 여기느냐에 따라 나타날 수 있는 모습이다. 이러한 정의들을 분석 · 종합하여 교육사회학의 의미를 규정지어보면 다음과 같다.

첫째, 교육사회학의 초점은 교육에 있다. 교육 및 교육현상을 탐구하는 교육학의 많은 영역들처럼 교육사회학의 탐구영역은 교육에 있다.

둘째, 교육사회학은 교육 및 교육현상을 사회적 맥락 속에서 탐구한다. 교육이 이루어지는 모습이나 현상을 탐색하기 위해 집단 또는 사회라는 커다란 구조가 또한 탐색된다. 사회의 제 구조 속에서 교육은 사회로부터 어떻게 영향을 받으며 또한 사회에 어떻게 영향을 주고 있는지를 탐구한다.

셋째, 교육사회학은 교육에 대한 과학적 이해와 설명을 추구하는 동시에 교육을 통해 사회정의를 실현하려는 규범적 가치를 추구하고 한다. 교육사회학은 교육의 제 현상을 과학적으로 접근하려는 방식과 규범적으로 접근하려는 방식이 동시에 이루어지는 다학문적(multidisciplinary) 접근방식의 성격을 가지고 있다.

넷째, 교육사회학은 교육에 대한 사회학적 연구방법을 통하여 연구가 이루어진다. 교육에 대한 사회학적 연구를 위해 사회학에서 이루어진 지식, 기술, 방법 등이 사용되고 있다.

2) 교육사회학의 구조

교육사회학이 어떤 관점으로부터 어떤 과정을 거쳐서 무엇을 실현하려고 하는 학문인지를 구조적으로 살펴보기 위해 교육사회학적 구조를 이종각(2005)이 제시한 탐구 구조를 제시하면 [그림 1-2]와 같다.

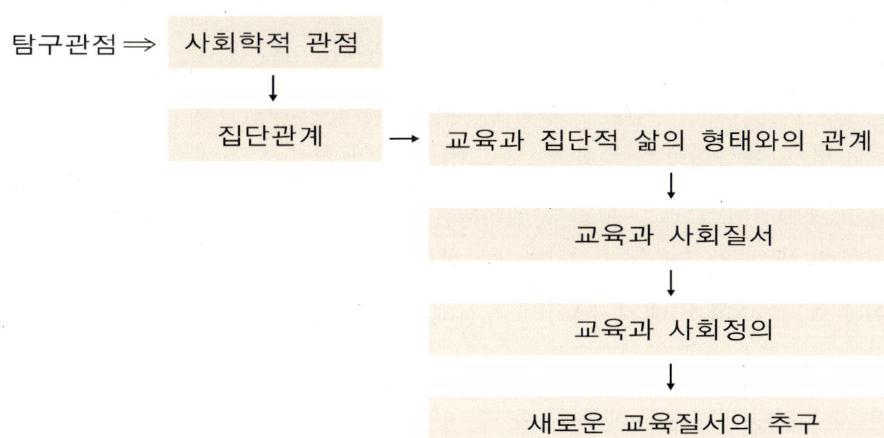

그림 1-2 교육사회학의 구조

출처 : 이종각(2005: 76).

위의 구조도에서 알 수 있듯이 교육사회학은 사회학적인 관점을 가지고 출발한다. 이러한 사회학적 관점에서 중요한 요소는 집단관계이다. 이러한 집단관계의 요소 속에는 인간과 집단 또는 사회 등이 포함될 수 있다. 교육사회학은 바로 이런 집단관계의 메커니즘 또는 역동적 관계를 탐구한다. 집단관계 속에서 교육이라는 활동영역을 중심으로 교육과 집단적 삶의 형태와의 관계를 탐구한다. 여기에서는 교육행위자(교사, 학생, 학부모, 교육행정가 등), 교육의 과정, 교육체제 등이 어떻게 상호 관련성을 맺고 있는지를 탐구한다.

이러한 탐구 속에서 교육사회학은 인간(개인)과 사회와의 관계 속에서 나타나는 사회질서와 교육이 어떤 관련성을 가지고 있으며 이는 사회정의의 실현에 어떻게 기여하고 있는지를 규명한다. 결국 이러한 탐구를 통해 교육의 새로운 질서를 만들어 가는 데 기여하는 것이 교육사회학의 학문적 구조라 볼 수 있다.

3) 교육사회학의 역할

교육사회학이 하나의 학문으로서 왜 필요하며, 교육을 담당하고 있는 사람들에게 교육사회학에 대한 지식이 왜 필요한지를 알아봄으로써 교육사회학의 학문으로서의 역할이나 가치를 살펴볼 수 있다. 이를 위해 여기서는 이종각(2000)이 제시하고 있는 내용을 중심으로 살펴보기로 한다.

첫째, 교육사회학은 문화적 · 사회적 차이의 교육적 이해를 도와준다. 오늘날의 교육담당자들은 그 어느 때보다도 교육사회학적인 개념이나 이론, 연구결과에 대한 지식을 가지고 있어야 한다. 왜냐하면 다양한 사회계층, 다양한 인종, 다른 민족적 배경, 상이한 가정배경을 가진 학생들을 접할 기회가 과거보다 훨씬 더 많아지고 있기 때문이다. 따라서 교육사회학은 이러한 관련 지식을 교육담당자들에게 제공해 줄 수 있다.

둘째, 교육사회학은 사실과 현상들이 겉으로 나타나 보이는 것과는 다르다는 이해방식을 개발시켜 준다. 교육사회학은 사회적 맥락 속에서 지식전달(광범한 의미의 교육)의 본질이 매우 복잡하다는 것을 파헤쳐 준다.

셋째, 교육사회학은 교육실천가들에게 그들이 일생동안 종사하게 될 교직업무의 총체적 의미를 지속적으로 반성해 볼 수 있는 이론적·방법론적 공헌을 한다.

넷째, 교육사회학적 연구는 정책의 결과에 대한 평가를 통해서 실제적인 기여를 하게 된다. 교육사회학은 정책수립에 있어서 교육자에게 어떤 집단에는 적용이 가능하고 어떤 집단에는 적용이 가능하지 않다는 정책적 판단의 준거를 마련하여 준다.

제2절 교육사회학의 발달과정

1. 서구에서의 발달과정

교육에 관한 사회학적 연구를 체계적으로 시도한 것은 1883년에 출간된 Ward의 "역동적 사회학(Dynamic Sociology)"이다(Prichard & Buxton, 1973). 이 책에서 Ward는 교육은 인간 진보를 위한 주요한 원천이며, 더 나은 사회를 만들기 위해 성원들의 도덕적 책임(moral commitment)과 인지발달(cognitive development)을 신장시킬 수 있는 변화의 대행자(agent of change)라고 주장하였다. 1899년에 출판된 Dewey의 『학교와 사회(School and Society)』도 교육과 사회의 관계를 서술한 것이다.

19세기말에 교육사회학의 발전에 가장 큰 공헌을 한 사람으로 교육사회학의 창시자라고 불리는 프랑스의 사회학자 Durkheim을 들 수 있다. Durkheim은 파리 소르본대학 교육학 교수로 재직하면서 교육에 대한 연구에 있어서 사회학적 접근이 필요함을 역설하였다. 그는 사회와 사회기관들 사이의 상호의존성에 초점을 맞추고 사회 여러 분야의 교육과의 상호 관련되어질 필요성, 학교에서의 훈육의 필요성, 사회발전을 위해 젊은이들을 준비시키는 데에 있어서 학교의 역할 등에 대해 피력하였다. 이와 같은 그의 주장들은 『도덕교육(Moral Education)』, 『교육사조의 발달(The Evolution of Educational Thought)』, 『교육과 사회(Education and Society)』 등의 저서에 잘 나타나 있다. 이와 같은 Durkheim의 공헌은 프랑스에서 사회학이 교육의 부분으로 흡수되게 만들었다(Ballantine, 1997).

서구에서 교육사회학이 본격적으로 하나의 학문으로 나타나면서 그 발전과정은 실천 지향적 경향과 사회학 지향적 경향이라는 두 가지가 병존해 왔다. 사회학의 지식을 교육실천에 응용하려는 노력으로서 교육사회학이 처음 등장한 것은 1907년 Suzzalo가 미국의 Columbia 대학에 교육적 사회학(educational sociology)이라는 강좌를 개설하면서부터이다. 이후에 비슷한 명칭의 강좌가 많은 미국 대학에 개설되었고 1920년대 초에는 미국교육사회학회(National Society for the Study of Educational Sociology)가 창립되었고 1926년에 전문학술지로 「교육적 사회학(Educational Sociology)」이 창간되었다(차경수 · 최충옥 · 이미나, 2002).

실천 지향적 성격을 강하게 띤 교육적 사회학은 1940년대부터 지역사회운동과 맞물려 그 성격이 바뀌면서 많은 학자들의 관심을 잃게 되었고 급기야 1940년대 말에는 미국의 많은 대학들이 교육사회학과 관련된 강좌를 줄이게 되었다.

교육을 사회학적으로 탐구하려는 사회학 지향적 경향은 Durkheim의 교육에 대한 사회학적 연구와 맥을 같이 한 Weber로부터 시작되었다. Weber는 교육의 역할에 대해 많은 것을 주장하지는 않았지만 학교교육은 사회구성원들에게 사회적 지위를 분배해 주는 중요한 역할을 한다고 하면서 미래 사회에서는 교육을 통해 전문화된 개인을 양성해야 한다고 강조하였다. 미국에서의 사회학 지향적 경향성은 1932년 Waller의 『교수사회학(Sociology of Teaching)』에서 비롯되었다고 볼 수 있다. 그는 사회계층 이동에 있어서의 학교의 역할, 빠른 사회변동에서의 문화지체 현상을 극복하기 위한 교육의 역할 등을 설명하면서 문화지체 개념을 교육연구에 처음 응용하였다.

1940년대 말 교육적 사회학의 쇠퇴와 맞물려 교육의 사회학이 부상되게 되면서 1950년대에는 교육현상을 사회학적으로 탐색해 보려는 학자들이 늘어났고 1960년대에 이르러 더욱 두드러졌다. 1963년 미국 교육사회학의 전문학술지인 「교육적 사회학(Educational Sociology)」의 명칭이 「교육의 사회학(Sociology of Education)」으로 바뀌어 현재까지 출간되고 있고, 영국의 교육사회학 전문학술지도 「영국 교육의 사회학(British Journal of Sociology of Education)」란 제호로 현재 출판되고 있다. 이후 교육사회학은 사회학과 더불어 양적 및 질적인 발전을 거듭하면서 교육의 제 현상들을 사회학적으로 분석하는 하나의 학문으로 자리를 잡게 되었다.

2. 한국에서의 발달과정

한국 교육사회학의 역사는 서구에 비해 짧고 미천하며, 많은 부분이 서구 특히 미국의 영향을 많이 받았다. 한국에서 교육사회학이 처음 강의된 곳은 1952년 9월 서울대학교 사범대학이며, 이 당시 선택과목이었던 것이 1954년에는 필수과목으로 지정되었다. 이 시기에는 주로 일본어로 출판된 서적을 통해 교육사회학이 소개되었으며, 점차 미국에서 도입된 교육사회학으로 바뀌어가기 시작하였다.

1955년에는 교원양성과정의 교직과목으로 지정되기도 하였으며, 이후 많은 대학들이 교육사회학 과목을 개설하였다(김신일, 1999). 이때의 교육사회학의 성격은 다분히 실천 지향적이었으며, 학교현장의 교사나 행정가들을 위해 사회학적 지식을 모아놓은 것들이었다. 1960년대에는 교사양성을 하는 각 대학에서 필수과목으로 지정되어 교육사회학은 급격한 양적 성장을 보였다(차경수 · 최충옥 · 이미나 · 옹정근 · 남기석, 2010: 19). 1967년에는 한국교육학회의 분과회로서 '교육사회학연구회'가 발족되었다. 현재는 교육사회학의 중추적인 학술단체로 '한국교육사회학회'가 있다.

이렇게 볼 때, 우리나라의 교육사회학은 1960년대를 기점으로 많은 양적인 발전을 보이기 시작하였다. 그러나 이러한 발전은 하나의 체계화된 학문으로 출발했다기보다는 교직과정으로서의 교육사회학으로 실천 지향적인 성격이 강하였다.

1970년대에 접어들어 교육사회학은 국가정책의 영향을 크게 받았다. 이 시기의 대표적인 국가정책으로 경제개발정책과 새마을운동을 들 수 있다. 이러한 국가정책과 같이 하여 교육사회학은 '발전교육론'과 '학교와 지역사회론'에 많은 관심을 집중하였다.

이러한 경향은 특히, 1972년 정부의 새마을운동에 보조를 맞추기 위해 문교부령을 개정하여 교직과정의 필수과목으로 교육사회학을 빼고 '학교와 지역사회'라는 과목을 신설하게 된 점에서 잘 반영되고 있다. 결국 교육사회학이 학교와 지역사회로 대체되었으며 이에 따라 대학의 교육사회학 강좌는 대부분 사라졌다.

이것이 1980년 초까지 이어지다가 1983년 초 다시 교직과정이 개편됨에 따라 '학교와 지역사회' 과목이 선택과목으로 바뀌고 과목 명칭도 '교육사회학'으로 바뀌어 1984년 입학생부터 적용하게 되었다(이종각, 2000). 또한 국내의 여건과 서구의 비판적 교육사회학의 도입이 맞물려 갈등론적 · 비판적 · 개혁지향적 교육사회학 연구의 이론적 기반이 되었다.

이후 우리나라의 교육사회학은 실천지향적 관점에서 사회학에 기초를 둔 과학 및 경험적 연구영역으로 그 성격이 바뀌었으며, 한국의 현실을 고려한 연구 성과가 많이 산출되기 시작하였고 체계화된 학문으로 자리를 잡고 있다.

제3절 교육사회학의 탐구영역

교육사회학의 고유한 연구영역을 뽑아서 제시한다는 것은 상당히 어렵다. 왜냐하면 최근의 경향은 학문 간(interdisciplinary) 교류가 활발하여 학문 간 경계선이 무너지고 있기 때문이다. 사실 교육사회학에서 연구되어지는 주제들이 다른 학문분야에서도 활발하게 연구되고 있는 것이 사실이다. 따라서 여기서는 교육사회학과 관련된 전문서적이나 전문학술지에 많이 나타나는 개념을 중심으로 교육사회학의 연구영역을 제시해보고자 한다.

<표 1-2>는 최근에 한국 및 미국의 교육사회학에서 많이 취급되고 있는 개념을 나타낸다. 이 표에서 볼 수 있는 것처럼 우리나라와 미국, 일본 공통적으로 교육과 사회정의, 평등 등의 문제가 많이 취급되고 있으며, 학교 및 학급집단과 그 집단 안에서의 인간관계나 상호작용에 대한 개념도 많이 취급되고 있다. 따라서 이론적인 개념보다는 실제 사회에서 일어나고 있는 현상과 교육과의 관계, 학교교육과 관련된 논쟁점들이 교육사회학의 중요한 연구영역임을 알 수 있다.

이와 관련하여 차경수(1985)는 교육사회학의 연구영역을 크게 다음과 같은 다섯 가지로 구분하고 있다.

① **교육에 영향을 미치는 사회적 요인과 관련된 개념 및 문제** : 사회와 가정, 대중매체, 동배집단, 사회계층, 계층문화, 문화실조, 사회변동 등

② **사회에 미치는 교육의 영향** : 가치관, 교육과 국가발전 및 사회발전, 사회이동 또는 계층이동, 사회통합, 사회교육, 인구 및 환경교육, 지역사회와 학교, 교육의 사회적 목적 등

③ **학교집단 또는 교육제도와 관련된 영역** : 교육이념, 학교사회, 교육제도, 교육정책, 교사-행정가 관계, 교사집단, 교사의 사회적 역할, 교사-학생의 상호작용 등

④ **교육과 사회정의** : 교육의 기회균등, 교육과 평등문제 등

⑤ **기타 교육사회학적 연구** : 평생교육, 청소년문제, 근대화 등

표 1-2 한국, 미국 및 일본의 교육사회학에서 가장 많이 취급하고 있는 개념 또는 주제

한 국	미국 및 일본
1. 지역사회와 학교	1. 사회계급
2. 문화	2. 교사론
3. 가정	3. 인종문제
4. 지역사회	4. 학교의 사회적 성격
5. 사회계층	5. 문화
6. 동배집단	6. 교육환경
7. 학교조직	7. 성차별주의
8. 교육의 사회적 성격	8. 교육제도
9. 사회변동	9. 사회계층 이동
10. 사회화	10. 사회적 지위
11. 교육개혁	11. 사회변동
12. 사회교육	12. 능력별 집단
13. 교육사회학의 성격	13. 역할
14. 교육사회학의 연구법	14. 학급의 사회적 성격
15. 학교의 사회화 과정	15. 문화실조 아동
16. 교사론	16. 교육의 사회적 목적
17. 정치와 교육	17. 사회통제
18. 경제와 교육	18. 사회구조
19. 대중매체	19. 교육사회학의 연구방법
20. 사회통제	20. 교사-학생관계
21. 사회정의와 교육	21. 교육정책
22. 기능론과 갈등론	22. 지역사회학교
	23. 교육개혁
	24. 문화적 다원주의

출처 : 차경수·최충옥·이미나(2002: 29).

CHAPTER 02

교육사회학의 이론

이 장에서는 교육사회학에서 중요하게 다루어지고 있는 이론들인 기능주의, 갈등주의, 상징적 상호작용, 해석학적 이론, 신교육사회학, 교육과정사회학을 중심으로 각 이론의 기본 관점, 대표적인 학자들, 교육을 보는 관점, 이론에 대한 평가 및 비판점 등을 제시한다. 이러한 이론적인 고찰은 교육과 사회와의 관계를 좀 더 구체적이고 심층적으로 이해하는데 도움이 될 것이다.

제1절 기능주의 이론

1. 기본 관점

기능주의 이론(functionalism)은 사회학이나 교육사회학의 많은 이론적 접근 방법들의 중의 하나로 Comte와 Spencer로 거슬러 올라갈 정도로 오랜 전통을 가지고 있으며 구조기능이론(structural- functionalism), 합의이론(consensus theory), 평형이론(equilibrium theory)이라고도 불리어진다.

명칭에 따라 이론의 강조점이 서로 다르나 이들을 모두 포괄하여 기능주의 이론이라 부르는 것이 일반적이다(김신일, 2011). 기능주의 이론은 Comte,

Spencer, Durkheim, Pareto, Malinowski, Brown, Parsons, Dreeben 등에 의해 다양하게 발전되어 이론으로 정립되었다.

기능주의 이론은 사회를 인간 신체의 생물학적 기능에 자주 비유한다. 신체의 각 기관은 전체 신진대사의 원활한 유지를 위해 나름의 기능이나 역할을 수행해 가면서 결국에는 생존을 위해 서로 의존하고 있다. 또한 각 기관의 요소의 변화는 다른 요소 및 전체에 변화를 초래한다. 심장이나 뇌가 한 인간의 생존을 위해 필요한 것처럼 교육체제도 사회의 생존을 위해 필요하다 (Ballantine, 1997).

기능주의 이론은 생물학적 유기체와 비슷한 면을 사회가 가지고 있다고 본다. 유기체의 생물학적 기능과 마찬가지로 사회도 수많은 여러 기관으로 구성되어 있으면서도 서로 상호의존적이며 또 모든 부분들은 전체의 생존과 존립에 상당한 공헌을 하고 있다고 보는 것이다. 사회는 각각 다른 여러 요소로 구성되어 있으며, 각 요소들은 전체의 존속을 위하여 각각 필요한 기능을 수행한다는 설명 방식을 기본으로 하는 것이 기능주의 이론이다.

기능주의 이론가들은 사회는 정치, 경제, 교육 등 상호의존관계에 있는 부분들이 각기 맡은 역할을 수행하면서 전체가 조화롭게 발전하는데 공헌하고 있다고 가정한다. 사회와 사회 속의 제도나 기관들은 전체 사회의 순조로운 기능화에 기여하기 위해 필요한 활동을 전개해 가면서 상호의존적으로 구성되어 있다는 것이다.

기능주의 이론에 강조하는 중요한 몇 가지 개념들을 살펴보면 다음과 같다.

① **구조와 기능** : 사회를 부분의 합으로 보고 있으며, 각 부분은 사회 전체의 생존을 유지하는 데 기여한다고 본다. 그리고 사회에는 구조(structure)와 각 구조는 맡은 바 기능(function)을 가지고 있다.

② **안정** : 어떤 사회도 항상 안정된 상태를 유지할 수 없으며 어느 정도의 사회변동은 있을 수 있다. 그러나 사회는 급진적인 변동의 힘보다는 사회의 질서를 유지하고 안정(stability)을 꾀하려는 힘이 더 강하다.

③ **통합** : 사회의 여러 부분들은 서로 통합(integration)되어 있어서 전체 사회 체제의 유지를 위하여 함께 활동하고 있다.

④ **합의** : 사회는 사회 구성원들이 생존하기 위해 필요한 가치, 신념, 감정, 규칙 등에 대한 일반적인 합의(consensus)가 있다. 이런 합의는 기본적으로 학교나 가정 등과 같은 기관에서 사회화 과정을 통하여 이루어진다.

이러한 구조와 기능, 안정성, 통합, 합의 등과 더불어 역할, 부분의 전체에 대한 공헌, 상호의존성 등이 기능주의 이론에서 강조되고 있는 개념들이다.

종합하여 기능주의 이론에서 사회를 보는 기본 관점을 알아보면 다음과 같다. Kinloch(1977)는 기능주의 이론의 기본 관점을 다음과 같이 제시하고 있다.

첫째, 사회는 독립된 존재의 형태를 취한다.

둘째, 사회와 사회구조는 중요한 체제욕구나 체제기능에 기초하고 있다.

셋째, 사회구조는 체제나 하위 체제로 구성되어 있다.

넷째, 사회는 균형 지향적이거나 또는 안정 지향적이다.

다섯째, 사회는 그 환경에 대하여 적응적이다.

여섯째, 사회는 새로 출현하는 새로운 성질을 갖는다.

일곱째, 사회는 문화를 통하여 통합된다.

그리고 Ballantine(2001)은 기능주의 이론의 기본 관점을 다음과 같이 제시하고 있다.

첫째, 사회의 모든 요소는 안정 지향적이다.

둘째, 사회의 각 요소들은 상호의존적이며, 통합적인 기능을 한다.

셋째, 사회변화는 점진적이고 누적적으로 진행된다.

넷째, 사회체제 유지를 위해 사회구성원들의 공동체 의식을 강조한다.

다섯째, 사회의 지위배분은 개인의 성취능력에 의해 달성된다.

여섯째, 사회의 가치, 규범, 관습은 등은 구성원들의 합의에 의한 것이며, 보편적이고 객관적인 성격을 지니고 있다.

2. 기능주의 이론에 입각한 교육

기능주의 이론의 입장에서 교육이나 학교는 전체 사회에서 하나의 하위체제로서 사회의 존속과 결속을 위해 그 기능을 수행하는 것이라고 본다. 현존사회의 문화와 가치를 유지, 계승하는 사회화 기능과 사회 각 분야의 역할을 가장 잘 담당할 수 있게 구성원들을 적재적소에 배치하는 사회적 선발 및 배치의 기능이 교육의 중요한 기능이라고 보고 있다. 그러므로 기능주의 이론에서는 교육체제를 적응체제의 하나로 보고 사회화와 인력양성 및 선발의 기능을 강조한다.

이러한 측면에 기초하여 기능주의 이론은 학교를 한 사회를 유지·발전시키기 위하여 존재하는 합리적 기관으로 간주하고 있다. 학교를 통한 교육의 목적은 본질적으로 기존사회의 유지와 변화하는 사회에 적응하기 위한 사회화에 있다. 이러한 학교교육의 사회화와 선발의 기능은 사회의 통합, 안정, 발전을 위한 역할에 초점을 두는 것이다.

교육 및 학교교육에 대해 기능주의 이론에서 보는 중요한 관점을 열거해 보면 다음과 같다.

첫째, 교육을 사회와 연관시켜 거시적인 관점을 취한다.

둘째, 교육과 사회와의 관계를 비교적 긍정적, 낙관적으로 본다.

셋째, 학교교육의 기능은 자질 있는 사람들을 분류하고 선발하는 합리적인 방법을 통하여 업적주의, 능력주의, 전문가 사회를 만드는 데 있다.

넷째, 학교는 전문가 사회에 필수적인 각종 지식, 기술, 가치규범을 가르쳐야 한다.

다섯째, 학교는 능력 있는 사람을 분류·선발하는 합리적 방안으로 가장 능력 있는 사람들이 높은 사회적 지위를 획득할 수 있도록 해 준다.

여섯째, 능력별 분류에 의한 서로 다른 교육적 성취는 장래 성인사회의 직업적 분화에 도움을 준다.

따라서 능력주의 사회, 엘리트중심 사회, 학력주의 사회 등과 같은 사회는 기능주의 이론의 관점에 의해 정당화될 수 있으며 기능주의 이론가들은 교육이나 학교의 혁신적 기능보다 보수적 기능을 더 중요시 여긴다고 볼 수 있다. 이러한 기능주의이론의 교육에 대한 관점에 따라 교육의 기능과 사회와의 관계를 볼 때 교육기회평등 → 능력과 환경에 맞는 재능개발 → 효과적인 선발기능 → 업적과 능력에 따른 사회진출 → 업적 및 능력주의 사회의 건설로 연결할 수 있다.

3. 평가

기능주의 이론의 관점은 사회를 이해하고 사회 및 국가발전을 위해 교육이 담당해야 할 역할과 기능에 대한 많은 시사점을 제공하였고 1960년대와 1970년대 우리나라의 교육사회학의 발전에 많은 기여를 하였다. 그러나 기능주의 이론에 대한 비판은 만만치 않았다. 여기에서는 기능주의 이론의 공헌과 문제점에 대해 살펴보기로 한다.

먼저 기능주의 이론이 공헌한 바를 포괄적으로 제시해 보면 다음과 같다.

첫째, 사회를 이해하기 위한 다각적인 시각을 제공하였다. 사회를 이해하는데 있어서 정치, 경제, 사회, 문화 등 각종 요인을 다양하게 고려하면서 다원적인 접근방식을 취함으로써 사회 및 교육에 대한 연구에 있어서 여러 가지 요인들을 탐색할 수 있는 기회를 제공하였다.

둘째, 교육의 긍정적인 측면을 부각시켰다. 사회의 유지·발전을 위해 교육 및 학교교육이 중요하고 필수적이며, 그 기능은 긍정적이라는 면을 강하게 주장하였다. 따라서 사회 및 국가발전을 위해 교육에의 투자의 필요성에 대한 이론적 근거를 제공하였다. 이것은 이후 근대화 이론, 인적자본론 등과 같은 소위 '인력양성이론'을 발전시키게 되었다.

셋째, 교육과 사회와의 관계에 대한 연구에서 실증적 · 과학적 접근방법을 취하게 하였다. 교육사회학자들이 기능주의 이론가들이 주장하는 기본 관점들을 실증적으로 검증하기 위해 과학적 접근방식을 사용함으로써 교육사회학의 계량적 연구를 촉진시켰으며 많은 경험적 연구물들이 산출되게 만들었다.

위에 제시한 기능주의 이론의 긍정적인 공헌점과 더불어 이 이론은 또한 많은 비판을 받았다. 기능주의 이론의 비판점들을 제시하면 다음과 같다.

첫째, 사회를 구성하고 있는 많은 하위 집단의 다양한 욕구나 이익, 이데올로기, 집단들 간의 갈등의 측면에 대해서 깊이 있게 인식하지 않고 있다.

둘째, 기능주의 이론은 체제 유지적 논리를 지나치게 강조하고 있다. 이러한 편향적인 강조로 인해 사회적 · 역사적 변화과정을 설명하지 못하였고 변화나 개혁보다는 기존 체제를 옹호하고 현상유지를 정당화하고 있다는 문제점을 가지고 있다.

셋째, 기능주의 이론이 통합성이나 합의성을 지나치게 강조한 나머지 개인 간 및 집단 간의 갈등, 분열 등을 간과하고 있다.

넷째, 교육의 사회화나 선발 및 배치가 능력이나 자유경쟁을 전제로 하기 때문에 선발과정의 귀속적 요인을 무시하고 있다.

다섯째, 교육이나 학교의 기능을 거시적인 관점에서 논하고 있기 때문에 교사-학생, 학생-학생 상호작용의 교실 역동성과 같은 미시적인 개인 상호관계를 분석하기 어렵다.

4. 기능주의에 기초한 이론들

1) 기술기능이론

기술기능이론(technical-functional theory)은 1950년대에 Clark와 Kerr에 의해 제창된 이론으로서 기능주의적 관점에 근거하고 있다.

기술기능이론은 복잡한 산업사회에서 점차 기술의 수준이 높아짐에 따라 사회의 한 구성원으로서의 역할을 다할 수 있도록 학교는 인지적 능력, 전문적 기술과 지식을 가르쳐야 한다고 주장한다.

산업사회의 구조는 특정한 종류의 능력을 필요로 하고 있으며 사회는 이 같은 산업사회 구조의 필요를 충족시켜주어야 하며 학교교육이 그 한 방안이라고 주장한다. 따라서 학교교육의 내용도 이에 맞추어 변화되어야 한다고 보고 있다.

기술기능이론의 요점은 다음과 같다(이종각, 2000).

첫째, 산업사회에 있어서 기술의 필요는 기술의 다양화에 따라 항시 높아진다. 여기에는 저수준의 기술을 필요로 하는 직업의 비율은 감소하고, 고수준의 기술을 필요로 하는 직업의 비율이 증가하는 과정과, 동일한 직업 내에서도 필요로 하는 기술의 수준이 점차 높아져 가는 과정이 내포되어 있다.

둘째, 학교교육은 보다 높은 기술을 요하는 직업에 맞도록 특수한 기술이나 능력을 위한 훈련을 제공해 준다.

셋째, 따라서 직업에 필요한 교육수준은 날로 높아만 가며 보다 많은 사람들이 오랫동안 학교에 머물러 있어야 한다.

2) 인적자본론

인적자본론(human capital theory)은 경제학자 Schultz에 의해 체계화된 이론이다. 인적자본론은 경제적인 논리에 기초하여 교육을 미래에 되돌려 받을 수 있는 인적자본에의 투자로 보고 인간이 교육을 통해 지식과 기술을 갖게 될 때 인간의 경제적 가치는 높아진다고 보고 있다. 즉, 교육받은 인간은 바로 하나의 자본의 역할을 할 수 있다고 보는 것이다.

이러한 인적자본론의 관점은 교육기회의 확장을 정당화하게 되었고, 교육에의 장기적인 투자가 개인뿐만 아니라 국가발전에 기여한다는 점을 부각시키게 하였다. 따라서 학교교육은 인간의 정보처리능력을 증진시키고 기술이나 환경의 변화 속에서 문제해결 능력을 높여 주는데 많은 기여를 할 수 있음을 주지시켜 주고 있다.

제2절 갈등주의 이론

1. 기본 관점

갈등주의 이론(conflict theory)은 기능주의 이론에 반발하여 나온 이론으로 현재 많은 사람들의 관심을 끌고 있으며 그 시작은 Marx와 Weber로부터라고 볼 수 있다. 그러나 이들의 기본 가정이나 주장내용은 갈등주의 이론과 완전히 일치하고 있지 않으며 갈등주의 이론의 관점을 취하는 학자들에 따라 다양하다.

갈등주의 이론의 전통은 Marx와 Weber의 이론에서 출발하였으나 그 후 여러 가지 양상으로 나뉘어졌다. Bowles와 Gintis, Althusser, Carnoy로 대표되는 경제 재생산이론(economic reproduction theory), Bourdieu로 대표되는 문화 재생산이론(cultural reproduction theory), Freire의 종속이론(dependency theory), Apple, Giroux와 Willis의 저항이론(resistance theory), Collins와 Hurn으로 대표되는 지위경쟁이론(status competition theory) 등은 모두 현대적 의미의 갈등주의 이론이라고 볼 수 있다.

갈등주의 이론에서 강조하는 중요한 개념들은 제시하면 다음과 같다.

① **갈등** : 사회의 재화는 일정하나 인간의 욕망은 무한하여 모든 사회는 이를 둘러싼 갈등과 긴장상태에 놓여 있다. 또한 지배집단과 피지배집단의 대립적 관계도 계속적인 긴장과 갈등을 유발시킨다.

② **변동** : 사회는 여러 가지 면에서 변동을 겪는다. 개인 및 집단 간의 계속적인 투쟁과 갈등은 사회의 변동을 불가피하게 만들며 사회변동의 원인이 된다. 외관상으로는 평온할지 모르나 내면적으로는 활기차게 변동이 일어나며, 때로는 표면화되거나 폭력화되기도 한다.

③ **강압** : 사회는 사회구성원의 일부에 의한 다른 일부의 강압에 그 토대를 둔다. 지배집단은 피지배집단을 강압적으로 억압하고 동시에 정신적 교

화를 통해 지배체제를 효과적으로 통제한다. 지배집단은 자신들의 위치가 위협받지 않기 위해 계속적으로 새로운 질서를 창출하려고 노력한다.

이렇게 볼 때 갈등주의 이론에서 사회는 서로 갈등, 변화, 강압, 경쟁, 와해의 관계를 가지고 계속적인 변화나 새로운 질서를 찾는 것으로 보고 있다. 이는 기능주의 이론이 사회적, 역사적 변화를 충분히 설명하지 못하고 권력투쟁, 계급갈등, 일탈행위 등을 간과하고 있다고 비판하면서 사회의 강제적인 속성과 사회변동, 혁신에 강조점을 두고 있다. 그러므로 기본적으로 갈등주의 이론가들은 기능주의 이론가들이 가정하는 사회의 균형보다는 사회는 서로 다른 이해관계를 추구하는 여러 개인과 집단으로 구성되어 있으며 거기에는 항상 갈등이 내재해 있다고 가정한다.

갈등주의 이론이 사회를 보는 관점을 요약・정리하면 다음과 같다(Ballantine, 2001).

첫째, 사회의 모든 요소는 긴장・경쟁・갈등을 일으키는 원인이다.

둘째, 갈등의 원인은 사회계급간(지배계급-피지배계급)의 권력의 차이에서 비롯된다.

셋째, 지배집단은 피지배집단과 언제나 불일치와 갈등을 보이며, 이것은 사회분열과 사회변동을 초래하기도 한다.

넷째, 사회질서의 유지는 지배집단의 강제에 바탕을 두고 있다.

2. 갈등주의 이론에 입각한 교육

갈등주의 이론에서 보는 교육에 대한 관점과 기능주의 이론에서 보는 교육에 대한 관점은 많은 차이를 보이고 있다. 1950년대와 1960년대에 주류를 이룬 기능주의 이론은 교육을 통해 개인의 능력을 개발할 수 있으며, 사회의 안전과 질서유지를 이룰 수 있고 나아가 사회평등을 실현할 수 있다는 비교적 긍정적이고 낙관적인 교육의 역할과 기능을 그리고 있다. 이러한 주장은 그 당시의 사회 및 국가발전의 실현과 맞물려 많은 호응을 얻었다.

그러나 1960년대 이후 미국을 중심으로 인종문제나 사회 불평등의 문제가 불거지면서 이를 해결하기 위한 이론적 기초로 기능주의 이론은 많은 한계를 보이기 시작하였고 교육의 역할이나 기능에 대해 새로운 관점을 가지게 되었다. 이러한 새로운 관점이 바로 갈등주의 이론에 반영된 것이다.

갈등주의 이론은 개인이나 사회발전을 위한 교육, 특히 학교교육의 역할 및 기능에 대해 부정적이고 회의적이다. '학교교육이 인간의 삶을 풍요롭게 만드는가?', '학교교육이 사회구조적 모순을 해결하고 사회평등화를 도모하고 있는가?', '학교교육이 요구하는 사회적 질서는 누구를 위한 것인가?' 등의 문제에 대해 근본적인 의문을 제기한다.

갈등주의 이론가들은 현재의 학교교육은 사회적 불평등을 재생산하는 수단에 불과하며, 지배계급의 지식, 문화, 가치 등을 지지하여 형식적 교육과정에 주입하고 기존계층 구조의 재생산을 정당화하고 있다고 비판하면서 교육 불평등, 인간소외, 교육계층화 문제 등에 초점을 두고 있다.

이와 관련하여 갈등주의 이론가들은 교육 불평등, 인간소외, 교육계층화의 문제를 심화시키는데 학교가 일조를 하고 있음을 주장하고 있다. 학교는 특정 엘리트 집단의 권력을 영속화시켜 주고 기존 계층질서를 유지시켜 주는 도구라고 본다. 또 학교는 기존의 불평등 구조를 영속화 내지 심화시키고 현 사회구조에 순응하는 태도를 갖게 함으로써 지배 엘리트의 이익을 대변하고 있다는 것이다.

따라서 갈등주의 이론가들은 교육에 지니고 있는 제 문제를 사회구조적인 모순에서 찾으려고 하고 있으며, 가까이는 학교의 사회구조적인 모습을 파헤치려고 노력한다.

이러한 갈등주의 이론의 관점을 취하고 있는 몇 가지 현대적 이론을 학교교육과 관련하여 간략하게 살펴보면 다음과 같다. 각 이론에 대한 상세한 설명은 계속해서 제시될 것이다.

① **경제 재생산이론** : 학교는 전체 사회의 한 부분으로서 사회의 구조가 요구하는 의도에 적합하도록 학생들을 훈련함으로써 사회의 현 구조를 재생하는 데 이용되고 있다고 주장한다. 또한 학교는 사회구조가 계획해 놓은 역할이상을 할 수가 없기 때문에 학교의 역할은 항상 사회가 미리 짜 놓은 구도 속의 역할과 대응하면서 일치한다고 하여 이 이 이론은 대응 또는 일치이론(correspondence theory)이라고도 한다(Ballantine, 1997).

② **문화 재생산이론** : 사회의 계급구조 유지는 단순히 경제적 측면에서만 계속되는 것이 아니라 문화를 매개로 하여 생활전반에 걸쳐 지배계급에 유리하도록 사회체제가 계속되어 간다고 보면서 이러한 역할을 담당하고 있는 중요한 것이 바로 학교교육이라고 간주하고 있다. Bourdieu는 문화라고 하는 상징적 체제에 의하여 사회의 구성원들이 조정된다고 하면서 이러한 문화의 기능을 상징적 폭력(symbolic violence)이라고 불렀다(차경수 · 최충옥 · 이미나, 2002).

③ **저항이론** : 학교의 교육의 과정(educational process)에서 나타나는 학습자들의 저항과 학습자들이 불가피하게 가지게 되는 상대적 자율성을 중요시하여 이들의 원인과 그 의미를 해석하려고 한다. 이 이론에서는 노동자 계층의 자녀들이 부모나 교사의 권위에 도전하는 일, 학교의 규범이나 규칙에 반발하는 일, 또래집단이 반항문화를 형성하는 일 등에 관심을 가지고 이러한 저항의 의미를 구체적으로 해석하려고 한다.

종합적으로 갈등주의 이론의 교육에 대한 관점을 제시하면 다음과 같다(DeMarrais & LeCompte, 1995).

첫째, 학교는 객관적이고 중립적인 기관이 아니며, 지배집단과 관련을 맺고 있다.

둘째, 학교는 지배집단의 이데올로기를 전수하는 곳으로, 불평등한 사회구조를 심화시키는 역할을 한다.

셋째, 학교는 업적주의 이념으로 공정성을 위장하고 있으며, 실패의 원인을 사회구조적인 측면보다 개인의 능력과 노력 부족으로 돌리고 있다.

넷째, 학교에서 가르치고 있는 것은 인지적 능력보다는 지배집단이 선호하는 가치 · 태도 · 규범 등을 주입하고 있다.

다섯째, 결국 학교는 기존의 불평등한 사회질서에 개인을 편입시키며, 지배집단의 이익에 기여하는 도구적 장치에 불과하다.

3. 평가

갈등주의 이론은 학교와 사회의 모순과 기본적 문제점을 지적하면서 학교교육을 통한 사회적 불평등의 재생산, 지배문화와 이념의 정당화와 주입 기능에 대한 비판은 기여한 바가 크나 갈등과 세력경쟁을 지나치게 강조한 나머지 교육이 사회적 결속력을 높이고 사회적 공동체의식을 높이는 데 기여한 점 등에 대한 무시(김신일, 2011), 이론을 뒷받침할 수 있는 실증적인 자료의 부족(Anyon, 1981) 등은 비판의 대상이 되고 있다.

4. 갈등주의에 기초한 이론들

1) 경제 재생산이론

경제 재생산이론은 기본적으로 학교교육의 사회적 기능을 자본주의 사회체제, 즉 경제적 관계와 분리할 수 없음을 주장한다. 이 이론에 따르면 자본주의 체제에서의 학교교육은 경제적 모순을 은폐하고, 불평등한 구조를 유지 · 심화시키고 있으며, 아울러 지배계급의 위치를 정당화하는 도구적 기관의 역할을 한다. 다시 말하면 학교교육은 경제적 불평등을 정당화 · 합법화함으로써 지배계급의 위치를 재생산하는 기능을 담당하고 있다는 것이다.

경제 재생산이론을 대표하는 학자는 Bowles와 Gintis이다. 이들은 학교에서 가르치는 지식이나 교육과정이 어떻게 사회적 불평등을 재생산하고 있는가를 분석하였으며, 특히, 교육과정과 경제체제를 관련지어 분석하였다. 이들의 분석결과와 관점은 그들의 저서 '자본주의 미국에서의 학교교육(Schooling in Capitalist America, 1976)'에 잘 나타나 있다. 이 저서에서 Bowles와 Gintis는 미국의 학교교육을 자본주의 사회의 모순과 관련시켜 분석 · 비판하고 있다.

Bowles와 Gintis는 학교교육의 특징을 미국 자본주의 사회의 모순과 관련시켜 다음과 같이 제시하고 있다.

첫째, 개인의 인간적 발달과 경제적 불평등의 정도는 자본주의 체제의 성격을 결정하는 노동시장, 재산, 권력관계에 의해서 지배받는다.

둘째, 학교교육은 사회적 불평등을 정당화하는 데 기여하고 있다. 학교는 보수와 진급제도를 이용하고 업적 지향적 교육을 통하여 사회적 불평등과 억압적 인간형성을 강화하고 있다.

셋째, 학교제도는 효과적으로 이해집단과 정치적 안정에 봉사한다.

넷째, 교육의 조직은 직업구조 또는 노동시장의 구조에 대응하고 있다.

Bowles와 Gintis는 자본주의 체제의 사회적 위계관계를 정당화하는 학교교육의 역할을 '대응 또는 일치원리(correspondence principle)'로 제시하고 있다. 따라서 Bowles와 Gintis의 이론을 대응 또는 일치이론이라고도 불리어진다. 대응 또는 일치원리란 교육이 노동구조의 사회관계와 똑같은 사회관계로 운영되고 있다는 것이다. 즉, 자본주의의 사회적 위계관계를 학교교육의 수준별 위계구조에 서로 대응 또는 일치시킴으로써 거기에 필요한 가치체계를 가르친다는 것이다. 예를 들면 초등학교에서는 하위직에 적합한 복종 · 순응 · 시간엄수 등과, 중등학교에서는 중간직에 적합한 지식 · 가치 · 규범 등을, 고등교육에서는 최고 경영자에 적합한 인성체계인 독립심 · 창조력 · 리더십 등을 은밀히 전수한다는 것이다(이종각, 2000).

학교교육의 재생산기능은 Althusser에 의해 다시 정리되었는데, 그는 국가의 중요성을 강하게 부각시켰다. 그는 국가를 국가기구라는 개념으로 확대시키면서, 국가기구를 억압적 국가기구와 이념적 국가기구로 나누었다. 억압적 국가기구는 사법제도, 군대, 경찰, 정부 등을 말하여, 이념적 국가기구는 종교, 교육, 가족, 법률, 정치, 노동조합, 대중매체, 문화 등을 의미한다. 그는 사회가 원만하게 재생산되기 위해서는 억압적 국가기구뿐만 아니라 이념적 국가기구가 잘 작동되어야 한다고 주장하면서, 교육은 이념적 국가기구의 핵심적인 기능을 수행하며, 교육을 통해 지배이데올로기를 국민들에게 전파하고 내면화할 수 있다고 주장하였다(김신일, 2011).

한편, Carnoy는 교육의 국제적 관계를 제국주의적 관점에서 보고 국가 간의 갈등현상이 교육에 어떻게 반영되고 있는지를 분석하였다. 그의 저서인 『문화적 제국주의로서의 교육(Education as a Cultural Imperialism, 1974)』에 잘 나타나 있듯이, 식민 통치자들은 학교교육을 통해 지배의 바탕을 마련하고 이를 강화한다. 오늘날 아시아 · 아프리카의 많은 국가들이 정치적으로는 독립하였으나 문화적으로는 계속 식민지 상태를 벗어나지 못하는 이유는 교육이 문화적 종속을 가속화하기 때문이다(김신일, 2011).

요약하면, 갈등이론에 기초한 경제 재생산이론은 학교교육을 재생산 도구로 보고 있다. 자본주의 사회에서 학교교육은 사회의 불평등 구조를 정당화 · 합법화 · 강화하는 재생산적 도구라는 점을 부각시키고 있으며, 학교교육의 역할에 대한 다른 각도의 해석을 제시해 주고 있다.

이러한 경제 재생산이론에 대한 비판도 없지 않다. 학교를 구성하고 있는 학생들을 수동적 존재로 이해한 점, 학교의 교수-학습장면에서 일어나는 복잡 · 다양한 관계에 대해서는 간과하고 있는 점 등은 비판의 대상이 되고 있다.

2) 문화 재생산이론

문화 재생산이론은 문화를 강조한다. 이 이론은 문화영역과 계급구조와의 관계를 밝히고 학교와 지배계급 문화와의 사회적 관계를 중요시 여긴다. 오늘날의 자본주의 사회가 경제적 모순에도 불구하고 자연스럽게 유지되는 것은 지배계급이 선호하는 문화를 학교교육에 투입시켜 불평등한 사회적 관계를 정당화하고 있다고 주장한다. 학교교육은 지배계급이 선호하는 문화영역을 통해 계급적 불평등을 유지 · 심화시키는 재생산적 기구라는 것이다.

문화 재생산이론을 대표하는 학자는 Bourdieu이다. Bourdieu는 문화자본(cultural capital)의 개념을 통하여 학교교육에서의 문화의 기능을 부각시켰다. 문화자본이란 사회적으로 결정된 취미라든가 지식, 언어형태, 능력, 또는 사회로부터 불공평하게 배분된 앎의 형태 등을 의미한다(석태종, 2004).

문화자본은 크게 세 가지로 구분할 수 있다(이종각, 2000). 첫째, 어렸을 때부터 계급적 배경에서 자연스럽게 체득된 지속적인 성향인 아비투스(habitus)적 문화자본이 있다. 둘째, 객관화된 상태로서의 문화자본, 즉 책이나 예술작품 등이 있다. 셋째, 제도화된 상태로서의 문화자본인 졸업장, 자격증 등이 있다. 여기서 아비투스란 각각의 계급 혹은 사회계급 내의 파벌들이 그들의 특징적인 문화양식이나 지배유형을 발전시켜 그 관점을 가지고 아동을 사회화시키고 그들의 세계관을 형성해 나가는 것을 말한다(이종각, 2000).

Bourdieu는 이러한 문화자본은 다양한 통로를 통해 학생들에게 전수되는데 그 핵심적인 역할을 담당하고 있는 곳이 학교라고 주장한다. 학교는 지배계급의 문화를 강조하고 있으며, 특히 학교교육은 교육과정(curriculum)을 통해 지배계급의 문화자본을 전수함으로써 사회질서를 재생산하고 합법화한다고 보고 있다. 문화적 재생산의 중요한 도구가 바로 교육과정이라는 것이다.

요컨대, Bourdieu는 경제적 자본과 대비되는 문화자본의 개념을 도입하여 학교에서 사회적으로 인정되는 문화자본이 교육과정을 통하여 학생들에게 전수된다고 보고 있으며, 교육과정은 문화적 재생산의 도구라는 것이다.

이러한 문화 재생산이론은 학교교육에서 문화의 역할을 강조함으로써 학교교육에 대한 이해의 폭을 넓혔다고 볼 수 있다. 반면에 이 이론에 대한 역사 · 문화적인 보편성을 검정할 수 있는 경험적인 자료가 부족함으로 말미암아 이론의 체계성과 신뢰성에 대한 비판이 있다. 또한 사회구조의 변화는 문화 재생산만으로는 설명할 수 없을 만큼 정치적·경제적 측면이 많다는 점을 도외시하고 있다는 비판도 있다. 그리고 학교내부 현상을 문화구조의 논리에 따라 그 성격을 규정함으로써 실제적인 복잡한 역동적 관계에 대한 관심이 부족하다는 점도 비판의 대상이 되고 있다.

3) 저항이론

저항이론은 학교교육의 수동적인 측면보다는 적극적인 측면을 강조한다. 즉, 이 이론은 학교교육은 사회계급구조의 불평등을 그대로 보전하거나 이행하는 단순한 반영물이 아니라 학교교육을 통해 사회모순과 불평등에 도전할 수 있음을 지적한다. 이 이론은 다음과 같은 측면에 관심을 두고 있다.

① 학교교육의 목표 및 정치적 목표와 관련된 이데올로기 문제
② 저항의 가치와 기능
③ 학교 학생들에 대한 의식화교육
④ 교육의 상대적 자율성 문제

저항이론에서 인간은 사회구조의 영향을 받는 수동적 존재가 아니라 사회모순에 비판 투쟁·비판·거부하는 존재이다. 이러한 인간의 능동적 의지는 학교교육을 통해 사회구조적인 모순을 개혁할 수 있다는 것을 반영하고 있다. 이러한 저항이론의 인간관은 학교교육의 역할에 그대로 반영되어 학교교육을 통하여 학생들은 주체적으로 판단하고 외부의 압력에 저항할 수 있다는 점을 강조한다.

저항이론을 대표하는 학자들에는 Willis, Apple, Giroux 등이 있다. Willis는 사회구조적 모순에 순응하지 않고 불평등한 위계적 모순구조에 대항하는 인간의 자율적 모습을 학문적으로 분석하였다. Apple은 학교의 기능을 재생산 측면에서만 보는 것은 너무 단순한 것이라고 하면서 학교는 매우 복잡하고 거기에는 투쟁과 갈등이 있으며 결코 학생을 일정한 틀에 맞추어서 수동적으로

움직이는 기계로 만드는 곳은 아니라고 주장하면서 학교교육의 저항성과 상대적인 자율성을 지니고 있다고 하였다.

Giroux는 Apple과 마찬가지로 학교교육의 저항적인 성격과 자율적인 성격을 강조하였다. Giroux는 학교는 지배계급이 현상을 유지하기 위한 수단으로 이용하려고 하지만 거기에 저항하려는 성격을 가지고 있고 또 학교가 가지고 있는 독립성은 상대적인 것이라고 주장하였다.

저항이론은 긍정적인 평가와 비판을 동시에 받고 있다. 학교의 능동적인 역할, 학생들의 자율성 및 비판적 의식 등을 부각시킨 점은 긍정적으로 평가될 수 있으나 학생들의 표면적인 저항행위에만 초점을 두고 드러나지 않은 이면적인 행위에 대해서는 간과하는 경향이 있다는 점과 저항행위의 실체를 설득력 있게 제시할 수 있는 객관적이고 실증적인 연구가 부족하다는 점 등은 비판을 받고 있다.

제3절 기능이론과 갈등이론의 비교

지금까지 살펴본 기능이론과 갈등이론의 여러 가지 관점 중 교육과 관련하여 매우 큰 중요성을 띠는 것이라 볼 수 있는 사회관, 학교교육, 선발 및 배치 기능에 대해 두 이론을 상호 비교 · 요약해 보기로 한다.

1. 사회관에 대한 비교

사회관에 대해 기능이론과 갈등이론을 상호 비교 · 요약한 것은 <표 2-1>에 제시되어 있다.

표 2-1 기능이론과 갈등이론의 사회관

기능이론	갈등이론
(1) 사회의 모든 요소는 안정 지향적이다.	(1) 모든 사회는 변화 지향적이다.
(2) 사회의 각 요소들은 상호의존적이며, 통합적인 기능을 한다.	(2) 모든 사회는 불일치와 갈등이 일어나고 있다.
(3) 사회변화는 점진적이고, 누적적으로 진행된다(점진적 · 개량주의적).	(3) 사회변화는 급진적이고 비약적으로 진행된다(급진적 · 개혁주의적).
(4) 사회체제 유지를 위해 사회구성원들의 공동체 의식을 강조한다(공민성 개발 중시).	(4) 사회의 각 집단은 경쟁적이며, 대립적인 관계를 가지고 있다(의식화 중시).
(5) 사회의 지위배분은 개인의 성취능력에 의해 달성된다(업적주의와 기회평등 및 적재적소 배치 강조).	(5) 일반적으로 사회가 선호하는 가치는 지배집단과 관련을 맺고 있다(이데올로기 주입 비판).
(6) 사회의 가치 · 규범 · 관습 등은 구성원들의 합의에 의한 것이며, 보편적이고 객관적인 성격을 지니고 있다.	(6) 사회의 각 기관들은 지배집단의 이익에 봉사하고 있다.
	(7) 사회갈등의 원인은 재화의 희소성과 불평등한 분배에 기인한다(평등분배를 위한 재구조화 강조).

출처 : Anderson & Taylor(2009). 재구성.

2. 학교교육에 대한 비교

학교교육에 대해 기능이론과 갈등이론을 상호 비교 · 요약한 것은 <표 2-2>에 제시되어 있다.

표 2-2 기능이론과 갈등이론의 학교교육에 대한 이해

기능이론	갈등이론
학교는 사회의 안정과 질서에 기여하는 제도이다.	학교는 기존의 위계질서를 공고히 하며, 지배계급의 이익에 종사하는 도구이다.
학교는 사회가 요구하는 기술, 지식 등과 공동체 의식을 전수한다. 학교교육이 기술 훈련을 통하여 국가의 경제성장과 발전, 그리고 인간의 자기실현에 결정적인 역할을 한다고 본다.	학교는 기존의 질서를 재생산함으로써 사회 불평등을 영속화한다. 학교교육을 자본주의적 위계구조에 대응해서 노동자를 차별적으로 양산하는 계급재생산의 메커니즘이라고 본다.
학교는 사회구조적 모순을 해결하여 주며, 사회평등화를 도모한다. 교육기회의 균등화를 통하여 삶의 기회를 공평하게 해줄 수 있다는 의미에서 교육이 사회적 불평등을 해소할 수 있다고 본다.	교육이 이데올로기적 상부구조로서 경제적 토대의 대응체라는 유물론적 해석에 근거하고 있다. 학교에서 가르쳐지는 내용은 지배계급의 문화와 이익에 밀접히 관련되어 있다고 본다.
교육은 독립적이며 자율적이라는 자유주의적 이데올로기에 근거하고 있다. 학교에서 전수하는 교과내용은 사회구성원들의 합의에 의한 것이다.	학교는 피지배계층에게 기존의 불평등 위계구조에 순응하도록 강요하는 이데올로기적 기관이다.
학교는 개인의 재능과 노력에 따라 공정한 평가를 하며, 아울러 정당한 사회적 보상이 주어진다.	학교는 인간을 강요하고 억압함으로써 타율적이고 수동적인 존재로 전락시킨다.
학교는 지위의 사다리며 공정한 사회이동을 촉진한다.	학교는 지적 기술보다 지배계층이 선호하는 가치관, 규범, 태도 등을 은밀히 강조하고 있다.
학교교육을 통해 각종 사회문제를 해결 할 수 있다.	학교에서 행하는 능력주의 이데올로기는 외형상 공정하게 보이나 피지배계층의 아동을 효과적으로 탈락시키고, 지배질서의 정당성을 강조하기 위한 위장된 이념에 불과하다.

출처 : 이종각(2005: 518).

3. 선발 및 배치 기능에 대한 비교

선발 및 배치 기능에 대해 기능이론과 갈등이론을 상호 비교 · 요약한 것은 <표 2-3>에 제시되어 있다.

표 2-3 기능이론과 갈등이론의 선발 및 배치 기능에 대한 관점

기능이론	갈등이론
능력에 따라 사회진출이라는 능력주의 규범을 현실화하기 위해서는 인력배치를 효과적으로 해야 한다. 따라서 학교는 능력에 맞는 인력개발 및 훈련을 시켜야 한다. 좋은 인력관리는 교육기회의 균등화를 통해 아동 능력의 낭비를 제거하는 데 있다.	계급에 따른 사회진출이라는 능력주의 규범은 허구적이며, 능력주의 교육관은 자본주의적 질서를 정당화하는 것일 뿐이다(계급재생산론).
아동의 가정환경을 고려, 능력에 따라 분류해야 한다고 믿는다. 왜냐하면 아동들의 적성에 맞는 학습기회를 제공하는 것이 능력개발에 효과적이기 때문이다.	학교가 일류교, 이류교 또는 우열반과 같은 편성을 통해 계급적 선발과 분배 과정을 정당화시킨다고 파악하고 있다.
학습능력에 맞는 학습방법, 반 편성이 고려되어야 한다고 주장한다.	학교교육의 선발과정과 선발기능을 학생과 교사 간의 상호작용에서도 찾고 있다. 교사가 교실에서 행하는 교육활동, 교수 활동은 선발과 분배기능을 합리화시키는 과정에 불과하다고 판단한다.
적성, 학습능력에 맞는 교과과정을 제공 한다고 주장한다. 적성검사, 지능검사, 상담 등의 활동으로 이런 목적을 달성 할 수 있다고 생각한다. 또한 아동들의 학업성취에 대한 평가도 다양한 평가방법으로 판단해야 한다(능력평가의 가능성 및 공정성에 대한 신뢰).	사무적 편의를 위한 아동선별, 관료주의적 상담실 운영 등을 비판하고 있다.
아동의 능력, 교과과정, 반 편성, 교과배치 간의 연계성이 고려되어야 한다.	잠재적 교육과정에도 많은 관심을 기울이며 그 속에 내재된 계급성을 찾아내려 한다. 때로는 학교를 교도소에 비유하기도 한다.

출처 : Johnson(2008). 재구성.

제4절 상징적 상호작용 이론

1. 기본 관점

상징적 상호작용 이론(symbolic interactionism)의 기본 관점은 기능주의 이론

및 갈등주의 이론과 다르다. 기능주의 이론 및 갈등주의 이론이 사회와 사회 속에서의 교육의 역할에 대해 너무 거시적인 안목에서 논하고 있어서 실제적인 교육현상이나 문제들을 체계적으로 다루지 못하고 있다. 따라서 상징적 상호작용 이론의 기본 관점은 집단 속에서 개인들 간의 상호작용이 가장 중요하게 다루어져야 한다는 것이다.

이러한 기본 관점을 볼 때 상징적 상호작용 이론은 거시적인 관점에서가 아니라 미시적인 관점에서 사회와 교육의 역할을 보고 있는 것이다. 이 이론은 Mead, Cooley 등을 통해 구축되었으며 제2차 세계대전 이후에 점차 발전하였고, 주로 사회-심리학적 문제들(social-psychological questions)을 강조하고 관심을 두고 있다(Ballantine, 1997).

상징적 상호작용 이론의 의미는 언어, 제스처, 그림, 음악 등의 이러한 상징을 매개로 하여 사람과 사람 간에 상호작용을 한다는 것이다. 이에 문화나 사회도 상징체계를 통하여 상호작용의 결과이며, 모든 사회현상은 상호작용에 의하여 이루어진다는 것이다. 이러한 상징적 상호작용에서 보는 사회는 개인 집단 간의 상호작용 맥락 속에서 이루어지므로 상호 작용하는 개개인의 주어진 여건과 환경을 이해하고 자신과 상호 작용하는 상대방의 행위나 반응에 부여된 의미에 대한 해석이 매우 중요하다고 볼 수 있다.

이러한 상징적 상호작용 이론의 기본 관점을 좀 더 자세히 살펴보면 다음과 같다(Blumer, 1969).

첫째, 하등동물과는 달리 인간은 사고능력을 부여받았다.

둘째, 그 사고능력은 사회적 상호작용(social interaction)에 의해 형성된다.

셋째, 사회적 상호작용을 통하여 인간은 인간 고유의 사고능력을 행사하도록 해주는 의미와 상징을 습득한다.

넷째, 의미와 상징은 인간이 인간으로서 독특한 행위와 상호작용을 수행하도록 해준다.

다섯째, 인간은 상황에 관한 해석을 토대로 행위와 상호작용 속에서 그들이 사용하는 의미와 상징을 수정 또는 변경할 수 있다.

여섯째, 인간은 자기 자신과 상호작용할 수 있는 능력을 갖추고 있다.

일곱째, 행위와 상호작용의 뒤얽힌 여러 유형이 집단과 사회를 구성한다.

2. 교육과의 관계

교육과 관련하여 상징적 상호작용 이론은 사회적 세계란 본질적으로 상징적 세계임을 전제로 학교 또는 교실에서 일어나고 있는 교사-학생의 분석하고자 하였다. 상징적 상호작용 이론가들은 주로 교사가 학생에게 어떻게 가르치고, 어떻게 서로 교섭하며, 또 어떻게 학생들을 다루고 있는가 하는 점에 관심을 가지고 있다.

상징적 상호작용 이론과 관련된 대표적인 이론은 라벨링 또는 낙인이론(labeling theory)과 교환이론(exchange theory)이다. 라벨링 또는 낙인이론은 교사나 다른 학교의 구성원들로부터 받은 기대나 의미에 따라서 학생의 행동이 잘하는 또는 잘못한다는 낙인을 부여한다는 것이다. 교환이론은 상호 작용 속에 내포된 비용과 보상을 가정하며 교육활동에 있어서 보상행위는 지속되어야 한다는 것이다.

이러한 상징적 상호작용 이론은 학교 및 학급의 역동성을 이해하는데 도움을 준다. 그리고 학교 및 학급내의 상호작용, 학교효과, 교육격차, 학교 및 학급풍토, 교육과정 및 언어, 학교문화, 교사 기대효과 등을 주요한 연구주제로 삼고 있다.

3. 평가

상징적 상호작용 이론은 교육의 능동적인 역할 및 주체성을 인정하고 교실에서 일어나는 교사와 학생의 상호작용을 중요시하여 교육현장에 대한 이해의 폭을 높였다는 긍정적인 평가를 받고 있는 반면 교육의 제도적인 측면과 교육에 제약을 줄 수 있는 정치, 경제 등 외부적인 요인을 너무 무시하였다는 비판을 받고 있다.

제5절 해석학적 이론

1. 기본 관점

해석학적 이론(interpretive theory)은 전통적인 사회학적 방법에 대한 대안적인 관점을 취한다. 이 이론은 자연적 세계와 사회적 세계가 다르다는 점을 강조하고 일상생활을 이해하는 데 일차적인 관심을 두고 있다. 해석학적 이론의 발전에 공헌한 학자로는 Blumer, Goffman, Garfinkel, Douglas 등을 들 수 있다.

해석학적 이론은 인간의 상호작용 속에서 이루어지는 해석과 의미 부여에 관심을 두며, 상호작용을 하나의 해석적 과정으로 파악하면서 상호작용이 실제로 일어나고 있는 일상생활 세계를 구체적으로 이해할 수 있는 해석적 기술(interpretive description)을 강조한다. 또한, 사회도 구성원들의 상호작용에 의해 사회적으로 구성되는 것으로 보고 있으며 인간과 사회의 관계는 본질적으로 역동적 관계라고 강조한다(김흥규 · 이만표, 2013).

2. 교육과의 관계

해석학적 이론은 기본적으로 교육의 내적 과정에 대한 미시적인 접근방식을 취하기 때문에 학교에서 학생 · 교사 · 학부모 · 행정가 간에 일상적으로 일어나고 있는 상호작용과 이들의 교육행위에 부여하는 의미를 그들의 입장에서 분석함으로써 교육활동을 이해하는 데 관심을 기울인다(김흥규 · 이만표, 2013).

해석학적 이론에 기초하여 볼 때 학교와 교육은 다음과 같은 특징을 가진다. 첫째, 학교는 그 구성원이 상호작용하면서 여러 가지 의미를 생성하고 구축하는 장소이다. 둘째, 교육이 학생을 사회화하는 것이 아니라 학생이 자기 나름대로 자기의 세상을 구축해나간다. 셋째, 교육의 목적, 지식전달 방법, 평가방법 등에 관한 공식적 기록이나 지식체계, 즉 여러 가지 의미의 복합체로서의 교육적 담론에 주의를 기울일 필요가 있다(김병욱, 2012: 317).

3. 평가

해석학적 이론은 교육의 능동적인 역할을 강조하고 주체성을 인정하면서 교육의 핵심적인 내면적 과정인 학교구성원들 간의 상호작용 등을 부각시키고 그러한 내면적인 과정에 대한 연구를 활성화시키는데 기여하였다. 반면에 교육의 방향 설정에 끼치는 공헌이 미흡하며, 사회구조적 요인(정치, 경제, 사회 등)의 영향력을 소홀히 하였다. 또한 해석학적 이론에 근거한 연구결과들은 교육정책의 수립 등에 주는 시사점이 다소 부족하다는 한계도 있다.

제6절 신교육사회학 이론

1. 기본 관점

신교육사회학 이론(new sociology of education)은 1970년대에 지식사회학의 영향을 받으면서 기능주의적 접근에 대한 반발로 대두되기 시작하였고 주로 영국의 학자들에 의해 발전하였다. 신교육사회학의 이론적 발전에 가장 중요한 공헌을 한 학자는 Young이며 그 이후 Bernstein, Egglestone, Bernbaum, Musgrave 등에 의해 발전하였다.

신교육사회학 이론은 학자들마다 조금씩 다른 특징을 보이고 있으나 공통적으로 가장 강조되는 것은 지식을 사회적 구성물로 보는 것이다. 신교육사회학 이론에서 주장하는 바를 축약하여 정리해보면 다음과 같다.

지식을 인간의 산물이라고 할 때 어떠한 상황에서 어떠한 인간의 집단이 지식을 창조하고 분배하며 해석하는가 하는 것이 당연히 문제가 된다. 왜냐하면 사회의 구성원들이 현실을 인식하는 것이 이러한 지식의 창조나 해석에 크게 의존하기 때문이다. 이것은 바로 사회를 이끌고 가는 이념의 문제로 해석할 수 있으며, 이때 그 지식을 창조하고 정당화하는 권력집단들 사이에는 매우 밀접한 관계가 형성된다. 이와 같은 주장은 첫째, 지식과 진리를 인간의 산물로 보고 둘째, 현실에 대한 인식은 지식과 진리의 해석과 의미에 크게 의존하며 셋째, 그러기 때문에 지식을 정당화하는 권력집단은 매우 중요한 의미를 가진다는 것으로 요약될 수 있다.

2. 교육과의 관계

위에서 지적한 것처럼 신교육사회학 이론은 지식사회학에 그 이론적 근거를 두고 있기 때문에 지식사회학에 대한 이해는 신교육사회학 이론의 이해에 필수적이지만 그것은 여기서 다루기에는 방대한 것이므로 교육과 관련된 부분을 중심으로 신교육사회학자들의 주장을 살펴보자 한다(차경수 · 최충옥 · 이미나, 2002).

첫째, 신교육사회학의 교육이론에서는 이념과 가치를 중시하고 있다. 특히 지식의 전제, 가정, 사회의 가치관, 인생과 교육의 목적 그 자체에 대한 분석과 검토를 강조하고 있다. 따라서 학업성적과 같은 교육의 결과가 사회계층이나 사회환경에 의하여 결정된다고 보던 과거의 경향을 수동적이고 결정론적이라고 비난하면서 지식의 이념적, 주체적 성격을 존중하고 있다.

둘째, 신교육사회학의 교육이론에서는 지식과 진리를 사회적 구성물로 보고 있다. 지식은 영구불변한 것이 아니라 특정한 시대의 사회적, 역사적 상황에 따라 구성되는 상대적인 것이라고 주장한다. 더욱이 특정한 사회계급이나 전문가 집단이 이러한 지식을 학교 교육과정으로 만드는데 영향을 행사하고 있어서 결과적으로 교육과정은 중, 상류계층 중심으로 구성되어 있으며 이러한 현상은 노동계층의 학생들이 학교에서 학업에 실패하는 중요한 원인을 이루고 있다.

셋째, 신교육사회학의 교육이론에서는 지식의 조직과 교육과정(curriculum)에 관심을 두고 있다. 신교육사회학자들은 지식의 구조, 가치의 분석, 교육이념, 교육과정, 학생의 선발 등에 보다 더 많은 관심을 가져야 한다고 주장하면서 특히 교육과정은 무엇보다도 중요시되어야 할 영역이며, 학생들에게 가르치는 지식은 학생들에게 가장 의미 있고 적합한 것이어야 한다고 주장한다.

3. 평가

이와 같은 신교육사회학 이론은 교육의 사회적인 측면을 인정하고 교육이념이나 가치 등을 강조하면서 교육활동에서 학습자의 주체적인 참여를 부각시킨 점, 교육사회학 분야에서 소홀히 취급되어진 교육과정의 중요성을 강조한 것 등은 기존의 이론과는 색다른 측면을 가지면서 긍정적으로 평가되고 있으나 경험적인 연구결과의 부족과 구체적인 실천모형을 제시하지 않아서 신교육사회학자들의 주장을 실제로 교육현장에 적용시킬 때 난점을 가지고 있다.

제7절 교육과정사회학 이론

1. 기본 관점

교육과정사회학(the sociology of curriculum) 이론은 위에서 설명한 신교육사회학 이론과 비슷하게 지식사회학의 관점을 바탕으로 교육과정을 사회학적으로 분석해보려는 시도이다. 사실 교육과정에 대한 이론과 그 실제에 대한 분야는 전통적으로 교육과정(curriculum)이라는 영역에서 주로 다루어져 왔으며, 교육사회학에서 다루기 시작한 것은 최근의 일이다. 교육과정을 사회학적으로 분석하려는 한 일군의 학자들은 교육과정을 사회적 · 문화적 맥락 속에서 분석하려고 하였던 것이다. Young은 그러한 시도를 시작한 대표적인 교육사회학자이다.

2. 교육과의 관계

교육과정사회학자들은 기본적으로 학교가 어떤 지식을 선택하고 가르치며, 이러한 행위가 학교 밖의 권력구조와 어떻게 연관되어 있는가를 밝혀야 한다는 것을 강조하고 있다. 따라서 교육과정사회학자들에게는 '학교의 교육과정에 어떤 집단의 지식이 선정되었는가?'라는 질문이 중요한 연구과제로 등장한다. 이러한 연구를 통하여 '교육과정은 어떤 집단의 이익을 위해 봉사하는가?'를 밝힐 수 있다는 것이다.

이러한 관점에서 출발하여 교육과정사회학자들은 현재 사회구성원들의 문화적 자본인 지식이 불공평한 과정 속에서 배분되고 있음을 비판하면서 학생을 포함한 사회 제 집단 속의 개인들의 사회적 역할이나 하위문화에 적합한 지식을 공평하고 정의롭게 분배해야 하며 여러 하위문화 집단 가운데에서도 특히 현 사회에서 소외된 집단의 문화나 지식을 교육과정에 반영시켜야 된다고 주장하고 있다.

3. 평가

교육과정사회학 이론은 전통적으로 교육사회학과 다른 학문적 영역으로 간주되어 왔던 교육과정을 교육사회학의 새 영역으로 끌어들여 새로운 관점으로 분석하려고 시도하였으나 아직까지 그 학문적 기반이 약하다. 또한 그 이론적인 목소리에 비해 교육과정을 어떻게 구성하여 조직할 것인가, 전통적 교육과정 모형을 대체할 새로운 모형의 제시 등과 같은 현실적인 대안을 제시해 주지 못하고 있다는 비판을 받고 있다.

part

2

교육사회학의 실제

제Ⅱ부 교육사회학의 실제는 사회의 여러 장면에서 교육사회학의 이론 및 연구가 어떻게 적용되어 탐구되고 있는지를 다룬다. 제Ⅱ부는 크게 여섯 개의 장으로 구성되어 있다.

제3장 사회화에서는 사회화의 개념을 다룬다. 먼저 사회화의 의미가 무엇인지 알아보고, 사회화 과정을 설명하는 주요 이론들을 살펴본다. 그리고 사회화 기관으로 학교, 가정, 대중매체, 교우 집단 등의 역할 및 기능을 살펴본다.

제4장 가정과 교육에서는 가정의 구조적 변화를 살펴보고, 이런 변화가 아동 및 청소년들에게 어떤 영향을 미치고 있는지를 알아본다. 그리고 가정 안에서 부모의 양육태도 유형을 탐색해 봄과 동시에 부모-자녀 관계를 살펴보면서 아동 및 청소년들의 성장·발달 과정에서 차지하는 부모의 역할 및 기능을 재조명해 본다. 또한 가정의 교육적 기능을 강화하기 위한 사회적 지원방안을 살펴봄으로써 가정의 기능 및 역할을 부각시키고자 한다.

제5장 학교와 교육에서는 학교의 전통적인 교육적 기능이 무엇인지 알아보고, 학교 안에서 교사-학생 관계의 심리적·사회적 기제를 살펴본다. 그리고 아동 및 청소년들에게 영향을 크게 미치는 교육환경이 무엇인지, 그리고 그 교육환경을 개선할 수 있는 방안이 무엇인지를 강구해 보고, 최근 많은 관심을 불러일으키고 있는 대안교육의 의미, 역사, 영향력 등을 검토해 본다.

제6장 사회변화와 교육에서는 사회이동의 의미, 종류, 사회이동에 영향을 미치는 요인 등을 살펴보면서 교육이 사회이동에 기여하고 있는 바가 무엇인지를 알아본다. 그리고 사회계층의 의미, 유형 및 사회계층의 결정요인 등을 검토하면서 교육이 사회계층의 형성 또는 이동에 어떤 역할을 담당하고 있는지를 살펴본다. 또한 교육과 평등 또는 불평등의 문제와 관련하여 Coleman과 Jencks의 연구결과를 중심으로 교육이 평등 또는 불평등에 어떤 기능을 하고 있는지를 탐구해 본다.

제7장 평생교육에서는 평생교육의 의미, 필요성, 유형, 이념 및 목적 등을 개괄적으로 살펴보면서 평생교육의 성격이 무엇인지를 주로 이론적 측면에서 살펴본다. 그리고 우리나라 평생교육정책을 알아본다.

제8장 다문화사회와 교육에서는 다문화사회의 의미를 살펴보고, 다문화사회 속에서 시행되고 있는 우리나라 다문화교육정책을 알아본다. 이를 토대로 다문화사회에서 교육의 과제를 탐구해 본다.

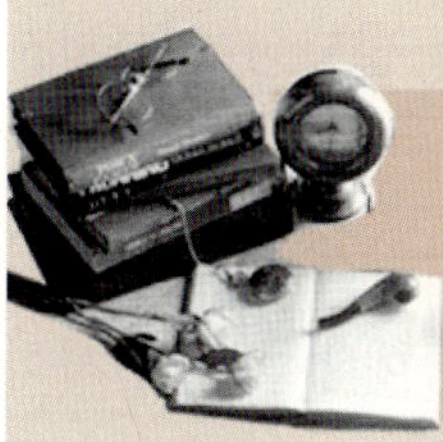

CHAPTER 03

사 회 화

이 장에서는 교육사회학에서 중요하게 다루어지고 있는 개념 중의 하나인 사회화 개념을 다룬다. 먼저 사회화의 의미가 무엇인지 알아보고, 아동 및 청소년들이 성장·발달해 가는 사회화 과정을 설명하는 Freud, Bandura, Mead, Cooley의 이론을 간략하게 살펴본다. 그리고 아동 및 청소년들이 성장·발달 과정에 많은 영향을 미칠 것으로 여겨지는 사회화 기관 또는 대행자인 학교, 가정, 대중매체, 교우 집단 등의 기능 및 역할을 살펴본다.

제1절 사회화의 의미

개인이 한 사회의 구성원이 되기 위해서는 많은 과정을 거치게 된다. 가정에서는 가족의 성원으로 가족의 가치, 규범 등을 배우게 되며, 학교에서는 학교교육을 통하여 많은 지식과 문화, 가치, 규범 등을 내면화하게 된다. 또한 사회에서의 활동을 통하여 인간관계, 직업세계 등을 배우게 된다. 이러한 일련의 과정은 좋든 싫든, 원하든 원하지 않던 개인이 필연적으로 거쳐야 하는 과정이며, 전 생애에 걸쳐서 이루어진다.

한 개인이 집단 또는 사회의 구성원이 되는 이런 일련의 과정을 사회화

(socialization)라고 부른다. 좀 더 구체적으로 말하면 사회화는 개인이 사회적 상호작용을 통하여 생물학적 존재로부터 사회적인 존재로 발달하여 사회적 자아를 형성해 나가는 과정이라고 할 수 있다.

이러한 사회화 과정은 비의도적 또는 잠재적으로 이루어지기도 하지만 의도적으로 이루어지는 측면도 많다. 가정에서의 사회화, 대중매체를 통한 사회화, 교우관계를 통한 사회화 등은 비의도적이고 잠재적인 사회화 과정으로 볼 수 있다. 반면에, 학교교육을 통한 사회화는 의도적인 사회화 과정이라고 할 수 있다.

사회화의 개념은 학자들의 관점에 따라 약간씩 다르게 정의되어지고 있다. 따라서 먼저 여러 학자들의 사회화 개념에 대한 정의를 살펴본 후 종합적으로 사회화의 의미를 규정지어 보기로 한다.

Horton과 Hunt(1976)는 사회화란 한 개인이 자기가 소속해 있는 사회집단의 행동양식, 가치관, 규범, 태도 등을 학습하고 내면화하여 자기 자신의 독특한 개성과 자아를 형성해 나가는 과정이라고 하였다. Chesler와 Cave(1981)는 사회화란 폭넓게 보면 교육의 의미와 유사하며 개인이 문화 또는 특정 사회 속에 동화되어 가는 과정이라고 규정하였다. 그리고 DeMarrais와 LeCompte (1995)는 형식적인 교육을 통해서든 타인을 모방하든 간에 인간이 사회적(social), 인지적(cognitive), 그리고 기술적(technical) 기능을 배우고, 역사와 지식의 기초를 배워나가는 전 과정을 사회화라고 정의하였다.

또한 석태종(2004)은 사회화는 한 사회의 구성원으로서 그 사회의 가치, 규범 및 태도 등을 내면화하는 측면과 한 인간의 주체적 인격을 형성하는 측면도 내포하고 있는 개념이라고 하였다. 그리고 차경수 · 최충옥 · 이미나(2002)는 사회화는 사회적으로는 문화전달 과정이며 개인적으로는 개성의 형성과정이라고 규정하였다.

한편, 김흥규(1990)는 좀 더 자세하게 사회화의 의미를 고찰하였다. 사회화는 개인이든 사회체제이든 간에 그것이 속한 사회의 조건과 요구에 맞도록 적응시키되 개인이 사회성원으로 성장해 가는 과정으로 보고 다음과 같은 네 가지 관점에서 이해할 수 있다고 하였다.

첫째, 일반적인 관점에서는 성격 또는 인성(personality)을 지닌 하나의 인간다운 인간, 즉 사회적 인간으로 되어 가는 과정이다.

둘째, 문화적 관점에서는 사회의 문화적 유산을 계승받는 과정이다.

셋째, 국가 · 사회적 관점에서는 국가 · 사회의 제 규범을 내면화하는 과정이다.

넷째, 개인의 자아발달의 관점에서는 개인이 지위에 상응하는 역할과 기능을 취득 · 행사하면서 자아를 발전적으로 형성해 가는 과정이다.

이처럼 사회화의 개념은 학자에 따라, 그리고 관점에 따라 다르게 정의되고 있으나 어떤 면에서 공통적인 내용을 찾을 수 있다. 그 공통적인 내용을 종합하여 사회화의 개념을 살펴보면 사회화란 생물학적 존재로 태어난 한 개인이 사회의 여러 집단에서의 접촉이나 경험을 통하여 사회의 진정한 한 구성원으로 성장 발달해 나가는 과정이라고 볼 수 있다. 이런 과정을 거치면서 개인은 한편으로는 그 집단의 규범에 따라 행동함으로써 집단의 질서를 유지하고, 다른 한편으로는 그 사회 속에서 독특한 자기 개성을 형성해 나간다. 그리고 그 사회 속에서 개인이 차지하는 사회적 지위와 그에 따른 역할이 무엇인지를 학습한다.

사회화 과정에 영향을 미치는 많은 사회활동 가운데 중요한 위치를 차지하는 것은 교육이다. 그래서 혹자는 교육을 커다란 의미에서 사회화 과정이라 부르기도 한다(Chesler & Cave, 1981). 개인은 교육이라는 활동을 통하여 개인이 속한 사회의 다양한 행동양식, 규범, 규칙, 가치관, 태도 등을 학습하게 된다.

이러한 교육활동이 일어나는 장소는 다양하다. 가정에서 부모로부터 받는 교육, 학교에서의 형식적 교육, 교우 집단과의 상호작용에 의해 받는 교육, 사회의 대중매체로부터 받는 교육, 직장과 같은 사회집단으로부터 받는 교육 등

많은 것들이 있을 수 있다. 이처럼 개인의 사회화 과정에 영향을 미칠 수 있는 것들을 사회화 기관 또는 사회화 대행자(socializing agent)라고 한다.

사회화 기관은 크게 가정, 학교, 사회로 대별해 볼 수 있으나 여기에서 모든 기관들을 설명하기 어려우므로 가정과 학교를 중심으로 사회화 기관 부분에서 다시 자세히 설명할 것이다.

제2절 사회화 이론

한 개인이 사회의 구성원으로서 성장되어 가는 과정을 설명하는 사회화 이론에는 많은 것들이 있다. 대표적으로 몇 가지를 열거하면 Freud의 정신분석 이론(psychoanalytic theory), Bandura의 사회학습 이론(social learning theory), Cooley의 거울자아 이론(looking-glass self theory), Mead의 상징적 상호작용 이론(symbolic interaction theory) 등이 있다.

1. Freud의 정신분석 이론

Freud의 정신분석 이론은 사회화의 이론과 밀접히 관련된 것은 아니다. 그러나 그가 제시한 이론은 개인의 심리 역동적인 측면이 어떻게 형성되어 가며, 외부 세계와의 상호작용 속에서 어떻게 사회화의 과정이 이루어지는지에 대한 측면을 이해하는데 많은 시사점을 주고 있다.

Freud는 인간의 정신세계를 흔히 빙산에 비유되는 의식과 무의식으로 구분하고 행동에 미치는 영향력에 있어서 특히 무의식 세계에 관심을 많이 두었다. 또한 인간의 성격을 구성하는 세 가지 체계를 제시하였다. 그것은 원초아(id), 자아(ego), 그리고 초자아(superego)이다.

원초아는 유전적인 본능의 지배를 받으며 쾌락의 추구가 중요한 목표가 된다. 또한 무의식이 지배하는 세계이다. 자아는 의식과 무의식으로 구성되어 있으며 주로 개인의 경험을 통해 형성된다. 이는 외부 현실과 쾌락을 추구하는 원초아간의 갈등을 조정하며 만족을 얻는다.

초자아는 현실적 자아로부터 발달되며 의식과 무의식으로 구성된다. 어린 시절에 주로 부모나 주위 사람들로부터 영향을 받아 형성되며 사회적 가치나 도덕 등이 내면화된 것이다. 즉, 사회의 요구가 개인 속에 내재화된 것이다. 초자아 역시 원초아와 계속적인 갈등을 겪게 된다. 특히 자아의 기능이 약해져서 갈등의 조정 기능을 충분히 수행하지 못하게 되면 장애 현상을 나타내게 된다.

Freud는 이러한 기본 개념들을 전제로 인간의 성격 또는 인성 발달을 몇 개의 단계로 제시하고 있으며, 단계 구분의 기준을 성적 에너지를 의미하는 리비도(libido)의 위치에 두고 있다. 각 단계를 간략히 살펴보기로 한다.

1) **구순기**(oral stage)

출생 후 대략 1년 동안에 해당되는 시기로서 리비도가 입에 있기 때문에 주로 빠는 행위를 통해 쾌감을 충족시킨다. 인공 수유나 이유 등으로 구순 욕구 충족이 좌절되거나 반대로 과도하게 충족되는 경험을 하게 되면 구순 고착(oral fixation) 성격을 갖게 된다. 이것은 후에 과식이나 과음, 과흡연 등과 같은 행동 특성으로 나타나기도 하고 때로는 타인에 대한 의존 혹은 분노 등으로 표현되기도 한다.

2) **항문기**(anal stage)

대략 2, 3세에 해당하는 시기로서 주로 배설 행위를 통해 쾌감을 얻는다. 이 시기에는 보통 대소변 가리기 훈련이 시작되는데 이때 유아는 처음으로 본능적 욕구 충족을 통제 받는 경험을 하게 된다. 구순기에서처럼 이 시기에도 대소변 훈련과 관련하여 너무 엄격하고 강압적인 경험을 하거나 반대로 너무 느슨한 경험을 하게 되면 항문 고착(anal fixation) 성격을 갖게 된다.

항문 고착 성격은 항문 폭발적 성격과 항문 강박적 성격으로 구분된다. 전자의 경우는 보통 지저분하고 정돈되지 않으며, 낭비벽이 있는 행동 특성을 나타내고, 후자의 경우는 고집이 세고 완고하며, 검소한 반면에 인색한 특성으로 나타난다.

3) **남근기**(phallic stage)

4, 5세경에는 리비도가 항문에서 성기로 옮아간다. 따라서 성기를 통한 리비도의 만족을 추구하게 된다. 남아의 경우 이성의 부모인 어머니에 대해 성적인 욕망과 애착을 느끼며 아버지를 경쟁자로 생각하는 소위 오이디푸스 콤플렉스(oedipus complex)를 나타낸다. 이러한 과정에서 남아에게 거세 불안(castration anxiety)이 유발되는데, 이러한 불안을 감소시키기 위해 어머니에 대한 성적인 욕망과 아버지에 대한 적대감을 억압하게 되며 아울러 아버지에 대한 동일시(identification)를 통하여 남성다움을 발달시켜 간다. 여아의 경우 이성의 부모인 아버지에 대해 성적인 애착을 느끼게 되는데 이를 엘렉트라 콤플렉스(electra complex)라 부른다. 이러한 과정에서 여아에게 남근 선망(penis envy)이 나타난다.

4) **잠복기**(latency stage)

6세부터 11, 12세 무렵까지를 말하며 초등학교 재학 시기와 대략 일치한다. 이 시기는 오이디푸스 콤플렉스를 극복하고서 성적 욕구나 갈등이 억압되는 평온한 시기라고 볼 수 있다. 이 시기에 아동은 지적 활동이나 운동 등 사회적으로 용인되는 활동에 많은 에너지를 투입하며, 특히 지적인 탐색이나 주위 환경에 대한 탐색이 활발하게 나타난다.

5) **생식기**(genital stage)

사춘기 이후 전 생애에 걸쳐 계속되는 시기로서 리비도가 다시 성기로 돌아

오고 성행위를 통한 성적인 만족을 추구한다. 이시기에 이르면 이성에 대해 관심을 가지고 성숙한 사랑을 할 수 있으며, 이 단계에 이르기까지 순조롭게 발달한 사람은 이타적이고 원숙한 성격을 지니게 된다.

지금까지 살펴본 것처럼 Freud는 성적 에너지를 중요한 개념으로 설정하여 독특한 이론을 제시하고 있다. 특히 사회화 과정에서 어릴 때의 경험과 자녀와 부모간의 관계를 강조한다. 위에서 살펴본 것처럼 Freud는 인간의 발달단계를 구순기(oral stage), 항문기(anal stage), 남근기(phallic stage), 잠복기(latency stage), 생식기(genital stage)로 구분하고 각 단계에서 자녀의 부정적인 자아형성에 영향을 미칠 수 있는 부모의 양육태도를 설명하면서 어릴 때의 부모와의 관계나 경험이 성장하면서 개인의 성격이나 자아의 발달에 결정적인 영향을 미친다고 주장하였다.

또한 동일시(identification)를 통하여 아동이 부모를 동일시하여 그 가치관을 내면화한다. 아동은 부모의 정서적 반응, 광범위한 의미체계, 도덕적 가치 등도 동일시의 과정을 통해서 내면화하게 된다.

2. Bandura의 사회학습 이론

Bandura는 사회학습이론에서 사회화의 중요한 방법으로 모방학습(modeling)을 제시하고 있다. 그는 개인의 성장과정에서 많은 인물들 중 자신에게 유의미한(significant) 사람을 모델로 하여 그 모델의 행동이나 습관, 태도 등을 모방하여 내면화하는 경향이 있다고 주장하면서 이는 특히 연령이 어린 아동이나 청소년들에게 강하게 나타난다고 주장하였다. 이러한 모방학습은 현재 우리 사회에서 청소년들이 연예인들의 행동이나 외모 등을 모방하여 하나의 문화로 나타나는 것에서 그 예를 찾을 볼 수 있다.

모방은 세 가지 측면에서 개인에게 영향을 미친다(Bandura, 1977).

첫째, 타인이 하는 행동을 관찰함으로써 새로운 반응을 학습할 수 있다. 개인이 학습하지 못한 새로운 행동을 시범자(model)가 할 때 개인은 그 행동을 모방한다. 시범자는 반드시 실인물이 아니라도 효과가 있다. 신문, 도서, 잡지, 영화, TV 등을 통한 상징적, 회화적 지시 방식도 중요한 시범자가 될 수 있다. 예컨대 아동들은 만화영화 등에서 공격적인 행동을 보았을 때 실 상황에서처럼 그 행동을 모방한다.

둘째, 타인의 행동을 관찰함으로써 어떤 특수한 행위를 억제하거나 피하게 되는 수가 있다. 특히, 어떤 사람이 어떤 행동을 한 결과 나쁜 효과에 당면하는 것을 관찰했을 때, 이 억제효과는 두드러진다. 교사가 많은 아동 앞에서 한 아동을 벌함으로써 다른 아동들이 그 행동을 하지 않도록 하는 일벌백계가 이에 해당한다. 우리 주변에 널리 퍼져 있는 속담, 설화, 우화 등은 상징적인 모델이 되고 있다.

셋째, 모방은 또한 행동을 촉진하는 작용을 한다. 개인은 어떤 행동을 할 줄 알면서도 하지 않다가 다른 사람이 그러한 행동을 하면 따라하게 되는 경우가 있다. 이러한 모방의 촉진 작용은 할 가능성이 적은 행동을 할 가능성이 높아지게 만드는 것이다.

이와 같이 Bandura의 사회학습 이론에서 모방은 직접모방으로서 관찰자는 모델의 행위를 관찰하고 모델이 한 행동을 그대로 시행함으로써 보상을 받는 것을 기본 전제로 한다. 이러한 모방은 능률적인 사회행동을 학습하는 과정에서 매우 효과적인 방법이라 볼 수 있다.

Bandura가 주장한 모방행동의 단계를 그림으로 나타내 보면 [그림 3-1]과 같다.

모방 사태 | 주의집중 단계 → 파지 사태 → 재생 사태 → 동기화 사태 → 모방 행동

모방행동의 절차

3. Mead의 상징적 상호작용 이론

Mead의 이론은 정신(mind), 자아(self), 그리고 사회(society)라는 세 가지 구성요소를 통하여 이루어졌다. Mead는 인간의 정신을 하나의 사물 즉, 하나의 실체로 생각하지 않고 그것을 하나의 사회과정으로 이해하였다. 정신은 의미 있는 상징을 사용하여 자기 자신과 나누는 내면적인 대화라고 하면서 Mead가 중요시여긴 것은 상호작용 과정에서 남의 역할을 취득하는 능력이다.

Mead는 자아(self)는 본질적으로 사회적인 것이며, 사회적 경험을 떠난 자아는 상상조차 할 수 없다고 하면서 자아에 관한 이론을 '중요한 타인(significant other)', '주체로서의 나(I)', '객체로서의 나(me)'라는 개념으로 설명하고 있다. Mead의 자아에는 능동적이고 주체적인 자아와 사회적이고 객관적인 타인이 상호작용 하는 역동적인 과정이 있는 것이다.

Mead는 자아를 구성하는 요소로서 'I'와 'me'를 들고 있다. 'I'는 주체로서의 나를 나타내며 다른 사람의 가치나 태도를 완전히 자기 자신의 판단으로 바꾸어 행동하는 것을 뜻하며 일반화된 타인의 개념과 비슷하다. 'me'는 자신의 자율성이나 창의성이 상실되고 환경에 의해 지배된 상태를 말한다. 여기서 자아는 바로 'I'와 'me' 사이의 관계의 산물인 것이다.

4. Cooley의 거울자아 이론

Cooley는 자아의 형성과정을 거울에 비유하여 설명하였다. 자아는 한 평생 동안 복잡한 과정을 거쳐 형성된다. 한 개인의 자아는 주위 사람들이 그 또는 그녀에 대해 생각하고 판단한 바에 따라서 결정된다. Cooley는 이렇게 형성된 자아를 소위 '거울자아(looking- glass self)'라고 불렀다.

Cooley의 거울자아는 다음과 같은 단계를 거쳐 형성된다(차경수 · 최충옥 · 이미나, 2002).

첫째, 다른 사람에게 개인이 어떻게 보일지를 생각하는 지각(perception)이 있다. 자기가 한 일을 스스로 잘했다고 생각할 수도 있고, 그 반대일 수도 있다.

둘째, 다른 사람들이 개인의 모습을 어떻게 판단하는지에 대한 지각이 있다. 이런 지각이 다른 사람의 실제적인 나에 대한 판단과 일치할 수도 있고, 일치하지 않을 수도 있다.

셋째, 위의 양 지각에 대한 종합이 있다. 이런 종합을 통해 개인은 굴욕이나 긍지 같은 느낌을 갖는다.

제3절 사회화 기관

1. 학교

학교는 중요한 사회화 기관이다. 학교 이외에도 가정이나 대중매체 등 다양한 사회화 기관이 존재하지만 오늘날과 같은 사회에서는 전문적이고 의도적인 사회화 기관이 필요한데, 학교가 그 중요한 역할을 담당하고 있다. 학교는 다분히 계획적, 합리적, 의도적인 사회화를 꾀하는 기관이다. 학생들은 학교교육을 통하여 일반적인 가치, 태도, 기능 등을 습득할 뿐만 아니라 동료와의 비공식적인 상호관계를 통하거나 교사, 상급생과의 상호작용을 통하여 사회적인 역할을 배움으로써 사회화를 촉진한다.

학교의 사회화 기능은 크게 네 가지를 들 수 있다(차경수 · 최충옥 · 이미나, 2002). 첫째, 개인이 사회에 적응할 수 있도록 도와주며, 둘째, 사회가 계속 발전할 수 있도록 사회를 통합해 주며, 셋째, 개인과 사회 사이에 존재하기 쉬운 갈등을 해소해 주며, 넷째, 전체 사회의 기능이 원활하게 수행될 수 있도록 도와준다는 것이다

학교가 사회화를 촉진시키는 방법에는 여러 가지가 있으나 몇 가지를 예로

들어보면 교수(teaching), 상호작용 장소, 모델(model), 강화(reinforcement), 학교 문화(school culture) 등이 있다.

학교는 직접적인 교수를 통하여 사회의 지식, 행동양식, 가치, 태도 등을 가르친다. 학생들은 정규 학교수업뿐만 아니라 교과 외 활동(extracurricula activities)을 통해서도 배운다. 학교는 과거의 유산을 학생들에게 가르치는 일은 새로운 세대와 구세대간의 차이를 좁혀 주고, 의견의 대립을 감소시킴으로써 사회를 안정적으로 유지시켜 나가는 데 공헌한다. 학생들은 학교라는 형식적 교육체제 속에서 사회구성원으로서 지켜야 할 행동이나 규칙을 배우게 되며 사회 속에서 자신의 역할에 맞는 사회적 지위(social status)를 획득하는 데 필요한 지식들도 배우게 된다.

학교는 아동들이 서로 어울려 상호 작용할 수 있는 친우와 장소를 제공해 준다. 아동들은 놀이집단(play group)이나 또래집단(peer group)을 통하여 여러 가지 행동양식을 학습하게 된다. 이러한 집단을 통하여 아동들은 대인관계를 배우며, 성인 사회에서 직면하게 될 여러 가지 대인관계 문제를 해결하는 데 도움이 되는 기술들을 습득하게 된다.

또한 교우 집단을 통하여 집단 속에서 적응하기 위한 다양한 사회적 행동(social behavior) 기술도 배우게 된다. 학교가 지적인 지식을 가르치기 위한 공식 기관인 동시에 교우 집단이나 놀이집단과 같은 비공식 조직을 만들어주게 하는 장소이기도 하다. 이러한 학교의 사회화 기능은 과거보다 훨씬 그 중요성이 높아가고 있다고 볼 수 있다.

학교의 교사는 학생들의 사회화 과정에서 빼놓을 수 없는 훌륭한 모델 기능을 한다. 앞의 사회화 이론에서 언급한 것처럼 연령이 어린 아동들에게 있어서 교사는 매우 중요한 인물이다. 최근 교육사회학 분야에서 아동들의 사회화 과정에 영향을 미치는 의미 있는 요소로 교사에 대한 연구가 활발하게 이루어지고 있는 것도 이를 잘 반영하고 있다.

교사는 사회화 모델의 역할뿐만 아니라 행동수정자로서의 역할도 담당한다고 볼 수 있다. 교사는 상이나 벌, 칭찬이나 질책, 또는 학생평가를 통하여 학생들의 행동을 수정하는 역할을 한다. 잘못된 행동을 수정하여 바람직한 행동으로 이끄는 것도 교사의 중요한 임무의 하나이기도 하다.

그리고 교사가 교육활동에서 사용하는 강화도 학생들의 사회화에 영향을 줄 수 있다. 최근 체벌의 문제가 사회의 논쟁이 되고 있기는 하지만 체벌과 더불어 정적(positive) 및 부적(negative) 강화는 학생들의 행동발달에 유의미한 영향을 주고 있음이 분명하다.

학교문화는 학생들의 사회화에 많은 영향을 끼친다(석태종, 2004). 학교문화란 그 학교의 전통, 역사, 교육풍토, 지리적 위치, 교직원 구성, 학부모의 기대 등이 한데 어우러져 만들어내는 그 학교의 독특한 행동이다. 학교의 이념이나 목적이 무엇이냐에 따라 학교의 문화는 달라질 수 있다. 이러한 학교가 가지는 독특한 문화는 학생들의 사회화에 지대한 영향을 미치고 있음을 부인할 수 없다.

2. 가정

가정은 가장 기본적인 사회단위로서 아동들의 사회화에 매우 중요한 기능을 담당하고 있다. 한 개인이 태어나서 가장 먼저 상호 작용하는 장소가 가정이며 사회화를 위한 기초적인 지식을 가장 먼저 습득하는 곳도 가정이다. 이처럼 가정은 모든 개인이 필연적으로 거쳐야만 하는 기관인 것이다.

가정에서의 교육은 인간의 일생에서 가장 기초적인 것으로 아동이 평생 지니고 살아갈 인간과 사회에 대한 기본적인 태도와 사회규범을 습득시켜 준다. 이러한 과정에서 중요한 역할을 담당하는 사람이 부모이다. 현대 사회에서 무시할 수 없는 사회문제로 등장하고 있는 정신질환, 가치관의 갈등, 권위주의와 편견, 아동 및 청소년의 비행과 범죄 등은 어렸을 때의 부모와의 관계 또는 가정교육의 형태와 깊은 관계를 가지고 있다.

아동 및 청소년기는 기본적인 습관, 인간관계 및 행동의 원리 등이 형성되는 시기이기 때문에 이 시기에 가정교육을 통하여 확고한 인생관을 형성하지 않으면 학습할 기회를 한평생 갖지 못하게 된다. 아동들은 가정에서 사랑을 받고 또 남을 사랑하는 것도 배운다. 정서적 불안정과 행동의 탈선은 대부분 사랑의 결핍에서 기인한다는 것이 많은 연구에서 보고되고 있다. 아무리 좋은 환경에 놓인다 하더라도 사랑이 결핍된 아동은 그렇지 않은 아동에 비하여 정신질환을 앓을 확률이 높다. 이러한 일련의 결과는 가정의 교육이 얼마나 중요한 지를 단적으로 보여주고 있는 것이다(정일환, 1997).

가정에서 자녀의 사회화가 촉진되는 가장 일반적인 형태는 모방이다. 따라서 그 모방의 대상이 되는 아버지, 어머니, 형제자매 등은 자신들의 행동이 모방을 통하여 그 또는 그녀에게 그대로 반영된다는 사실을 분명히 인식할 필요가 있다.

그러나 불행히도 급속한 현대 사회의 변화는 가정의 구조적인 모습뿐만 아니라 그 기능적인 모습도 변화시키고 있다. 도시화와 자녀수의 감소에 따른 핵가족의 증가, 이혼이나 별거의 증가에 따른 한모 또는 한부 가정의 증가, 자녀를 둔 어머니들이 직업을 갖는 경향성의 증가에 따른 자녀양육에의 어려움, 다문화가정의 증가 등은 가정이 갖는 본래의 기능을 퇴색시키고 있다.

따라서 가정에서 부모가 자녀의 중요한 사회화 대행자가 되기 위해서는 부모는 자녀들을 좀 더 독립적인 인격체로 인정해야 하며, 동시에 자녀들이 독립적인 생활을 할 수 있는 태도를 길러주어야 할 것이다. 또한 부모들은 자녀들의 지적인 성장뿐만 아니라 도덕성, 사회성, 정서적 발달에 도움이 되는 전인교육에 좀 더 많은 관심을 가져야 할 것이다.

3. 대중매체

고도로 산업화된 사회가 될수록 대중매체는 아동 및 청소년들의 사회화에 유의미한 영향을 미치는 요소로 자리 잡고 있다. 텔레비전, 라디오, 신문, 잡지, 스마트폰 등과 같은 대중매체와 더불어 오늘날의 인터넷(internet)은 아동 및 청소년들에게 미치는 영향력의 정도가 더욱 더 증가하고 있다. 대중매체가 전달해 주는 다양한 정보와 기술은 사회집단 속에서 살아가기 위해 필요한 것들이며, 학교나 가족에서 제공하지 못하는 것들을 보충해 주는 역할을 담당하고 있다. 특히 산업화사회에서 첨단과학 사회로 변해 가면서 인터넷을 통한 정보의 교환은 대중매체의 총아로서 자리 잡고 있다. 이러한 측면은 대중매체가 가지고 있는 순기능이라 볼 수 있다.

대중매체는 위에서 기술한 순기능이 있는가 하면 역기능도 공유하고 있다. 대중을 대상으로 하는 대중매체가 자본주의 사회에서 하나의 상업으로 부상하면서 그 운영에 있어서 상업적인 측면이 강하게 나타나고 있다. 이러한 흐름에 발맞춰 대중매체의 내용이 점점 더 상업화되어 가고 있으며, 대중의 흥미를 끌기 위해 프로그램의 내용도 말초적인 흥미에 초점을 맞추는 부분이 많다. 이러한 측면은 아직 완전한 성숙에 도달하지 않은 아동 및 청소년들의 사회화에 부정적인 영향을 미칠 수 있다. 인기 연예인에 대한 무분별한 모방, 과다한 성적 장면에의 노출, 남녀 불륜관계, 최근 인터넷의 보편화에 따른 그릇된 정보에의 쉬운 노출 등과 같은 내용은 아동 및 청소년들의 잘못된 성 의식, 왜곡된 가치관, 획일화된 문화 등으로 이끌 수 있다.

따라서 대중매체가 아동 및 청소년들의 사회화에 긍정적인 영향을 미치는 사회화 기관으로 되기 위해서는 아동 및 청소년들의 발달단계를 고려한 건전한 프로그램의 제작 및 운영이 요구되며, 아동 및 청소년들의 건전한 여가선용을 위한 교육 프로그램이 필요하고, 인터넷의 교육적 활용방안도 강구되어야 할 것이다.

1) 대중매체의 특징과 문제점

오늘날 대중매체(mass media)가 갖는 영향력이라는 것은 전 세계를 하나로 만들만큼 엄청난 힘을 발휘하고 있다. 정보과학의 눈부신 발전과 더불어 인터넷의 확산으로 과거보다 훨씬 더 빠른 속도로 사회와 세계를 변화시키고 있다.

대중매체의 발전 속도와 그 영향력과 더불어 대중매체의 종류도 과거보다 훨씬 다양화되고 있는 추세이다. 그야말로 대중매체의 홍수 속에서 살아가고 있다고 해도 과언이 아닐 정도로 수많은 대중매체가 우리의 생활과 생각을 지배하고 있다.

대중매체라는 것은 다양한 많은 사람들에게 신속하고 효과적으로 메시지나 정보를 전달하는 조직화된 수단이다(권이종, 1996). 대중매체의 이러한 신속성과 동시성, 대중성, 효과성 등의 특징은 매체환경의 급속한 변화와 발전을 초래하였고, 이것은 많은 사람들에게 문화전파의 기능과 앎의 권리를 촉진시켜 주는 역할을 하여 왔다.

전파매체의 발전은 통신위성 방송과 민영 TV 및 CATV 방송의 실시, 광고시장의 개방, 시청률 조사제도의 실시, 라디오 방송의 활성화, 인터넷의 대중화 등의 부수적인 효과를 가져왔고, 인쇄매체의 발달은 신문지면의 증가, 신문기업의 경영다각화, 새로운 인쇄매체의 등장, 업계의 전문지 등장, 지방중소도시의 지역신문 발간, 인터넷신문의 확산 등으로 이어지고 있다.

이와 같은 대중매체의 발전과 확산은 그것이 정보 전달과 문화전파라는 본래의 기능보다는 상업성을 추구하고 있어서 많은 부작용과 역기능을 낳고 있다는 문제가 있다. 과다한 대중매체에의 노출은 우리 사회전반에 걸쳐 큰 영향을 미치고 있으며, 대중 안에서 개인의 소외와 획일화된 인간의 형성 등 다양하고 심각한 문제들이 나타나고 있다(김형태, 1998).

대중매체의 확산에 따른 몇 가지 문제점을 살펴보면 다음과 같다(최창섭, 1993).

첫째, 정보의 홍수문제이다. 현대 사회를 '정보의 시대'라고 부를 만큼 수많은 정보가 우리의 생활을 지배하고 있다. 각종 대중매체의 확산으로 인해 신속하게 수많은 정보를 쉽게 접할 수 있는 기회는 많으나 이러한 정보를 모두 처리해야 하는 부담은 여전히 가지고 있다. 다양하고 복잡한 정보를 자기 것으로 수용하여 이를 소화하고 활용할 수 있는 개인의 능력에는 한계가 있다. 따라서 수많은 양의 정보를 미처 취사선택하여 활용하기 전에 이를 무비판적으로 받아들이는 문제가 발생한다.

둘째, 언어의 편향적 섭취 문제이다. 각종 대중매체의 발달과 확산은 현대인을 구두적인 언어보다는 시각 · 청각적인 언어에 더 잘 적응하게 만들고 있다. 이러한 현상은 대중매체를 통한 의사전달의 일반화 속에서 개인 간의 내적 감정이나 사상을 주고받는 인간적인 대화나 만남의 장이 거의 사라져가고 있다는데서 심각한 문제가 아닐 수 없다(한상철, 1998). 인간성의 상실이나 대화단절의 원인도 어떻게 보면 이러한 대중매체의 편향적 언어 때문일지도 모른다.

셋째, 공간개념의 확장에 따른 문제이다. 오늘날의 시대를 가장 잘 나타내고 있는 '정보화 시대'는 첨단 공학(technology)의 발달로 인해 동시성을 구현하고 있다. 더욱이 첨단 공학의 총아라고 일컬어지고 있는 인터넷(internet)의 발전은 동시간 · 동공간의 시대를 만들고 있다. 이러한 동시성의 구현으로 개인 간의 상호교류를 위한 공간개념은 그야말로 무제한적으로 늘어나고 있어 과거에 비해 편리한 면이 있으나, 이 또한 문제점을 낳고 있다. 즉, 인간의 정신적 성장에 필요한 일정 기간의 시간을 갑자기 생략해 버림으로써 빚는 내적 갈등과 충격이 정신적 공허함과 심리적 우울감을 야기할 수 있으며, 자연에 대한 직접적 체험이 아닌 간접적 경험만으로 세상을 인식하고 이해하는 세대에 있어서 그들의 불균형적 성장을 염려하지 않을 수 없는 것이다(한상철, 1998).

넷째, 수용자의 자세를 획일화하고 있는 문제이다. 대중매체는 문화적 구속력을 강화시켜 주는 역할을 하며 모든 사람들의 사고와 행동을 획일화시켜 평균인으로 만드는 수단이 되고 있다. 대중매체의 이러한 역할은 인간의 개성과 창의성을 말살하는 지경에 이르고 있다.

다섯째, 대중매체의 허구성 문제이다. 대중매체가 그려내는 세계는 실제 세계와 많은 차이가 있음에도 불구하고 많은 사람들은 이를 구분하지 못하는 경우가 많다. 대중매체는 사람들의 호기심을 더욱 자극하기 위해 훨씬 첨단의 방법을 동원하여 허구 세계를 실제 세계와 유사하게 만들어 가고 있다. 여기에 대중매체의 상업성이 더해지면 허구와 퇴폐성은 더욱 심해진다.

여섯째, 대중매체의 중독성 문제이다. 각종 대중매체는 인간의 이성을 마비시킬 수 있는 환상의 세계를 창출하고 있다. TV나 영화, 애니메이션(animation) 등의 내용은 첨단 기술을 동원하여 사람들의 감각을 마비시키고 있으며, 생각할 시간적 여유를 주지 않고 변화되고 있다. 이러한 내용들은 연속적인 긴장을 조장하기 때문에 피로와 스트레스를 해소시키기보다는 오히려 고조시키는 역효과를 낳게 된다. 이와 같은 대중매체의 중독성은 육체적 긴장뿐만 아니라 올바른 사고와 가치판단을 손상시킨다.

일곱째, 가치관 전도와 물질만능 현상을 조장하는 문제이다. 최근 대중매체, 특히 TV나 영화의 내용, 광고 등은 폭력이나 물질만능의 현상을 크게 부각시키거나 소비행위를 자극하고 조장하는 역할을 강화하고 있다. 그리고 성을 상품화하여 선정성을 조장하여 건전한 성 의식이나 태도를 혼란스럽게 만들기도 한다. 이러한 일련의 대중매체의 역할은 분명히 많은 사람들의 가치관을 전도시킬 수 있으며, 한탕주의와 찰나주의를 만연시킬 수 있다.

2) 대중매체와 아동 및 청소년문제

오늘날 대중매체는 아동 및 청소년의 가치, 생각, 태도를 지배하고 있는 가장 커다란 존재일지도 모르며, 가정이나 학교보다 더 큰 영향을 미치고 있다는 것을 부인하기 어렵다. 어떻게 생각하면 대중매체는 아동 및 청소년들의 일상생활에서 없어서는 안 될 중요한 의사전달 수단이 되어버렸으며, 더욱이 이러한 대중매체는 이제 청소년문화의 한 부분을 차지하여 소위 '청소년 대중매체문화'를 형성해가고 있다고 볼 수 있다.

대중매체는 아동 및 청소년의 문화를 창조하고 변화시키는 등 그 순기능적인 면도 대단히 많지만 문제는 역기능이 늘어나고 있으며, 특히 아동 및 청소년문제나 비행과 관련하여 역기능의 현상은 매우 심각한 수준이라고 할 수 있다. 각 대중매체간의 경쟁적 격류 속에서 대중매체는 광고수입의 증대, 판로의 확장을 위해 극단적인 상업주의에 빠지고 되고 그 결과 선정적인 자극은 감수성이 예민한 청소년들에게 부정적인 영향을 미치고 있다.

또한, 경쟁적인 상업주의와 향락주의, 가치관 전도를 조장하는 프로그램, 인기에 편승한 운영 등은 건전한 청소년문화를 창조하여 청소년비행이나 범죄 등을 비롯한 갖가지 문제행동을 예방하고 해결하기보다는 청소년들의 성적, 공격적 호기심을 자극하고, 그들의 모방심리를 강화하며, 환상적 세계에 대한 동경심을 촉진하는 등의 역할을 더 충실하게 하고 있는 것이다.

대중매체가 아동 및 청소년문제의 강력한 원인으로 가정하게 되는 것은 다음과 같은 몇 가지 이유가 있다(최창섭, 1993).

첫째, 현대 사회의 아동 및 청소년비행의 특성, 원인, 정도에 관한 대부분의 정보가 대중매체를 통하여 유포될 뿐만 아니라 비행의 많은 부분이 뉴스시간에 확대, 보도됨으로써 비행에 대한 아동 및 청소년의 주의력, 공포감, 참여감 또는 기대감을 조장하고 있다는 것이다. 이것은 비행문제를 일종의 게임이나 흥미 거리로 보게 만들어 비행에 대한 무감각 현상을 야기할 수 있다.

둘째, 대중매체의 아동 및 청소년비행에 대한 잘못된 보도와 정보 제시는 비행에 대한 가치 기준을 저하시키고, 비행행위 현실을 왜곡시킬 뿐만 아니라 비행행위의 합법성을 제시하고 폭력이나 악에 대한 자의적 수용태도를 증대시킬 수 있다.

셋째, TV매체의 프로그램 내용의 많은 부분이 비행과 관련된 폭력이나 그와 유사한 내용을 포함하고 있다는 사실이다.

대중매체와 아동 및 청소년문제와의 관련성을 찾으려는 많은 연구들의 일반적인 결론은 대중매체가 아동 및 청소년비행의 직접적인 원인으로 해석할 수는 없으나 간접적, 또는 잠재적 영향 요인이라는 것이다. 이러한 연구 결과들을 종합하면 다음과 같다(한상철, 1998).

첫째, 대중매체의 동일한 내용이라도 일반 청소년들은 오락적 수단이나 시간 소비적 수단으로 이용하는 반면, 비행집단 청소년들은 자신의 범죄행위를 합리화하거나 보강하는 방향으로 이를 이용할 가능성이 높다.

둘째, 비행 청소년이나 비행행위를 호의적으로 보는 청소년들은 호화로운 가정환경이나 아름다운 사랑장면 등과 같이 현실과 지나치게 괴리되거나 이상적인 내용이 그들의 비행행동을 유발하거나 동기화 시키고 있음을 보고하고 있다.

셋째, 한부나 한모 또는 고아 등과 같이 비전통적 가정의 아동 및 청소년들이 폭력장면이나 호화로운 가정환경 장면에 대해 이를 비행과 관련지어 생각하려는 경향이 높다.

넷째, 아동 및 청소년비행의 유발 요인 가운데는 TV를 비롯한 전자매체뿐만 아니라 혼자서 은밀히 보고 생각할 수 있는 도색잡지나 저속한 잡지, 성인만화 등도 포함된다.

3) 대중매체 역할의 개선

대중매체의 내용이 아동 및 청소년문제의 직접적 원인으로 단정 지울 수 없으나 다른 환경과의 상호작용을 통하여 아동 및 청소년문제를 일으키는데 일조를 하고 있음을 살펴보았다. 특히 비행청소년들의 경우 대중매체의 내용이 비행행위를 증가시킬 수 있음을 볼 수 있었다. 이러한 일반적인 연구결과는 대중매체 환경이나 문화를 개선함으로서 청소년문제를 해결할 수 있는 하나의 대안이 될 수 있음을 시사하고 있다(한상철, 1998).

대중매체 문화나 환경을 개선하고 가치 있는 대중매체 문화를 만들기 위한 방안을 제시하면 다음과 같다(최창섭, 1993).

첫째, 대중매체는 아동 · 청소년들이 자신의 가치관을 명료화하고 확립할 수 있도록 도와주어야 한다. 대중매체는 아동 및 청소년들의 자율적 가치선택과 가치의 내면화 과정을 도와주어야 하며, 이를 위해 어떠한 가치일지라도 그것을 일방적으로 주입하려는 의도는 철저히 배격되어야 한다. 대중매체의 주 기능은 가치를 전달하는 것이 아니라 정보나 메시지를 전달하는 것임을 다시 상기할 필요가 있다.

둘째, 대중매체는 아동 및 청소년들의 독특한 정서와 사고, 생활양식과 태도 등을 인정하고 그들의 세상을 존중하는 태도를 가져야 한다. 이것은 청소년문화를 창조하고 발전시킬 수 있는 원동력이 되며 청소년들에게 건전한 대중매체 문화를 제공해 줄 수 있을 것이다. 청소년들이 마음 놓고 이용할 수 있는 문화공간이 매우 부족한 우리나라의 현실을 고려할 때, 대중매체는 청소년 나름의 독창적이고 활발한 문화 활동을 격려하고 건전한 문화공간을 확대해 주는 데 선도적인 역할을 담당해야 할 것이다. 청소년비행이나 탈선을 무조건 비판하거나 문제시하기보다는 그 원인을 정확하게 진단하고 문제의 대안을 제시해 주는 것도 대중매체가 해야 할 중요한 기능 중의 하나임을 알아야 한다.

셋째, 대중매체의 성격과 역할, 기능 등에 대한 지속적인 교육을 실시할 필요가 있으며, 이와 더불어 올바른 시청방법이나 매체의 사용방법에 대해서도 체계적인 교육이 이루어져야 한다. 특히, 아동 및 청소년들을 대상으로 대중매체의 문제점뿐만 아니라 그 기능과 가치, 그리고 건전한 이용방법을 지속적이고 체계적으로 교육함으로써 올바른 가치관과 생활태도를 확립하고 다양한 매체를 자신의 삶에 적절히 이용할 수 있는 능력과 기술을 익히도록 해주어야 한다.

4. 교우 집단

교우 집단은 또래집단, 동배집단, 친우집단 등으로 불리는데 간단히 말하면 아동이 사귀는 친구들을 말한다. 고도 산업사회에 따라 가정과 학교의 기능이 약화됨에 따라 교우 집단의 중요성은 커지고 있다. 인간 발달과정에서 유아기를 벗어나 아동기에 접어들면서 비슷한 나이의 친우들과 어울리는 시간이 많아진다. 교우 또는 또래집단은 가족이나 학교와는 달리 사교적인 목적으로 존재하며 어떤 공식화된 목표가 있는 것이 아니라 친구들 간의 상호작용을 통해 우정으로 결속된 집단이라 볼 수 있다.

교우 또는 또래집단의 일반적인 성격을 살펴보면 다음과 같다(차경수 · 최충옥 · 이미나, 2002).

첫째, 교우 또는 또래집단은 근본적으로 사교적인 목적으로 존재한다. 즉, 어떤 공식화된 목표가 있는 것이 아니고 친구들 사이의 상호작용을 통하여 우정으로 결속된 집단이라 할 수 있다.

둘째, 교우 또는 또래집단 속에서는 모든 개인들이 비슷한 위치에 있다. 가정에서 개인들이 갖는 인간관계는 대등한 관계가 아니지만 교우 또는 또래집단에서는 동등한 관계로 인간관계가 시작한다.

셋째, 다른 여타 집단에서의 관계가 수직적 · 종적 · 규범적인 성격이 강한 반면, 교우 또는 또래집단은 어떤 집단보다도 수평적 · 횡적 · 개방적인 성격이 강하다. 모든 관계는 규범적인 제약을 받지 않는 자유로운 분위기에서 형성된다. 그리고 모든 관계는 매 순간 자발적이고 상황 속의 즉흥적인 관심사에 따라 융통성 있게 영위되는 집단이라 볼 수 있다.

이와 같이 교우 집단 또는 또래집단은 가족과는 상당히 다른 차원에서 사회화를 매개한다. 새로운 언어, 의사전달방법, 인지기술, 사회적 기술, 성 역할(sex-role), 사회성을 기르는데 있어서 교우 또는 또래집단은 중요한 의미를 갖는다. 가족에 의한 사회화를 위로부터의 종적 · 수직적 사회화라고 한다면, 교우 또는 또래집단에 의한 사회화는 옆으로부터의 횡적 · 수평적 사회화라고 할 수 있다.

교우 또는 또래집단으로부터 받는 영향은 사실 유아나 아동기 시절보다 학교에 다니면서 더 커지고 더욱이 청소년기에 접어들면서 더욱 더 커지게 된다. 그러나 때로 그들은 서로 뭉쳐 자신들만의 고유한 하위 또는 부분문화

(subculture)를 형성하기도 하고, 또 기성문화에 저항하기도 한다.

이러한 교우 또는 또래집단을 통해 아동 및 청소년들은 친구들과의 상호 작용하는 가운데 상호간에 지켜야 할 예의를 배우며, 타인과의 관계 속에서 자신을 억제하는 자제력을 습득하기도 한다. 나아가 아동 및 청소년들은 건전한 이성 관계를 통하여 성 역할을 배우며, 자신의 위치와 역할에 대한 일반적인 개념을 형성하여 자신의 사회적 역할(social role)을 배우게 된다.

최근의 소위 학교폭력은 교우 또는 또래집단의 역할 및 기능에 대한 왜곡된 모습을 보여주는 단면이기는 하나 교우 또는 또래집단은 대가족의 쇠퇴나 세대 차의 심화가 점점 더 커지고 있는 시점에서 아동 및 청소년들의 사회화 과정에서 매우 중요한 기능을 담당하고 있는 기관이라 할 수 있다.

CHAPTER 04

가정과 교육

이 장에서는 가정의 구조적 변화 및 그에 따른 가정의 기능 변화를 살펴보고, 이런 변화가 아동 및 청소년들에게 어떤 영향을 미치고 있는지를 검토해 본다. 그리고 가정 안에서 부모의 양육태도 유형을 탐색해 봄과 동시에 부모-자녀 관계 및 그와 관련된 연구의 결과를 살펴보면서 아동 및 청소년들의 성장·발달 과정에서 차지하는 부모의 역할 및 기능을 재조명해 본다. 또한 가정의 구조적 변화에 의해 야기된 다양한 가정의 모습 중 한부모가정과 맞벌이가정의 교육적 역할 및 기능을 강화하기 위한 사회적 지원방안을 살펴봄으로써 가정의 기능 및 역할을 부각시키고자 한다.

제1절 가정의 변화

1. 가정의 구조적 변화

가정은 인간의 기본적 욕구를 해결하기 위하여 오랫동안 여러 가지 기능을 수행해 왔다. 성적 욕구의 만족, 자녀출산, 사회화와 교육, 애정의 교환, 지위의 부여, 보호기능, 경제적 기능, 종교적 기능, 오락적 기능 등 여러 가지 기능을 담당하는 중요한 일차적 기관으로 여겨져 왔다. 그러나 산업화와 도시화에 따른 급격한 사회의 변동은 여러 측면에서 큰 변화를 불러 일으켜왔으며, 그 가운데 가정도 예외가 될 수 없었다. 가정 안에서 일어나고 있는 내면적인 모습뿐만 아니라 가정의 구조적(structural)인 모습까지도 변화되어 왔다.

가정의 구조적 변화(change in family structure)라고 하는 것은 사회의 변화에 따라 전통적인 가정의 모습이나 형태가 변화되는 것을 의미한다. 따라서 가정의 구조적 변화라는 의미 속에는 가정의 규모(family size), 가족구성원의 수(number of family member), 비전통적 가정(nontraditional family), 가정의 기능 등이 변화되는 것을 모두 포함되어 있다고 볼 수 있다. 이러한 가정의 구조적 변화는 아동 또는 학생의 다양한 측면에 영향을 미친다는 사실은 이미 잘 알려져 있는 사실이다.

교육과 밀접한 관련이 있는 가정의 구조적 변화의 경향성에 대한 최근의 큰 흐름을 열거하면 다음과 같다.

첫째, 핵가족(nuclear family)의 증가 경향을 들 수 있다. 사회의 현대화 과정이 진행됨에 따라 농경사회의 전통적 확대가족(extended family) 또는 대가족(large family)이 부부중심의 핵가족으로 변화되어 가고 있다. 그 변화의 요인으로는 산업화, 도시화, 출산율 저하, 교육의 보편화, 여권신장과 가치관의 변화, 권위주의의 규범의 약화 등을 들 수 있다. 가족의 변화는 전통적인 가부장제도의 제 기반을 상실시키는 결과를 초래하였고, 이와 같은 변화의 와중에서 가정의 전반적인 모습이나 형태가 크게 영향을 받을 수밖에 없는 것이다.

둘째, 구조적 파괴가정(structural broken family)의 증가를 들 수 있다. 우리나라의 전통적인 가정의 형태나 구조는 양친과 함께 생활하거나 양친과 더불어 할아버지나 할머니와 함께 생활하는 것이 전형적인 모습이었다. 그러나 사회의 급속한 변화로 인하여 전통적인 가족구조(family structure)로 여겨져 왔던 양친가족(two-parent family)이나 대가족의 모습은 크게 변화하여 가족의 구조는 많은 변화를 겪고 있다. 특히, 최근 부모의 이혼이나 별거의 비율이 증가하면서 한모나 한부가정과 같은 한부모가정이 늘어나고 있는 추세이다.

셋째, 맞벌이가정(dual-earner family)의 증가를 들 수 있다. 여성들 특히 자녀를 둔 기혼여성들의 경제활동참가가 늘어나면서 맞벌이가정이 증가하고 있다. 이러한 증가추세를 보이고 있는 맞벌이가정은 여성의 자아실현, 가정경제의 향상, 국가경제발전에의 기여 등 나름의 장점을 가지고 있지만 자녀양육, 가사, 부부관계 등 여러 가지 현실적인 어려움이 따르는 것도 사실이다. 특히, 자녀양육과 교육은 맞벌이가정이 가장 어려움을 겪고 있는 부분이다(한국여성개발원, 1988).

넷째, 다문화가정의 증가를 들 수 있다. 통계청이 발표한 현황을 보면 2010년 기준으로 다문화가정 혼인비율은 35,098건으로 전년대비 3.7% 증가하였다. 전체 혼인 중 다문화가정 혼인비율은 10.8%이었다. 그리고 2010년 기준으로 전체 우리나라 출생아 중 4.3%가 다문화가정 출생아이었다. 이에 따라 다문화가정의 수가 증가하고 있고 다문화가정 자녀도 증가하고 있다. 그리고 2011년 기준으로 국내 체류 중인 등록 외국인은 1,265,006명으로 이들에 의해 만들어지는 다문화가정도 증가하고 있다. 그러나 외국인의 가족 형성에는 개입하는 변수가 많아 현재로서는 정확한 규모 파악에 한계가 있다.

1) 가정의 구조적 변화의 현황

<표 4-1>은 1995년과 2005년 우리나라 세대 수별 가구 구성비를 나타내고 있다. 이 표에서 알 수 있는 것처럼 1995년과 2005년 우리나라는 1세대와 2세대 가구가 가장 높은 비율을 차지하고 있고, 대가족의 모습을 띠는 3세대 가구와 4세대 이상 가구의 비율은 10년 동안 오히려 감소하였다. 이것은 우리나라 가정이 대가족의 형태에서 핵가족의 형태로 변화하였고, 이 경향은 앞으로 계속될 것임을 시사하고 있다.

그리고 2005년에 전체가구 중 부부만 사는 가구는 14.3%이고, 부 또는 모와 미혼자녀가 사는 가구는 15.9%, 부부와 미혼자녀가 사는 가구는 76.1%로 나타났다(통계청, 2005). 이것은 우리나라 전체 가구의 과반수가 핵가족의 모습을

띠고 있으며, 이혼, 별거나 사망 등에 의해 형성된 한부모가정의 비율도 낮지 않음을 보여주고 있다.

표 4-1 세대수별 가구 구성비

구 분	1995년	2005년
	구성비(%)	구성비(%)
전 국	100.0	100.0
1 세 대 가 구	12.7	16.2
2 세 대 가 구	63.3	55.4
3 세 대 가 구	9.8	7.1
4 세 대 이 상 가 구	0.2	0.1
1 인 가 구	12.7	19.9
비 친 척 가 구	1.4	1.3

출처 : 통계청(1995, 2005). http://www.nso.go.kr/

2) 가정의 구조적 변화의 양태

(1) 가족 규모의 감소

최근의 가정은 구조적인 면에서나 기능적인 면에서나 크게 변화하고 있다. 가족의 구조적 면에서 가족 수가 줄어들고 있는 것은 이미 잘 알려져 있다. 해방 전까지만 해도 일곱 명 또는 여덟 명을 낳는 부모들을 많이 볼 수 있었으나 이제는 아이를 하나 또는 둘만 낳는 가정이 많아지고 있다(표 4-1 참조).

그리고 통계청(2010)의 '2010 인구주택 총조사'에 따르면 2010년 기준 1~2인 가구가 48.2%(1인 가구 23.9%, 2인 가구 24.3%)이고, 4인 가구(부부+미혼자녀 둘)는 22.5%이다. 1~2인가구는 증가하고 있고 4인 가구는 감소하고 있는 추세이다. 더욱이 전국 가구가운데 부부가구가 17.5%, 독신가구가 23.9%, 한모가구가 7.2%, 한부가구가 2.0%를 차지하여 전형적인 핵가족도 무너지고 있다.

참고로, 핵가족이나 확대가족 등 가족규모와 아동·청소년의 성격 및 행동특성과의 관련성(곽형식 외, 2000)을 살펴보면 <표 4-2>와 같다.

표 4-2 가족규모에 따른 아동·청소년의 특징

핵 가 족	확 대 가 족
•독립적이고 자율적인 특성을 지닌다.	•심리적으로나 정서적으로 안정된 특성을 지닌다.
•협동과 양보심이 부족한 편이다.	•가족규범과 질서의식이 발달된 편이다.
•지적 발달 측면에서 성인의 영향을 덜 받게 된다.	•문화적으로 기성세대의 문화를 전수 받을 수 있다.
•경쟁적이고 이기적이며, 타산적인 특성을 지닌다.	•성인에게 의존하는 경향이 있다.
•사회성이 부족한 편이다.	•이해심이 많고 인간관계 기술을 발달 시킬 수 있다.
•지적 · 정서적 경험이 부족하다.	•협동심이 많고 사회성이 발달되어 있다.
•정서적으로 외로움을 느낄 수 있다.	

(2) 권위분배의 변화

가정에서의 가족구성원 사이의 권위의 분배도 달라지고 있다. 사회의 산업화와 고학력으로 인하여 서비스업이나 전문직에서 여성이 취업할 수 있는 기회가 많아짐에 따라 여성이 가정에서 차지하는 위치도 달라졌다.

여성들이 취업함으로써 수입을 갖게 되고 그들의 기능이 변화하자 가족구성원 사이의 권위 구조도 달라진다. 남성중심의 가족구조가 바뀌기 시작했고 가정에서의 업무처리도 전통적인 남성과 여성의 일에 많은 변화가 일어나고 있다. 남성이 가사에 참여하는 경우가 많아지는 반면 가정의 중대한 일에 여성의 참여가 높아지고 있다. 이러한 경향성은 가정 안에서의 전통적인 성 역할(sex role)의 개념도 변모시키고 있어서 자녀들에게도 직 · 간접적으로 영향을 주고 있다.

(3) 가족 기능의 변화

가족구조의 변화는 동시에 가족의 기능도 변화시키고 있다. 가정의 전통적 기능들로 여겨지던 자녀 출산, 경제적 기능, 보호기능 등은 약화되어 가는 반면에 애정기능은 훨씬 그 중요성이 강조되고 있다. 그러나 이러한 애정기능의 중요성이 강조됨에도 불구하고 아동 · 청소년기의 자녀들을 보호하거나 지원해 주는 기능이 약화됨에 따라 가족 기능의 변화는 오히려 자녀교육에 긍정적인 역할을 수행하지 못하고 있는 실정이다.

한편, 산업사회에서 여성들이나 자녀들이 직업을 가져 그들도 생산의 주체가 됨에 따라 가족의 경제적 단위로서의 기능은 약화되고 있다. 이러한 경제적 능력을 소유하는 것은 결혼이나 가족을 구성하는 의미를 많이 약화시키고 있어서 자연스럽게 가족의 경제적 기능은 약화된다고 볼 수 있다.

(4) 사회화 기능의 변화

학교나 대중매체의 급속한 발달로 인해 가정의 교육적 기능은 많이 감소하고 있다. 교육적 기능을 수행하는 여러 기관들이 증가함에 따라 가정이 자녀들의 사회화를 유지시키는 기능은 자연스럽게 감소할 수밖에 없는 것이다. 가정이 담당하는 사회화 기능을 타 조직들이 대신 수행하고 있는 셈이다.

그러나 아직까지도 가정의 사회경제적 지위가 자녀들에게 미치는 영향은 무시할 수 없다는 많은 연구들이 시사하는 것처럼 아동 · 청소년들의 사회화에 미치는 가정의 영향은 크다고 볼 수 있다.

2. 가정의 변화와 아동 · 청소년

가정의 변화가 아동 · 청소년들에게 어떤 영향을 미치는가에 대한 연구는 오랫동안 자녀교육 문제와 관련하여 실증적으로 이루어져 왔다. 이러한 일련의 연구들은 가정의 구조적 변화가 아동 · 청소년들에게 어떠한 영향을 미치며, 가정의 구조적 변화를 야기하는 특정한 원인이 아동 · 청소년들에게 어떠한 영향을 미치는지를 연구하였다. 예를 들면, 양친과 함께 살고 있는 아동 · 청소년들과 그렇지 않은 가정에서 살고 있는 아동 · 청소년들을 비교 · 분석한다든지, 또는 이혼이나 재혼, 별거 등이 아동 · 청소년들에게 미치는 영향을 연구하는 것 등이다.

가족이나 가정에 대한 많은 연구들은 가정의 구조적 변화가 아동・청소년들에 영향을 미치는 주요한 요인 중의 하나임을 주장한다(Rumberger, 1995). 가정의 구조적 변화와 아동・청소년간의 관계를 연구하는 많은 연구들은 양친가족과는 다른 가족구조에 초점을 맞추었다. 이들 연구들은 전통적인 양친가족과는 다른 가족구조에 사는 것이 아동・청소년들의 심리적 또는 학업적 성과에 미치는 효과를 검증하였다.

일련의 연구들은 한부모 가족구조가 아동・청소년에게 어떠한 영향을 미치는 지를 검토하였다(Shaw, 1982; McLanahan, 1985; Klein & Beller, 1988; Hauser & Phang, 1993; Rumberger, 1995). Shaw (1982)는 한부모가족(대부분 한모가족)에 사는 것이 아동・청소년들에게 미치는 효과를 연구하여 청소년시기에 한모와 함께 사는 청소년들은 양친과 함께 사는 청소년들과 비교하여 학교를 중도에 그만둘 가능성이 더 높다는 것을 발견하였다. McLanahan(1985)도 한모가족에 사는 것은 청소년들이 고등학교를 졸업하는 것에 부적(negative)인 영향을 미친다고 보고하였다.

또한 정진영(1993)의 연구에 의하면 한부모가정의 자녀들은 정서적 불안정, 대인관계상의 문제, 학업성적 부진, 우울, 자신감 부족 등의 문제를 보인다고 밝히고 있으며, 보호관찰을 받고 있는 청소년들을 대상으로 조사한 경우 조사대상의 24%가 한부모가정의 아동임을 알 수 있었다(서울보호관찰소, 1994). 이외에도 많은 연구자들은 양친가족과 다른 가족구조는 청소년들의 다양한 성과에 악영향을 미친다는 연구결과를 제시하였다.

이와 함께, 양친가족이 부모의 이혼이나 별거, 재혼, 사망 등에 의해 한모, 한부, 재혼부, 재혼모, 그리고 소년소녀가장 가족 등과 같은 다른 형태의 가족구조로 바뀔 경우에도 이는 아동・청소년들에게 악영향을 미친다고 주장하였다(Wojtkiewicz, 1993). 이는 아버지나 어머니 중 어느 한쪽이 상실됨에 따라 가정의 경제적인 측면뿐만 아니라 심리적인 측면의 손실이 발생함으로서 청소년 자녀에 대한 경제적 투자나 심리적인 애착, 관심 등이 양친가족보다 적어짐에 따라 이러한 현상이 청소년들에게 해로운 요인으로 작용한다고 볼 수 있다. 이러한 여러 연구결과에 기초하여 본다면, 경제적으로나 사회적으로 완전히 독립할 때까지 비교적 가정의 영향력 안에서 아동 · 청소년기를 보내게 되는 우리나라의 실정을 고려한다면 아동 · 청소년의 발달과 교육에 있어서 가정과 부모의 역할이 얼마나 중요한가를 새삼 재고할 필요가 있다.

제2절 부모-자녀 관계

1. 부모의 양육태도 유형

연구자들은 부모의 행동과 태도를 연구함으로써 부모의 양육행동의 전체적인 특성을 파악하려고 노력하였다. 여기에서는 몇 가지 대표적인 연구자들이 분류한 부모의 양육태도 유형과 그 특징을 살펴보기로 한다.

1) Symonds의 유형

Symonds는 부모의 양육태도를 처음으로 이론적으로 탐색하여 그 유형을 분류하려고 노력하였다. Symonds는 부모의 양육태도를 과보호적, 우세적, 거부적, 복종적이라는 네 가지 유형으로 분류하였다. 이러한 Symonds의 양육태도 유형은 양육태도를 체계적으로 분류하려고 했다는 점은 높이 평가받고 있으나 어머니의 양육태도를 주로 부정적으로만 설명하였을 뿐 일상생활에서 일어날 수 있는 긍정적인 양육태도에 대해서는 설명하지 않고 있다는 점은 아쉬운 점이다(곽형식 외, 2000).

2) Schaefer의 유형

Schaefer는 정상적인 부모의 양육태도를 장기적으로 연구한 사람으로 신생

아기부터 초기 청년기에 이르는 동안의 발달과 부모의 양육태도를 연구하였다(곽형식 외, 2000). Schaefer는 부모의 행동이나 태도를 2개의 차원, 즉 애정 대 적대감 차원과, 자율성 대 통제의 차원으로 분류하였다. Schaefer에 따르면, 애정 대 적대감 차원은 부모와 아동의 정서적 관계를 다루는 반면, 자율성 대 통제의 차원은 부모가 아동의 행동에 대해 부과하는 통제와 제한을 다룬다.

3) Baumrind의 유형

Baumrind는 학령전기 아동들에 관한 종단적 연구(longitudinal study)를 통하여 세 가지 유형의 양육태도 유형을 제시하였다. 즉, 독재적(authoritarian) 유형, 허용적(permissive) 유형, 권위적(authoritative) 유형이 그것이다.

Baumrind에 의하면, 독재적 양육태도를 보이는 부모는 청소년에게 규칙을 부과하고 무조건 순종하기를 강요하며 규칙의 목적이나 규칙을 부과하는 이유를 설명하는 일도 없고 자주 신체적 처벌을 사용한다. 허용적 양육태도를 보이는 부모는 규칙을 부과하지도 않고 자유방임적이다. 규칙을 부과하더라도 일관성이 없으며 청소년에게 확고한 통제를 행사하지 않는다.

반면, 권위적 양육태도를 보이는 부모는 규칙을 부과하고 왜 규칙을 따라야만 하는가를 설명해 주며 통제는 일관성이 있고 청소년의 욕구에 반응적이고 청소년의 의견에 관심을 기울인다.

4) Maccoby와 Martin의 유형

Maccoby와 Martin은 Schaefer가 제시한 두 개의 차원과 Baumrind가 제시한 세 가지 유형을 종합하여 네 가지의 부모 양육태도 유형, 즉 권위적(authoritative), 독재적(authoritarian), 허용적(permissive), 방임적(indifferent) 유형을 제시하였다. 이를 도식화하면 [그림 4-1]과 같다.

		요구	
		고	저
반응성	고	권위적	허용적
	저	독재적	방임적

그림 4-1 Marccoby와 Martin의 부모의 양육태도 유형의 분류

출처 : 장휘숙(1999).

이 네 가지 유형을 좀 더 자세히 살펴보면 다음과 같다(곽형식 외, 2000).

(1) 권위적 유형

권위적 유형은 애정을 가지면서도 엄격한 한계의 조화를 이룬 형태로서 자녀에게 애정적으로 대하면서도 자녀의 행동을 통제하는 양육태도를 말한다.

권위적 유형의 부모는 자녀 중심적이며, 부모-자녀 사이의 개방적 의사소통을 격려한다. 부모는 성숙한 행동에 대한 확고한 표준을 설정하고 그것을 지킬 것을 요구하거나 의사결정이나 지시에 대한 합리적인 이유를 설명하는 편이며 자녀의 의견에 관심을 가진다.

이러한 유형의 부모에게서 자란 자녀는 일반적으로 높은 자아존중감을 가지며, 독립적이고 사회적으로 유능하며 자기통제적인 경향이 있다.

(2) 독재적 유형

독재적 유형은 확고하지만 자녀에 대한 온정과 애정이 부족하며 강압적이고 자녀를 통제하기 위해 신체적 처벌을 가하고 힘을 행사한다. 또한 이 유형의 부모는 부모의 결정이나 규칙에 대한 자녀의 상이한 의견을 도전적으로 받아들이고 억압한다.

독재적인 유형의 부모에게서 자란 자녀는 부모의 권위주의적인 자세 때문에 평소 불만이 많으며, 낮은 자아존중감을 가지고 있고 사회적 능력과 자발성이 부족하며 냉담한 편이다.

(3) 허용적 유형

허용적인 유형은 자녀에 대한 애정은 많으나 확고하지 못한 형태로 자녀에 대해 수용적이고 반응적이지만 자녀의 행동을 거의 통제하지 않는다. 부모는 가능한 한 자녀에게 제한을 가하지 않고 성숙한 행동을 요구하는 것을 회피하며 자녀 스스로 자신의 행동을 결정하기를 바란다.

허용적인 유형의 부모에게서 자란 자녀들은 책임감이 부족하며 매사에 충동적이고 공격적인 경향이 있다.

(4) 방임적 유형

방임적 유형은 부모의 역할을 거의 수행하지 않고 일관성이 있는 훈육을 실시하지 않는 형태로 자녀와의 접촉을 회피하며, 자녀의 욕구에 대해 무반응적이고 거부적이다.

방임적인 유형의 부모에게서 자란 자녀는 대체로 낮은 자아존중감을 갖는 경향이 있는데, 이러한 낮은 자아존중감 때문에 비행을 저지를 가능성이 높을 뿐만 아니라 적대적인 성향이 높고 공격적이며, 복종을 잘하지 않는 경향이 있다.

2. 부모-자녀 관계에 영향을 미치는 요인

부모-자녀 관계에 영향을 미치는 요인을 크게 분류해 보면 사회・문화적 요인, 사회・심리적 요인, 부모의 개인적 특성, 자녀의 개인적 특성이라는 네 가지 요인이 있다. 이러한 요인들은 독립적으로 부모의 양육태도에 영향을 미치기도 하지만 서로 상호 연관되어 영향을 미치기도 하여 상호관련성이 존재한다.

사회·문화적 요인에 포함되는 것들을 살펴보면 인종, 사회계층, 가족구조 및 규모, 거주 지역, 자녀에 대한 기대나 가치기준, 종교 등이 있다. 사회·심리적 요인에는 가족의 분위기, 부부관계, 형제자매간의 관계, 부모-자녀 관계 등이 포함될 수 있다. 그리고 부모의 개인적 특성에는 부모의 연령, 성별, 교육수준, 성격 및 생활경험, 부모역할에 대한 이해, 자녀에 대한 기대, 모의 직업 유무 등이 포함될 수 있고, 자녀의 개인적 특성에는 성별, 연령, 출생순위, 건강, 지적 능력, 성격특성, 부모에 대한 기대 및 선호도 등이 있다(김명희, 1998).

이러한 요인과 더불어 또 다른 중요한 요인으로 전체적인 가정환경(family environment)을 들 수 있다(김명희, 1998). 이러한 가정환경으로는 부모가 지니고 있는 자녀양육과 관련된 가치관, 가족의 구조적 특성, 현재 가정이 처한 상황 등이 있는데 논자에 따라 부모의 양육태도를 가정환경 속에 포함시키는 경우도 있지만 이를 분리하여 생각한다면 분명히 가정환경은 부모가 자녀에게 대하는 태도나 부모-자녀 관계에 적지 않은 영향을 미칠 수 있다.

3. 부모-자녀 관계 연구에 대한 최근의 경향

부모-자녀 관계에 대한 연구는 오래 전부터 이루어져 왔다. 이 분야에 대한 이전의 연구들은 주로 부모의 양육태도를 여러 가지 유형으로 구분시키려고 노력하였다. 이는 앞부분의 양육태도 유형에서 살펴본 바와 같다.

그러나 이러한 양육태도의 유형화는 많은 비판을 받아 왔다. 부모의 양육태도를 특정 형태의 차원이나 유형으로 구분하는 것은 이러한 유형을 모든 부모의 양육태도에 일반화시키기가 어렵다는 것이다. 부모의 자녀에 대한 양육행동은 상황에 따라 언제든지 변화할 수 있으며 정형화된 유형으로 구분시키기가 힘들다. 또한 자녀에 따라 그리고 자녀의 상황에 따라 부모의 행동은 변할 수 있다.

이러한 비판으로 인해 최근 부모와 자녀간의 관계에 대한 연구는 양육태도라는 용어를 사용하기보다는 '부모-자녀 관계(parent-child relationship)' 또는

'자녀에 대한 부모의 개입(parental involvement in the child)'이라는 용어를 즐겨 사용한다. 그리고 부모의 양육태도를 유형화시키려고 하지 않는다.

'자녀에 대한 부모의 개입(parental involvement in the child)'이라는 용어는 부모, 그 중에서도 어머니가 자녀의 여러 가지 면에 참여하고 관심을 나타내는 여러 가지 행동이나 태도를 언급하는 데 사용된다. 참여 또는 관심에는 청소년 자녀의 학업수행에 대한 기대, 학업에 대한 언어적인 격려 혹은 상호작용, 학업수행에 대한 직접적인 강화, 일반적인 학습지도와 지지, 자녀의 일상 활동과 공부를 감독하는 정도 등이 포함된다.

이러한 한 가정에서 부모가 자녀의 교육이나 일상 활동에 참여하거나 관심을 보이는 정도는 자녀의 성, 가족의 사회 경제적 지위, 어머니의 직업유무 등과 같은 요인의 영향을 받는다는 것은 틀림없는 사실이다.

4. 청소년기의 부모-자녀 관계의 변화

아동이 청소년기로 들어서면서 변화가 일어나기는 하지만 그 변화는 부모와 자녀 간의 유대에 관한 것이 아니고 가족구성원 간의 상호작용의 특별한 형태에 관한 것이다. 어떤 학자들은 사춘기가 관계의 변화를 결정짓는 가장 중요한 요인이라고 한다. 다른 학자들은 새로운 상황에 적응해야 할 필요와 기대 때문에 초등학교에서 중학교로 옮겨 가는 것과 같은 나이와 관련된 전환기가 청소년들로 하여금 변하도록 한다고 한다.

부모와 자녀들은 청소년기 동안 그 이전보다 같이 보내는 시간이 더 줄게 된다. 일반적으로 청소년들은 아버지보다는 어머니와 시간을 더 많이 보내고 함께하는 활동들이 더 다양하다. 그런데 청소년들이 부모와 함께하는 활동에는 차이가 있다. 많은 청소년들은 그들이 아버지와 여가활동을 같이 한다고 이야기하고 정보를 얻기도 하고 특별한 목적을 성취하거나 객관적인 문제를 해결하는 데 아버지의 도움을 얻는다고 하는 반면, 어머니와는 서로 배려해 주고 집안일을 하고 어머니의 개인적인 이야기를 들으면서 시간을 보낸다고 한다. 딸들은 아들들보다 어머니와 아버지의 이러한 차이를 더 날카롭게 지각한다.

상호작용도 또한 변화한다. 아동기 때와 비교해 볼 때, 비록 대부분의 가정에서 일어나는 것은 아니지만 청소년기의 부모와 자녀 사이의 상호작용은 독단과 반대를 포함하기도 한다. 이것은 아동기에서 청소년기로 넘어가는 시기에 특별히 더 많이 나타난다.

이 시기에는 부모와 자녀 모두가 서로에게 더 독단적이 된다고 한다. 더욱이 청소년들은 가족 안에서 그들의 영향이 부모의 힘과 비교해 볼 때 특히 어머니의 힘과 비교할 때 증가했다고 생각한다.

이러한 상호작용의 변화와 함께 감정도 청소년 초기동안 강화될 수 있다. 비록 부모에 대해 긍정과 부정의 감정을 모두 가지고 있지만 청소년들은 아버지보다 어머니와 이러한 감정을 서로 더 많이 표현한다고 한다.

청소년들은 아버지보다는 어머니에게 보다 감정적으로 가까운 느낌을 가진다고 한다. 그들은 또한 어머니는 아버지보다 그들에게 수용적인 태도를 가지고 있다고 지각을 하고 있다. 이러한 결과는 모순을 나타내고 있다. 왜냐하면 많은 청소년들에게 어머니와의 관계는 아버지와의 관계보다 갈등뿐만 아니라 기쁨과 애정도 제공한다는 것을 의미하기 때문이다. 만일 아버지가 청소년들과 보내는 시간이 많다면 그들은 자녀와 시간을 덜 보내는 아버지보다 더 수용적인 경향이 있고 청소년들과의 관계는 어머니-청소년의 관계와 비슷하게 나타난다.

청소년들의 발달적 변화는 부모의 감정에도 영향을 준다. 부모는 자녀가 그들로부터 멀어졌다고 지각했을 때 그들의 삶에 대한 행복과 만족에 대한 지각이 낮은 것으로 나타난다. 청소년의 변화에 대한 이러한 부정적 영향은 특별히 부모가 직업적 역할에 크게 투자하지 않았을 때 강하다. 어떤 연구에서는 어머니들은 청소년 초기의 자녀에 대한 스트레스가 증가하고 아버지는 그렇지 않다는 것을 보여주고 있다.

이와 같이 청소년기에 부모와 자녀간의 관계의 변화, 이러한 변화에 능동적으로 대처한 안정된 관계는 또래친구나 다른 성인들과의 새로운 관계 형성을 포함하는 가정 밖에서의 탐험을 가족들이 지지해 주고 있다는 자신감을 청소년들이 느끼도록 한다는데 의의가 있다. 부모와의 긍정적인 관계는 초등학교에서 중학교로 올라갈 때와 같은 전환 시기에 청소년들이 자신감을 가지는 것과 높은 관련이 있다.

제3절 가정의 변화와 사회적 지원

1. 부모와의 애착의 중요성

가정에서 청소년들은 그냥 단순히 부모의 영향으로부터 벗어나 자기 자신의 의사결정을 하는 새로운 세계로 옮겨 가는 것이 아니다. 그들이 자율적이 되면서도 부모와 친밀한 관계를 유지하는 것은 심리학적으로도 건강한 것이다.

애착이론가들은 유아기 때의 안정된 애착이 사회적 유능감을 발달시키는데 매우 중요한 역할을 담당한다고 한다. 안정된 애착에서는 유아가 환경을 탐험하는 안전한 기저로서 양육자(대부분 어머니)를 이용한다. 안정된 애착은 아동기, 청소년기, 성인기의 심리적 발달에 중요한 기초로 여겨진다. 불안정안 애착은 발달에서 관계의 어려움과 연관되어 있다.

지난 10여 년간 발달이론가들은 안정된 애착의 역할과 아동 및 청소년 발달에서의 부모와의 연대감과 같은 관련 개념에 대해서 연구하기 시작했다. 그들은 아동 · 청소년기 때의 부모에 대한 애착이 아동 · 청소년의 사회적 유능감과 행복을 촉진할 수 있다고 믿었는데, 그것은 애착이 자존감, 감정적 적응, 신체적 건강과 같은 것을 반영하기 때문이다(한상철 · 조아미 · 박성희, 1997).

이러한 부모와의 애착에 대한 몇 가지 연구결과를 보면, 부모로부터 받는 도움에 만족을 더 표현하는 아동 · 청소년들은 감정적으로 더 평안하고, 부모와 안정된 관계를 가지고 있는 아동 · 청소년들은 높은 자긍심과 감정적으로 더 평안한 것으로 나타났다. 반대로 감정적으로 부모로부터 분리나 거부되었다는 느낌이 강한 아동·청소년들은 사회적으로나 정서적인 측면에서 자신이 매력이 없다고 여긴다.

따라서 아동·청소년기 때 부모에 대한 애착은 아동 및 청소년들이 새로운 환경을 탐험하고 정복하고 심리적으로 건강한 방법으로 사회적 세계를 넓히는데 안정적인 기반을 제공하는 기능을 할 수 있다.

부모에 대한 안정된 애착은 청소년들이 아동기에서 성인기로의 전환과 관련된 불안, 잠재적 우울감이나 감정적 불만을 완화하도록 도와 줄 수 있다. 많은 연구들은 청소년들이 부모와 안정된 애착의 관계를 가질 때 그들은 가족 간 결합력이 있다고 여기고 사회적 불안이나 우울감을 덜 표현한다고 한다.

부모와의 안정된 애착은 또래친구와의 관계를 자신 있게 하고 가정 밖에서 긍정적이고 가까운 관계를 형성하도록 한다. 부모와 안정하게 애착되어 있는 아동 · 청소년들은 또래친구들과도 안정되게 애착된다. 부모와 불안정하게 애착된 아동 · 청소년들은 또래친구와도 불안정하게 애착된다. 또한 어렸을 때 부모와 안정하게 애착된 대학생은 부모와 불안정하게 애착된 대학생들보다 그들의 친구, 데이트 상대, 배우자와도 안정하게 애착한다. 그리고 부모와 이중적인 애착 역사를 가진 아동 · 청소년들은 친한 친구와의 관계에서 더 많은 질투심, 갈등, 의존성, 낮은 만족감을 나타낸다는 것이다.

2. 사회적 지원

사회의 급속한 변화에 따라 가정의 구조가 여러 가지 형태로 변모하고, 과거와 비교하여 가정의 기능이 약화됨에 따라 자녀교육에도 적지 않은 영향을 미치고 있다. 자녀교육에 있어서 가정이 얼마나 중요한 것인가는 새삼 이야기할 필요가 없을 만큼 널리 인식되어 있다.

핵가족의 증가, 이혼 등에 의한 비전통적 가정의 증가, 맞벌이가정의 증가 등에 따라 이런 가정들을 위한 다양한 사회적 지원이 계속적으로 이루어지고 있으나 많이 부족한 편이다. 그리고 이러한 가정 속에서 성장하고 있는 아동·청소년들의 복지를 위한 사회적 지원이 시급한 편이다.

여기에서는 현재 급속히 증가하고 있는 가족구조인 한부모가정, 맞벌이가정, 다문화가정에 대한 사회적 지원의 필요성과 그 보완점을 제시하고자 한다.

1) 한부모가정을 위한 사회적 지원

한부모가정은 아동 및 청소년을 지도·교육하는데 많은 어려움을 겪고 있다. 한모가정의 경우 자녀를 교육시키는 것과 더불어 경제적인 활동을 병행해야 한다는 어려움이 있다. 비록 어머니가 경제적인 활동에 따른 자녀교육에 대한 손실을 보상하려고 많은 노력을 기울이고 있으나 현실적으로 이 두 가지의 역할(경제활동과 자녀교육)을 동시에 해 나간다는 것이 쉽지 않다.

한부가정의 경우, 경제적인 부담은 한모가정에 비해 덜 하지만 자녀교육을 어머니가 대부분 담당하고 있는 우리나라의 현실에서는 자녀교육과 가사활동이 가장 큰 어려움으로 다가온다.

대체적으로 한부모가정에서 성장하는 아동·청소년들은 양친가정에서 성장하는 아동·청소년들과 비교하여 여러 가지 측면에서 손상을 입고 있다는 것에 대해 학자들은 의견의 일치를 보고 있다. 이러한 결과는 아동·청소년들의 교육을 위해 시급히 그 대책이 마련될 필요가 있음을 보여주고 있다. 그리고 이런 한부모가정의 수가 급속하게 증가하고 있다는 것도 또한 문제이며 적절한 사회적 지원이 요청되고 있는 바이다.

한부모가정을 위한 몇 가지 사회적 지원 방안을 제시해보면 다음과 같다(곽형식 외, 2000).

(1) 경제적 지원 프로그램의 확대 · 실시

한부모가정은 다른 어떤 유형의 가정보다 활용할 수 있는 자원이 부족하며, 생계곤란 등과 같은 일차적 욕구의 문제를 해결하기 힘든 경우도 많다. 그러나 이들 편부모가정에 대한 국가의 경제적 지원은 매우 미흡한 실정이다. 다시 말하면 편부모가정의 소득보장을 위한 공식적 · 비공식적 지원체계가 미흡할 뿐만 아니라 그 수준 또한 기본적인 생활을 유지하기도 어려운 정도라고 할 수 있다.

한부모가정을 위한 경제적 지원 프로그램을 좀 더 구체적으로 살펴보면 다음과 같다.

첫째, 공적부조제도 내에 한부모가정을 위한 다양한 수당 제도를 마련해야 한다. 즉, 한부모가정의 자녀교육을 위한 아동 및 청소년수당 제도를 마련하며, 특히 취학 전 연령의 자녀를 둔 한부 또는 한모는 이들의 자녀를 맡기고 직업에 종사할 수 있도록 교육수당 제도를 마련해야 한다. 그리고 한부모가정 내에 장애인이나 노인 혹은 만성질환자 등이 있을 경우 이들의 생계유지를 위한 특별보조비를 지불해야 한다.

둘째, 기존의 국민연금제도 내에 한모 연금, 한부 연금 등이 제도화되어야 한다. 특히 이혼한 여성에게도 연금 수급권을 주도록 현행 국민연금제도를 개선해야 하고, 가정주부의 노후, 이혼 후의 연금권을 보장하기 위해서는 전업주부들도 국민연금에 가입할 수 있게 하는 기초연금제도를 도입해야 할 것이다. 연금제도를 실시하고 있는 대부분의 선진국에서는 부부재산 공유제의 개념으로 연금분할제도를 채택하고 있는데, 우리나라에서도 이를 제도적으로 정착시키는 것이 필요할 것이다.

셋째, 한부모가정의 주택문제 해결을 위해 공영주택의 임대나 우선 분양, 주택구입을 위한 저리 융자금의 제공 등의 제도를 적극 도입해야 할 것이다.

넷째, 한부모가정을 위한 의료보호제도를 확대 · 실시해야 한다. 상당수의 한부모가정은 경제적 어려움을 겪고 있는데, 특히 장기적인 의료비 지출이 발생할 경우 한부모가정은 극심한 빈곤 상황으로 빠지게 된다.

다섯째, 한부모가정을 위한 직업훈련 및 취업 알선의 기회를 확대 · 실시해야 한다. 특히 거의 대부분의 한모들은 그들 자신들뿐만 아니라 자녀지도 및 교육을 위해 직업을 찾게 되지만 대부분이 단순노동이나 서비스 직종에 종사하고 있어 경제적 소득이 낮은 편이다.

따라서 기혼여성의 취업을 위한 기술교육의 기회가 확대되어야 할 것이며, 아울러 최근 새로운 분야의 직업훈련 프로그램이 많이 도입되어야 할 것이다. 또한 한부모가정의 부모 직업훈련을 위해서는 자녀의 지도 및 교육문제가 먼저 해결되어야 하므로 훈련기간 내에 사회복지 시설을 설치하거나 지역사회 내의 복지시설을 부담 없이 이용할 수 있는 제도가 마련되어야 할 것이다.

(2) 상담 프로그램의 확대 · 실시

배우자의 이혼이나 사별 등으로 혼자가 된 한부나 한모는 경제적인 부담감과 더불어 자신감 상실, 만성적 우울이나 고립감 등에 쉽게 빠지게 되는 경향이 있다. 특히 이혼을 할 경우에는 자녀에 대한 죄책감이나 이혼과정에서 입은 상처로 헤어진 배우자에 대한 증오심을 갖거나 미련으로 인해 심리적인 문제를 갖기도 한다.

대부분의 한모들은 자녀지도나 교육상의 어려움이나 독신생활의 어려움을 해결하기 위해, 그리고 정서적 외로움을 달래기 위해 상담소 및 교육기관의 이용을 생각하고 있다. 김정자(1984)에 의하면 한부모가정들은 배우자와의 이별로 가장 기본적인 사회적 · 정서적 지원자를 잃었을 뿐만 아니라 이로 인해 친족관계나 친구, 이웃관계에서 다소 멀어졌고 사교활동도 위축된 상태에 있음이 밝혀졌으며, 한국여성개발원(1996)의 조사에서는 조사 대상자의 약 71%가 '이혼한 사람을 위한 프로그램에 참석하겠다'고 응답하고 있어 이혼여성들을 위한 적응 프로그램의 개발이 매우 시급함을 알 수 있다.

그러므로 한부모를 위한 각종 상담 사업을 강화하여 그들에게 도움을 주거나 혹은 한부모들의 자조모임(self-help group)을 활성화하여 동질적인 문제를 가진 사람들끼리 서로의 어려움을 나누어 가짐으로써 조속히 문제를 해결할 수 있는 방안이 모색되어야 할 것이다.

한부모 자조모임의 한 예로 '홀로 서는 아버지의 모임'이라는 이색 모임이 있는데, 이 모임을 만들게 된 동기는 이혼이나 별거로 홀로 된 아버지들이 아이를 키우며 집안일을 돌보랴 직장생활을 하랴 어려움을 겪어도 툭 터놓고 이야기할 곳이 없어 모임을 만들게 되었다는 것이다.

또한 남편을 잃고 홀로 된 여성들을 위한 '기러기 교실'은 1987년에 개설되었으며 한모들이 홀로 사는 삶에 대한 교육 등을 받는데, 주로 남편을 잃은 후의 심리적 · 경제적인 자립, 편모로서의 자녀교육, 앞으로의 인생설계 등에 대한 강의를 듣고 서로의 경험담을 나누며 힘을 얻고 있다.

아울러, 한부모가정에 대한 인식도 바뀌어져야 할 것이다. 현실적으로 한부모가정은 점점 늘어나고 있지만 한부모에 대한 사회적 시각은 많은 편견을 가지고 있는 것 같다. 따라서 이혼, 별거의 증가와 더불어 한부모를 둔 청소년이 증가하고 있는 시점에서 이들이 사회적으로 인정되어지고 하나의 가족형태를 유지해 나가기 위해서는 무엇보다 한부모가정을 바라보는 사회 구성원들의 긍정적 시각이 매우 중요하리라 생각된다.

(3) 아동 · 청소년보호를 위한 프로그램의 확충

위에서 언급한 것처럼 한부모가정이 당면하고 있는 가장 큰 어려움 중의 하나는 자녀지도 및 교육의 문제인 만큼 한부모가정의 아동을 위한 각종 프로그램을 개발할 필요가 있다. 다시 말해 직업 때문에 자녀를 돌볼 시간이 부족한 한부모들을 위해 지역사회가 부모의 역할을 보완해 준다는 의미에서 아동 · 청소년보호를 위한 각종 프로그램을 실시해야 한다는 것이다.

아동 · 청소년보호 프로그램은 성장하고 있는 아동 및 청소년들에게 안전하고 유익한 환경을 제공해야 한다는 점에서 보호적 측면과 교육적 측면이 고려되어야 한다. 아동·청소년보호 프로그램은 대상에 따라 구분되어야 하는데 우선 초등학교 저학년 아동들을 위해서는 방과 후 지도 프로그램이 실시되어야 하고, 청소년 자녀들을 위해서는 청소년 문화센터를 설치하여 취미나 여가활동 등을 위한 각종 프로그램을 마련할 필요성이 있다. 또한 한부모가정의 자녀 중에서 중·고등학교에 진학하지 못한 아이들을 위한 직업훈련 및 야학 프로그램을 마련해야 할 것이다.

2) 맞벌이가정을 위한 사회적 지원

맞벌이가정이 직면하고 있는 가장 큰 어려움은 역시 자녀양육과 교육에 관한 문제이다. 자녀교육을 주로 담당해야 할 어머니가 가정 밖의 경제활동에 참여함에 따라 자연스럽게 가정에서 자녀를 돌봐줄 사람이 부재하게 되고, 또한 자녀와 함께 할 시간이 절대적으로 부족하게 된다. 이러한 문제는 청소년의 교육과 밀접히 관련된다.

물론 이런 가정에서 어머니가 어떤 종류의 경제활동에 참여하느냐 또는 다른 가족구성원(특히 아버지)의 도움이 어느 정도이냐에 따라 청소년에 미치는 영향이 달라질 수 있지만, 우리나라의 현실적인 문제를 고려해 볼 때 맞벌이가정이 지니고 있는 어려움은 많다고 볼 수 있다.

맞벌이가정을 위한 몇 가지 사회적 지원 방안을 제시해 보면 다음과 같다(곽형식 외, 2000).

(1) 부모교육 및 상담 프로그램 개발 및 실시

맞벌이가정의 자녀양육 및 교육을 도와주기 위해서는 이들 부모를 대상으로 교육하고 상담해주는 기관 및 시설이 반드시 필요한 것이다. 즉, 각종 민간단체의 가족상담 프로그램이나 기타 사회교육 관련기관의 부모교육 및 상담 프로그램이 활성화될 수 있도록 지원하며, 아울러 사회변화에 따른 새로운 프로그램을 개발하는 데에도 힘을 기울여야 한다.

오늘날 우리나라에서는 자녀양육과 관련된 문제뿐만 아니라 부부관계를 비롯한 인간관계 등 다양한 문제를 해결하고 도와주려는 상담 및 교육 프로그램이 각종 청소년 및 가정상담소와 종합복지관, 기타 사회교육기관 등에서 시행되고는 있으나 그렇게 활성화되어 있지 않은 실정이다.

(2) 사회복지 시설의 확충

특히, 부모나 친・인척의 도움을 기대할 수 없는 맞벌이가정이 당면하게 되는 자녀 양육 및 교육문제를 도와줄 수 있는 현실적인 대책은 사회복지 시설의 설치라고 볼 수 있다. 사회변화에 따른 가족구조 변화와 여성의 사회진출 증가 등으로 인해 아동 및 청소년 지도 및 교육의 문제가 새로운 사회적 문제로 등장하면서 최근 들어 많은 수의 사회복지 시설이 증가하게 되었다.

그러나 아동・청소년의 바람직한 지도 및 교육이라는 관점에서 볼 때 질적인 측면이 간과된 사회복지 시설의 양적 확충은 의미가 없을 뿐만 아니라 이것은 장기적인 안목으로 볼 때 아동 및 청소년의 건전한 성장・발달을 저해하는 매우 위험한 발상이 아닐 수 없다. 또한 중산층 여성들의 사회참여 욕구가 점차 증가함에 따라 다양한 유형의 사회복지 시설도 개발・운영되어야 할 것이다.

그러므로 양질의 사회복지 프로그램의 개발 및 구성, 안전하고 쾌적한 시설 및 설비, 잘 훈련받은 시설 종사자의 배치 등 아동・청소년의 교육환경에 영향을 줄 수 있는 직접적인 요소들에 대한 심도 있는 고려가 이루어져야 할 것이다. 또한 나아가 사회복지 시설의 질을 평가할 수 있는 제도적 장치도 시급히 마련되어야 할 것이다.

3) 다문화가정을 위한 사회적 지원

여성가족부(2012)의 「제2차 다문화가족정책 기본계획」을 살펴보면 "활기찬 다문화가족, 함께하는 사회"를 비전으로, ① 사회발전 동력으로서의 다문화가족 역량 강화, ② 다양성이 존중되는 다문화사회 구현을 목표로 하고 있다. 결혼이민자의 한국 거주기간이 점차 길어짐에 따라 결혼이민자의 취업지원과 자녀세대의 학교생활 적응 등 다문화가족 구성원의 역량 강화에 중점을 두었으며, 다문화가족의 사회통합에 대한 기본 관점을 정립하고, 법·제도적·실질적 사각지대를 해소하여 진정한 다문화사회를 구현하고자 하였다.

한편 교육과학기술부(2012)의 「다문화학생 교육 선진화 방안」의 추진 배경 및 주요 내용을 살펴보면 다음과 같다. 먼저 추진 배경을 보면 첫째, 다문화사회에 부합하는 새로운 교육정책방향 수립이 요구된다. 둘째, 다문화학생의 교육 수요에 맞는 맞춤형 지원이 필요하다. 셋째, 다문화학생 지원을 위한 전 사회적인 협력 체계 구축이 필요하다.

다음으로 주요 내용을 살펴보면 첫째, 다문화학생 공교육 진입 지원을 위한 예비학교 및 다문화 코디네이터 운영, 둘째, 한국어 교육과정(KSL) 도입 및 기초학력 책임 지도 강화, 셋째, 다문화학생과 일반학생이 함께 배우는 이중 언어 교육 강화, 넷째, 다문화학생 진로·진학 지도 강화, 다섯째, 다문화 친화적 학교 환경 조성, 여섯째, 일반학생과 학부모에 대한 지원 강화 등이다.

CHAPTER 05

학교와 교육

이 장에서는 학교의 전통적인 교육적 기능이 무엇인지 알아보고, 학교 안에서 교사-학생 관계의 심리적·사회적 기제를 주로 지각이론에 입각하여 살펴본다. 그리고 아동 및 청소년들에게 크게 영향을 미치며 또한 아동 및 청소년문제를 유발시킬 수 있는 소지를 지닌 교육환경이 무엇인지, 그리고 그 교육환경을 개선할 수 있는 방안이 무엇인지를 알아보고, 최근 많은 관심을 불러일으키고 있는 대안교육의 의미, 역사, 영향력 등을 검토하고 대표적인 대안학교 사례 및 대안학교 현황을 소개한다. 그리고 장기적으로 아동 및 청소년들의 건전한 심신발달에 기여할 수 있는 교육환경을 개선할 수 있는 방안이 무엇인지도 강구해 본다.

제1절 학교의 교육적 기능

오늘날 학교가 담당하고 있는 교육적 기능은 말로 표현할 수 없을 정도로 크다고 할 수 있다. 교육의 대부분을 담당하고 있는 곳이 학교라고 볼 수 있다. 학교의 이러한 기능을 모두 설명하는 것은 불가능하므로 학교가 하는 교육적 기능 중 몇 가지 특징적인 기능을 알아보고자 한다.

1. 문화유산의 전달 기능

문화는 사회적 유산이고 교육은 이 유산을 다음 세대에 전달하는 사회적 유산이다. 생물학적 의미에 있어서의 인간은 남녀의 양성이 상호 접촉함으로써 그 존재의 영속을 위한 유전이 가능하지만 사회는 성이라는 것이 없어 그 자체로의 유전은 불가능하고, 다만 교육이 사회의 영속을 위한 유전의 역할을 할 따름이다.

따라서 교육 없이는 사회의 존속은 어렵고 소멸의 위기에 빠지게 되는 것이다. 학교제도가 발달한 국가일수록 그 사회의 문화유산 전달이 학교를 통해서 조직적으로 잘 전달되고, 이것이 기반이 되어 새로운 문화의 창조가 활발히 진행되고 있다.

학교는 사회의 제 기관이 다음 세대에 문화유산을 전하는데 실패하거나 적당치 못하였기 때문에 발생하고 오늘날에 있어서와 같이 거대하게 발전했다고 볼 수 있다. 그러므로 학교의 중요한 교육적 기능은 사회의 문화유산을 전달하는 데 있다. 모든 문화유산이 학교에 의해서만 전달된다고 말하기는 어렵지만 가장 질서 있게, 정확하게, 다량으로, 효과적으로 전달할 수 있는 기관은 학교임에 틀림없다.

학교가 발달하기 전에도 문화유산의 전달 작용이 있었는데, 그것은 가정, 인근 직장에서 일상의 생활 및 체험을 통해서 행하여졌다. 그러나 사회문화가 점점 축적되고 복잡해짐에 따라 일상생활에 의한 무의식적 문화의 전달은 어렵게 되어, 의도적이며 조직적인 방법으로 특정한 사람에 의해 전달되도록 만들어진 것이 학교인 것이다(김흥규, 1990).

이와 같이 학교가 과거로부터 내려오는 문화유산, 즉 행동양식, 가치관, 축적된 지식, 사회규범 등을 사회구성원들에게 조직적이고, 계획적으로 전달함으로써 그들의 의식을 일정한 방향으로 형성하는 것을 문화유산의 전달(transmission of culture), 혹은 사회적 통합(social integration) 기능이라고 한다. 이러한 학교의 사회통합 기능 또는 문화유산 전달기능은 변화보다는 현상유지에 치중한다는 면에서 보수적인 기능으로 분류되기도 한다(차경수 · 최충옥 · 이미나, 2002).

2. 사회화의 기능

학교는 학생들을 일정한 목적과 계획 하에 사회화(socialization)하는 기관이다. 엄밀한 의미에 있어서 인간 하나하나는 동일하지 않고 각자는 독특한 생물학적 유전과 특이한 개인적 경험에 의해서 특유한 개성을 발전시키고 있지만, 사회는 그러한 개성화의 형태와 과정에 집중하는 것이 아니고 사회문화를 학습하고, 생활하고 있는 사회에 적응을 잘하도록 사회적 존재로서의 유사성을 형성하는 과정이다. 사회화란 개인이 사회적 존재가 되고, 스스로 사회적 기능을 담당할 수 있는 능력을 성취하기 위한 학습의 과정이라 볼 수 있다.

학생들의 사회화는 사회의 여러 기관과 사회활동을 통해서 진행된다. 학생들을 사회화시키는 중요한 기관은 지역사회에 있는 가족집단, 동료집단, 학교 및 일반 사회집단들이다. 학교는 일정한 계획을 하고 여러 시설을 이용해서 조직적으로 학생들을 사회화하여 장차 성인이 되는 경우 그들이 담당한 사회적 역할을 원만히 완수할 수 있도록 교육하는 대표적인 형식기관이다.

그렇다면 학교는 어떤 방법으로 사회화를 수행하는가? 다음과 같은 네 가지 방법을 들 수 있다(차경수 · 최충옥 · 이미나, 2002).

첫째, 직접적인 교수이다. 학교는 직접적인 교수를 통해 그 사회의 행동양식, 지식, 가치 등을 가르친다. 그러나 학생들은 정규 학교수업뿐만 아니라 교과 외 활동(extracurricula activities)에서도 이를 배운다. 학교가 과거의 유산을 학생들에게 가르치는 일은 새로운 세대나 구세대간의 간격을 좁혀 주고, 의견을 대립을 감소시킴으로써 사회를 안정적으로 유지하는 데 공헌한다.

둘째, 사회적 단체의 제공이다. 학교는 학생들이 함께 어울릴 수 있는 친구와 장소를 제공해 준다. 학생들은 또래의 놀이친구(play group) 또는 동료집단(peer group)을 통해서 여러 행동양식을 배운다. 이들 집단을 통해서 학생들은 순수한 인간관계 및 어떤 목적이나 결과를 위한 수단으로서의 인간관계를 배우고, 성인시기에 직면할 다양한 인간관계의 여러 문제를 다루는 기술을 습득한다.

셋째, 모범적 인물(model figures)의 제공이다. 사회화는 다른 사람들을 모방함으로써 많이 이루어진다. 가정의 부모가 아이들에게 행동의 모델이 되듯이, 학교의 교사, 교직원은 물론 친구들도 학생들의 모델(model)이 되어 언어, 복장, 기본적 가치관의 형성에 중요한 영향을 미친다. 특히, 학교의 교사는 학생의 사회화에 미치는 영향이 크므로 사회는 교사들을 끊임없이 재훈련시키는 일이 필요하다.

넷째, 부정적 제재 또는 긍정적 칭찬 등이다. 학교가 수많은 벌과 상을 통해 부정적 또는 긍정적 강화(reinforcement)를 함으로써 인간의 행동발달에 영향을 미친다는 것은 널리 잘 알려져 있다. 우등생, 성적, 교과 외 활동에서의 상, 낙제, 정학, 퇴학 등은 모두 그런 예이다. 이러한 것들은 어떤 행동은 장려하고 어떤 행동은 억제하는 결과를 초래함으로써 특정한 행동의 발달을 유도한다. 최근 들어 학교의 제재력이 약화되고 있지만, 아직까지도 학교의 상과 벌 등은 학생들의 행동발달에 상당한 효과를 지닌다고 할 수 있다.

3. 사회적 지위의 결정 기능

학교는 학생들이 장차 성인으로서 사회생활을 하는 경우 어떠한 사회적 지위를 차지할 것인가를 결정하는 기능을 가지고 있다. 즉, 학교에서 습득한 지식과 기술을 기초로 하여 사회활동을 함으로써 사람들은 자기 자신이 속할 사회적 계층을 예측하게 된다.

사회적 지위의 결정에 있어서 가장 중요한 것은 직업이다. 사회에서 높이 평가받고 위신이 있고 수입이 많은 직업을 갖게 되면 자연히 사회적 지위도 높아지게 마련이다. 따라서 학부모들은 그들의 자녀를 고등교육까지 받게 하여 고등전문직을 차지하도록 전력한다.

또한 학교는 서로 다른 사회적 지위에 개인을 적절히 분배한다. 학교가 능력이나 소질 및 흥미 등을 기초로 하여 학생을 선발하여 일정 기간의 교육을 시킨 후 특수한 사회적 지위로 진출하게 하는 일을 학교의 선택 및 분류(selection and sorting) 기능이라 한다.

학교가 학생을 선택 및 분류하는 기준으로는 학교성적, 지능, 가족의 경제적 여유, 부모의 희망, 개인의 욕망, 그리고 진학을 장려 또는 억제하는 학교분위기 등을 들 수 있다.

4. 지역사회의 복지 및 발전 기능

지역사회의 젊은 성원으로서 학생들의 인간적 사회생활에 기초가 되는 지역사회 복지를 위한 기능을 두 가지 관점에서 고찰할 수 있다. 첫째는 학교의 성원인 학생을 위하여 학교에서는 복지지도를 하는 것이다. 둘째는 학교가 일반 지역 사회인을 대상으로 하는 복지활동이다.

학교는 다양한 방법으로 혁신과 변화를 초래하고 자극한다. 특히 대학의 교육, 연구, 봉사의 기능 중에서 연구기능은 변화, 혁신 및 창조와 관계가 깊다. 대학은 연구의 기능을 통해서 많은 사회변화를 초래한 새로운 아이디어나 기술의 창조에 커다란 공헌을 하였다.

학교는 사회구성원의 태도와 가치관도 변화시킨다. 학교가 사회화를 위해 노력하지만 모든 사회구성원이 그 사회의 규범에 따르도록 할 수는 없다. 물론 이는 학교가 새로운 변화를 격려하고, 비판과 연구의 자유를 가지고 있는 데서 오는 당연한 결과이기도 하다. 학교는 정치사회화의 수단이기도 하지만 사람들은 학교를 통해 현재의 정치적 태도나 신념, 이데올로기에의 비판적 태도와 이념을 가질 수 있다.

따라서 학교는 지역사회의 발전에 기여할 인재들을 길러내어 지역사회의 복지에 기여하는 면도 있지만 학생들에게 비판적 태도와 이념을 심어주어 사회를 개혁하고 변혁시킬 수 있는 기능도 함께하고 있음을 알 수 있다.

제2절 교사-학생관계

교실 내에서의 대부분의 교수-학습(teaching-learning)은 상호작용을 통해 일어난다. 교사는 한 학생이나 또는 다수의 학생들과 의사소통하고, 아울러 학생들은 교사나 다른 학생들과 서로 의사소통을 한다.

교실에서의 상호작용은 교육적 목적을 달성할 뿐만 아니라 한 교사와 다수의 학생들이 그들의 개인적 · 사회적 목적을 이루는 하나의 기제(mechanism)로서 기능한다. 상호작용은 교실에서의 중요한 사회적 활동의 한 형태이며 유익한 시간을 제공해 준다.

교실에서의 교사-학생 상호작용은 여러 가지 측면으로부터 분석될 수 있다. 사회학, 인류학, 교육심리학은 그러한 분석을 가능하게 하는 지식을 제공해 준다. 그러나 각 학문 분야에 따라 분석수준, 내용, 관점, 방법 등에 따라 차이를 가진다는 가정에 기초를 두고 있다. 이와 더불어 개인적 · 집단적 행동을 연구하는 학문으로서 사회심리학(social psychology)은 일반적으로 교육에 대한 이해를 위해, 그리고 특별히 교실 상호작용에 대한 독특한 전망을 제공해 준다.

1. 교사-학생 상호작용의 특징

교실 내에서 교사-학생 상호작용은 다른 장면에서의 상호작용과는 다른 독특한 성격을 지니고 있다. 이러한 특징들을 살펴보는 것은 교사-학생 관계(teacher-student relationship)를 이해하는 데 도움을 줄 수 있으리라 본다(김병성, 1991).

1) **교사-학생 상호작용은 참여를 요구한다.**

한 교실 내에서 모든 형태의 상호작용이 일어난다. 한 교사는 단 한 명의 학생이나 다수 학생의 한 집단 혹은 전체 학급과 상호 작용할지도 모른다. 아울러 한 학생은 다른 학생이나 다수 학생의 한 집단, 혹은 교실 내에 있는 모든 학생들과 상호 작용할지도 모른다. 또한 한 학급은 서로 상호 작용할 가능성이 있는 여러 집단으로 분열될지도 모른다.

이러한 가능성들은 교실 상호작용의 분석을 위해 중요하다. 그것들은 비록 가장 빈번하게 관찰된 상호작용이긴 하지만, 다만 한 교사, 한 학생, 한 학급 사이의 상호작용은 상호작용의 한 형태라는 것을 가리키고 있다.

학생들은 수업 중이나 수업이 끝난 후에도 계속 상호작용한다. 학생들은 한 교실에 앉아 있으면서 서로 무관심할 수 없다. 그들은 교사가 질문할 시에는 공개적으로 상호작용하며, 교사가 그것을 허락하지 않을 때도 몰래 상호작용 한다.

2) 교사-학생 상호작용은 역동적이고 변화가능성을 갖는다.

교사-학생 상호작용은 정적인 것이 아니라 시간의 추이에 따라 변화하는 역동적인 과정이다. 한 교실 내에서 상호작용은 학습기간 중이나 학습이 끝난 후에 상호 작용하는 등의 경우에도 다소 똑같은 변화를 가져온다. 일과 중의 상호작용은 가끔 정지되는 경우도 있지만 다양한 형태로 계속 변화가 일어난다.

교실 상호작용은 보통 교사의 출현과 더불어 시작된다. 상호작용을 통해 교사는 서로 다른 학구적 주제나 학생의 특별한 개인문제, 혹은 전체 학급의 사회적 문제를 언급함으로써 여러 번 그것의 주제를 변화시킬지도 모른다.

3) 교사-학생 상호작용은 행동을 수반한다.

상호작용은 행동을 수반한다. 개인이나 집단은 행동을 나타냄으로서 서로 상호 작용한다. 그리고 행동을 통해서 의사소통이 일어난다. 행동들은 언어적, 혹은 비언어적으로 나타난다. 즉, 상호작용은 언어적 교류나 비언어적 교류, 혹은 그들 둘 다를 포함한다.

교실 상호작용은 다양하게 기술된 행동들을 모두 포함한다. 교류의 지배적 형태는 언어적 교류이다. 교사와 학생은 대개 서로 대화를 통해 상호 작용한다. 그들의 언어는 단순하지 않고 매우 복잡하고 다양하다. 행동에 대하여 기술된 언어적 요소는 문화적으로 결정되며, 학생과 교사들은 그것들을 매개로 그들의 의미를 이해한다.

4) **교사-학생 상호작용은 공동의 영향을 수반한다.**

분명한 목적이 있는 교실 상호작용은 학생들에게 지식을 넓히기 위해 수행된다. 지식의 자원인 교사는 상호작용을 통해서 학생들에게 지식을 전파한다. 교실의 지도자로서 교사는 학생 행동에 많은 영향을 미친다. 아울러 교사는 상호작용을 통하여 학생들에게 행동 방향을 제시하고 조정한다. 교사는 학생들에게 그들이 해야 할 바를 말하고, 그들의 학업성과를 평가하고, 동시에 그것을 그들에게 피드백(feedback)한다.

상호작용 과정에서 학생도 역시 교사에게 영향을 미친다. 학생들도 교사들의 행동에 피드백을 보낸다. 즉, 교사의 행동을 평가하고 교사가 반응해야만 하는 행동을 주도한다. 그러므로 학생-교사의 상호작용은 두 방향성으로 상호적인 관점에서 이해되어야 한다.

5) **교사-학생 상호작용은 규칙을 갖는다.**

교사-학생 상호작용은 규칙을 갖는다. 교실 상호작용은 규칙과 일치되도록 조직된다. 교실 상호작용의 규칙은 그 집단의 모든 성원들에 의해 나누어지고, 또한 그들은 교사들의 신분, 학생들의 권리, 교육의 중요성과 같은 변인들에 의존한다.

교사와 학생들은 지시하는 것, 예를 들면 언제 말하고, 무엇을 말할 수 있으며, 얼마나 오랫동안 이야기하고, 어떤 종류의 비언어적 행동을 동반할 수 있는가 등의 교실 상호작용의 규칙을 따르는 것을 배운다.

6) **교사-학생 상호작용은 다양한 요소들에 의하여 영향을 받는다.**

상호작용은 진공상태에서 일어나지 않고 물리적·사회적 환경 속에서 일어난다. 상호작용이 일어나는 환경은 그것에 영향을 미친다. 교실 상호작용은 칠판과 책상이 있는 교실에서 수십 명 사이의 학생들이 학습에 참여함으로써 일어난다. 교실은 교실의 크기, 책상의 배열, 학생의 배열, 학생들의 좌석배치, 학생 수 등과 같은 특성으로 서로 차이가 난다. 이러한 모든 모습들이 교실 상호작용의 과정과 결과에 영향을 미친다.

7) **교사-학생 상호작용은 측정될 수 있다.**

교사-학생 상호작용은 상호작용의 내용, 사용된 행동의 양과 범위, 참여 차이의 역할 비율 등과 같은 변인들에 따라서 특성화되고 측정될지도 모른다. 그러므로 교실 상호작용은 다른 상호작용과 마찬가지로 측정되고 특성화될 수 있다.

학생 행동의 특성은 교실 상호작용의 기술이 필요하다. 어떤 경우에는 교실 상호작용의 측정과 특징은 교사-학생 사이의 다양한 면의 변화에 집중될 수 있고, 교육자들에게 관심이 있을지도 모르는 다양한 범주를 포함할지도 모른다.

2. 학생에 대한 교사의 지각

매 학년 초 교사는 새로운 학생들과 얼굴을 익혀야 하는 문제에 직면한다. 학생들도 역시 마찬가지이다. 이러한 상호 관계의 설정 결과는 계속되는 학급의 운영과정을 크게 결정짓게 되며 학생들의 학급 내 생활에도 영향을 미친다.

학년 초 첫 시간에 교사가 학급에 들어갈 때는 학생에 대한 정보를 가지고 있지 못하지만, 학기말에 가서는 다소간 차이는 있지만 개개 학생을 알게 된다. 그러나 교사의 학생에 대한 첫 인상은 학기 내내 지속된다. 그러한 상호작용의 유형은 매우 다양하다. 물론 차이는 있지만 이 같은 기본적 과정은 어느 경우에나 작용한다. 교사는 모든 정보를 수집해서 전반적이고 견고한 하나의 인상을 형성하게 된다. 이러한 인상형성의 과정은 사회심리학자들이 개인적인 지각으로 이야기하는 내용의 핵심이 되고 있다.

교사가 어떤 특정 학생에 대해 이야기를 듣는 순간부터 인상형성 과정은 시작된다. 가능한 여러 경로로부터 접하는 정보들이 처음 인상을 형성한다. 이러한 첫인상은 미래의 그 학생과의 관계 개선에도 결정적이며, 학업성취에도 영향을 미친다.

학생에 대한 교사의 지각에 영향을 미치는 정보는 다양한 원천이 있겠으나 중요한 두 가지는 대면적인 상호작용을 통해서 얻어지는 1차 정보와 다른 사람을 통해서 얻어지는 2차 정보이다. 1차 정보는 학생의 외모나 용모, 머리 색깔, 의상, 언행, 태도 등과 같은 것이고, 2차 정보는 다른 교사로부터 얻는 정보, 시험점수, 학생생활기록부, 부모 면담결과 등과 같은 것이다. 이에 대해 Johnson(1970)은 학생에 대한 평가요인으로 세 가지를 들고 있는데, 학생의 이전 성취, 사회적 지위 특성, 그리고 현재의 성취 등이다.

이와 관련하여 교사 기대효과는 교사의 학생과의 관계에 발전된 지각에 의해 전달된다. 교사에게 호의적으로 지각된 학생은 친밀한 관계를 갖게 될 것이고, 교사의 호의적인 기대는 친밀한 관계를 발전시킬 기회를 높여 준다. 그러나 교사가 관심을 두거나 학생에 대한 인상의 성격에 뚜렷한 영향을 주는 특성은 상황이나 교사에 따라 다양하다.

3. 교사에 대한 학생의 지각

지금까지 교사-학생관계에 대한 연구는 주로 교사에 초점이 있었고 학생에 대한 연구는 소홀히 해 왔다. 이것은 교사에 대한 학생의 지각 연구가 실질적으로 어렵기 때문이다. 그러나 지금까지 행해진 학생의 지각에 대한 연구는 주로 교실의 수업장면에서 교사의 수업행동(teaching behavior)을 학생들이 어떻게 지각하고 있으며 또 이러한 학생들의 지각이 교사의 수업행동에 어떤 영향을 미치는지에 초점이 맞춰져 왔다.

Nash(1976)의 연구에 따르면, 학생의 교사행동에 대한 지각은 결과적으로 일련의 규범적 신념에 대한 하나의 관점을 획득하는 과정이다. 교사의 이상적인 상에 부합되는 학생들로 구성된 학급은 교사가 그의 직무를 잘 수행하는 것으로 보며, 거부되고 있는 학생들은 그들의 기대에 부응하는 교사를 갖고 있지 못하다고 본다. 만일 학생들이 보수적이어서 교사가 권위적이기를 바란다면 아무리 좋은 의도를 가지고 새로운 진보적 기술을 채택하려는 교사도 적대감에 부딪치게 될 것이다.

점차 교사-학생 상호작용 연구자들은 학생의 지각문제를 보다 중요한 문제로 지각하고 있다. 만일 우리가 역동적 교실생활의 본질적인 요소로서 학생의 지각방식을 이해하지 못한다면 교실이 왜 그렇게 기능하고 있는지를 이해할 수 없을 것이다.

제3절 교육환경

급격한 사회 환경의 변화는 교육환경의 변화를 야기하고 있다. 급속한 정보화 시대의 발전은 학교의 환경 변화를 요구할 뿐만 아니라 학생들, 교사들, 관리자들의 태도나 가치관까지도 변화를 요구하고 있다. 과거와는 달리 학생들의 여가활동이나 학교생활이 급격히 달라지고 있으며 주변의 환경도 학생들의 변화를 부추기고 있다.

따라서 변화하는 교육환경이 학생들과 어떤 관련이 있으며, 어떤 형태의 교육환경 변화가 학생들과 관련된 문제를 줄이는 데 기여할 수 있는지를 알아본다.

1. 가정교육

학생 및 청소년을 둘러싼 중요한 교육환경 중의 하나인 가정의 교육적 기능의 약화와 잘못된 기능은 학생 및 청소년문제와 밀접한 관련이 있다. 가정에서의 부모이혼, 부모와 자녀 사이의 가치갈등, 자녀의 학업성적에 대한 부모의 과잉기대, 자녀들의 일상생활에 대한 부모의 지나친 간섭과 자녀들의 반발, 자녀에 대한 부모의 과잉보호 또는 무관심 등이 가정에서 자녀들의 부적응을 낳고 있다. 이 가운데 부모들의 과잉기대와 가정불화는 가정이 담당하고 있는 교육적 기능과 상반되는 현상으로 자녀들의 가출과 자살 등에 심각한 영향을 미치고 있다.

학생들은 부모와의 갈등, 부모사이의 불화, 자녀에 대한 부모의 이해 부족, 자녀의 진로에 대한 부모의 일방적 요구 등으로 가출하고 싶은 충동을 느끼고 있으며, 부모의 간섭으로부터 벗어나고 싶은 욕구를 가지고 있다고 이야기한다. 이러한 충동이나 욕구가 점점 더 심해질 때 학생들은 비행이나 범죄로 빠지는 경우를 우리는 흔히 볼 수 있다.

2. 대학입시

우리나라의 학생들에게 있어서 대학합격은 일생일대에 있어서 그 무엇보다도 중요한 일임에 의심의 여지가 없다. 고등학교 교육의 대부분이 대학합격을 위한 수단으로 여겨지고 있을 정도로 모든 노력이 이 한곳에 집중되어 있다.

대학합격을 위한 대학입시는 학생들에게 엄청난 스트레스로 작용하고 있다. 여기에다가 도시의 중산층 가정에서 자녀들의 학업성취에 거는 과잉기대와 대학합격이 개인은 물론 가문의 명예라고 보는 것들은 학생들에게 견디기 힘든 무거운 중압감을 가져다주고 있다.

이러한 중압감과 주위의 기대에 못 미치는 자기 자신의 능력부족에 대한 좌절감, 심리적 갈등 등은 가정에서 부모와 자녀 사이의 불화가 싹트는 중요한 원인이 되고 있으며, 대화를 단절시키고 있다. 이러한 것들은 학생 가출의 중요한 원인으로 작용하기도 하고, 때로는 자살에 대한 유혹, 음주, 흡연, 기타 약물중독 등으로 몰아가기도 한다. 또한 가정에서의 부적응과 함께 학교에서는 학습에 대한 흥미상실과 불량교우 등으로 결국은 여러 가지 문제를 야기하는 것이 현실이다.

3. 학교교육

많은 교육자들은 학생 및 청소년문제와 밀접히 관련된 중요한 요인 중의 하나로 오늘날의 학교교육의 병폐를 꼽는 데 주저하지 않는다. 이러한 학교교육의 병폐는 최근 활발하게 거론되고 있는 소위 '집단따돌림', '학교붕괴', '교실붕괴'로 나타나고 있다.

앞에서 지적한 것처럼 급격한 사회의 변화는 학생들의 가치관을 변화시키고 있다. 기성세대와는 다른 생각과 느낌, 태도, 가치관 등을 학생들은 가지고 있는 것이다. 이러한 사회와 청소년들의 변화는 학교의 변화도 요구하고 있다. 그러나 사회와 학생이 변화하는 속도만큼 학교가 변화되지 못하고 있는 것 같다.

늘 똑같은 형태의 학교교육, 예를 들면, 주입식 교육, 대학준비 교육 등은 학생들로 하여금 학교교육에의 관심과 흥미를 떨어지게 만들며 자연히 학업에서 멀어지게 만든다. 이러한 학생들의 수가 증가함에 따라 학교에서의 수업은 파행으로 치닫고, 학생들은 교사들을 존경하지 않으며, 교사와의 대화를 멀리하며, 학교교육의 효과 자체를 부정하는 결과를 낳고 있다.

이러한 학교교육의 병폐는 학생들의 중퇴, 무단결석, 유해환경과의 접촉 등을 부추기는 결과를 낳고 있다. 중퇴나 무단결석한 학생들을 대상으로 한 많은 연구(예를 들면, 조혜정, 1996)에서 알 수 있듯이 이들 청소년들이 학교를 중퇴하거나 무단결석하는 이유는 '단지 학교가 싫어서' 또는 '재미가 없어서'가 대부분을 차지한다.

학교교육의 병폐에 따른 학생들의 중퇴나 무단결석의 증가는 자연히 학생 및 청소년비행이나 범죄로 연결될 가능성이 높다. 이러한 사실은 청소년비행이나 청소년범죄를 저지른 청소년들 중 학교를 중퇴한 학생들이 높은 비율을 보이고 있다는 결과에서 잘 알 수 있다(문화관광부, 2000).

4. 교육환경의 개선

학생 및 청소년문제를 야기하고 있는 해로운 교육환경의 개선 방안을 간략히 제시하면 다음과 같다.

첫째, 학생의 변화된 욕구에 맞는 학교환경 구축이다. 학생들의 욕구와 의식은 급격히 변화하고 있는데, 이에 걸맞은 학교환경 개선은 이루어지지 못하고 있는 실정이다. 이를 위해 생활지도 체제를 개선한다든지 수업체제를 개선하는 등 학생을 인격적 주체로서 존경하고 학생의 욕구에 부응하는 학교환경 개선이 필요하다.

둘째, 교사의 전문적 권위의 존중이다. 교사의 전문성이 존중되는 교육풍토를 조성하고 교사가 학생의 변화에 부응하는 지도능력을 함양할 수 있도록 지원체제를 갖추며, 저하되어 있는 교사들의 사기를 올릴 수 있는 방안을 마련해야 한다.

셋째, 학교공동체의 마련이다. 학생과 교사, 교사와 학부모, 학교와 지역사회를 한데 묶는 공동체의 마련이 시급하다. 학생, 학부모, 교사들이 한데 모여 학교 및 교육의 현안을 토론하고 합의를 이끌어 가는 모습을 통해 청소년들에게 공동체의 중요성을 스스로 깨닫게 할 필요가 있다.

넷째, 학교부적응아 및 복교생을 위한 대책의 마련이다. 교육환경의 병폐는 필수적으로 학교부적응아와 학교 중도탈락 청소년들이 생기게 마련이다. 지금의 학교 교육력으로는 이들에 대한 효과적인 대응 방법이 없어 오히려 학교에 잘 적응하고 있는 학생들이 부적응아 혹은 복교생에 의해 건전한 학업 기회를 박탈당하는 일이 많다. 그러므로 부적응아 및 복교생에 대한 별도의 효과적인 프로그램의 개발 및 시행이 필요하다.

제4절 대안교육

1990년대의 우리나라 교육에서 새로운 변화를 찾는다면 아마도 대안교육의 등장이 중요한 항목을 차지할 수 있을 것이다. 아직 대안교육이 무엇을 말하고 또 그것이 포괄하는 범위가 어디까지인지 명확하게 합의된 것은 없지만, 기존의 학교교육과는 다른 다양한 교육 실천이 점차 뚜렷한 형태로 자리 잡아 가고 또 날로 확산되고 있는 것만은 사실이다. 기존의 학교교육이 안고 있는 여러 가지 문제에 대한 반작용으로 이에 대한 사회적인 관심이 매우 높은 편이어서, 이것이 학교교육의 변화와 개혁을 촉진하는 효과도 나타나고 있다.

좁게 보면, 대안교육은 1990년대의 시대적 상황을 반영하는 특징적인 교육 현상이라고 할 수 있다. 그러나 비록 이름은 다르지만, 기존의 제도교육과는 다른 대안적 이념과 형태의 교육을 추구하는 노력은 오래전부터 꾸준히 전개되어 왔다고 할 수 있다. 그것은 대체로 기존의 사회에서 소외된 집단을 중심으로 한 비형식 교육 속에서 찾아 볼 수 있지만, 한편으로는 제도교육 안에서도 이념적으로는 유사한 노력이 끊임없이 시도되어 왔다고 할 수 있다. 그러한 노력들은 그 자체로 대안교육이라고 하기는 어렵지만, 마땅히 교육이 추구해야 할 것임에도 불구하고 간과되었거나 제도교육이 포괄하지 못한 부분을 감당했다는 점에서 적어도 1990년대 대안교육에 상응하는 교육적 실천이라고 할 수 있다(교육부, 1998).

여기에서는 우선 대안교육의 의미와 그 특징을 살펴보고, 1990년대 이후 새로운 내용과 이념적 지향을 갖는 대안교육이 높은 사회적 관심 속에서 확산된 배경과 전개 과정, 현황 등을 고찰한 후에 대안교육의 향후 전망과 과제를 생각해 보기로 한다.

1. 대안교육의 의미와 특징

대안교육의 의미를 살펴보기 위해 우선 '대안교육'이라는 용어의 유래를 살펴보자. 이것은 자생적이라기보다 영어의 'alternative education'에서 비롯된 것으로 보인다. 우리 사회에서 이 말이 본격적으로 쓰이게 된 것은 1990년대 중반이지만, 미국에서는 이미 1960년대 중반에서 1970년대에 걸쳐 기존의 학교에 비해 학생들의 요구에 좀 더 부응하기 위한 다양한 실험학교들이 등장하였고, 이를 가리켜 '자유학교' 또는 '대안학교'라는 이름으로 불렀다. 우리나라의 경우는 1990년대 이전에도 이미 기존의 학교교육이 지닌 한계에 대하여 논의하고 이를 벗어나려는 다양한 실천을 모색하는 과정에서 '대안교육'이라는 말이 통용되기 시작하였다.

대안교육의 의미는 두 가지 방식으로 이해할 수 있다.

첫째, 어느 시대 어느 사회에서나 기존의 교육을 불만족스러워하고 따라서 새로운 교육을 추구하려는 노력은 늘 있기 마련이며, 대안교육이란 바로 이것을 말한다고 보는 방식이다. 이렇게 보면, 대안교육은 특별한 의미를 갖지 않으며 단지 새로운 시도 자체를 지칭할 뿐이다.

둘째, 대안교육을 특정한 시대나 사회에 고유한 문제의식을 반영하는 교육으로 이해하는 방식이다. 이렇게 보면, 대안교육은 20세기말의 상황에서 근대 공교육이 지닌 근본적인 문제들에 주목하고 그것을 극복하기 위해 대두된 일련의 교육적 노력들을 말한다고 할 수 있다. 따라서 여기에는 독특한 문제의식과 가치지향이 내포되어 있다. 1990년대 이후 우리 사회에서 관심의 대상이 되고 있는 것은 이 같은 후자의 의미로 이해되는 대안교육이다.

물론 이렇게 이해되는 대안교육 역시 형태와 내용이 매우 다양하여 일목요연하게 정리하기 어렵다. 하지만, 그러한 다양성 속에서도 대안교육의 대체적인 특징을 몇 가지로 말할 수는 있다.

우선 두드러진 것은 대안교육이 학습자 개개인의 특성을 중시한다는 점이다. 물론 이것은 Rousseau 이후 뚜렷한 전통으로 자리 잡은 아동중심교육 사상과 맞닿아 있다고 할 수 있다. 그러나 국가의 힘과 관료적인 조직을 바탕으로 하여 운영되는 종래의 학교교육제도에서는 학생 개인의 자유로운 요구를 충분히 반영할 수 없으며, 따라서 아동중심교육이 제대로 이루어지지 않았다고 할 수 있다. 그런 까닭에 대안교육은 가급적 공교육 제도의 밖에서 학습자 개인의 요구에 최대한 부응할 수 있는 자유로운 형식의 학교를 추구한다. 여기서는 제도보다 인간을, 집단보다 개인을, 교사보다는 학습자를 우선시하며, 인간에 대한 무한한 신뢰를 바탕으로 한다. 대안학교의 선구자라 할 수 있는 Neill이 섬머힐 학교를 시작할 때 가지고 있었던 유일한 생각은 '아이들을 학교에 맞추기보다는 학교를 아이들에게 맞춘다'는 것이었다. 여기서 당연하게 귀결되는 것은 학교 또는 학습자 집단의 소규모화이며, 그 속에서 모든 구성원간의 친밀하고 공동체적인 유대관계가 형성된다.

대안교육의 또 다른 특징은 그것이 지향하는 이념에서 찾을 수 있다. 대안교육은 종래 교육에서 중시되었던 가치들, 예컨대 합리성이나 보편성, 또는 편리함이나 물질적 풍요 등이 오늘날 인류가 직면한 위기의 원인으로 보고 대안적 가치들을 추구한다. 교과 지식보다는 다양한 체험을 통한 감성을 중시하고, 노동을 통해 인간 본래의 자립성을 기르고자 한다. 특정한 가치 기준을 획일적으로 강요하기보다는 각각의 공동체가 지닌 고유의 전통을 중시한다. 또 개인 상호간의 경쟁보다는 공동체적 유대를 강조한다. 특히 자연을 적대시했던 종래의 태도 대신에 생명 중심 또는 생태주의적 가치관에 바탕을 둔 자연과의 공존 교육을 실천한다.

이상의 논의를 통하여 대안교육의 대체적인 의미를 다음과 같이 정리할 수 있을 것이다. 즉, 대안교육은 기존의 학교교육과는 다른 형태와 내용을 가진 교육이되, 그 다름의 내용은 제도나 교사보다는 학습자 개개인의 요구와 특성이 중시되는 교육이라는 점과 근대 문명이 소홀히 했던 인간과 인간, 인간과 자연의 협동과 조화를 지향한다는 점이다. 이를 통해 대안교육은 궁극적으로 대안적인 사회의 실현을 추구한다고 할 수 있다.

2. 1990년대의 대안학교

1) 1990년대 초의 대안학교

1990년대 이후 부분적인 민주화의 진전으로 우리사회의 급진적 변화에 대한 기대가 이완되는 한편, 대신에 정보화나 세계화 또는 포스트모더니즘과 같은 새로운 사조들이 등장하였다. 이러한 변화는 교육부문에도 반영되어 급진적 변화를 추구하던 학교 안팎의 교육적 실천들이 약화되는 대신 새로운 경향의 다양한 교육적 실천들이 소규모 단위로 모색되었다. 이들은 사회 변화라는 큰 주제보다는 입시나 교과 성적 위주의 학교교육에서 고통 받는 학생들에게 좀 더 자유롭고 다양한 교육적 경험을 제공한다는 데 큰 관심을 두었으며, 주말이나 방학을 이용한 소모임 또는 캠프 형태로 진행되었다.

이런 흐름의 선구적 역할을 한 것은 동인 그룹 '또 하나의 문화'이다. 1984년에 결성된 이들은 권위주의적이고 가부장적인 기존의 문화를 바꾸는 것이 경제 구조와 국가 체제를 바꾸는 것 못지않게 중요하다고 보아 생활세계의 변화를 지향하는 '대안 문화 운동'을 선언하였다. 교육은 그 중요한 실천 영역 가운데 하나로서, 1986년부터 초등학생을 대상으로 하는 캠프를 1993년까지 20회 정도 개최하였다. 점수 경쟁과 타율적 인간을 양산하고 있는 기존의 교육 상황에 대한 근본적인 대안을 모색하기 위한 실험적 성격의 이 캠프는 '삶과 관련된 지식과 지혜를 스스로 만들어 갈 수 있는 어린이', '함께 공동체를 꾸려갈 수 있는 어린이'를 이상적인 어린이 상으로 삼았다. 이 캠프는 또 어른과 아이, 교사와 학생, 남자와 여자의 차별을 철저하게 배제하는 한편 '싫다반'의 구성에서 드러나듯이 전적으로 아이들이 자치적으로 내용을 만들어 가도록 하였다. 이는 시작 당시 많은 사람에게 일종의 충격이기도 했으나, 대안적인 교육을 찾는 사람들에게는 새로운 영감의 원천이 되었다.

1990년대 중반에는 이러한 성격의 캠프가 상당히 확장되었다. 이와 유사한 사례는 '다솜학교'의 성립에서도 찾아볼 수 있다. 수년 전부터 '작은 교회' 아이들을 중심으로 새로운 형식의 수련회를 개최해 오던 관계자들은 1990년을 전후하여 중고생들의 자살이 잇따르자 같은 해 6월 9일 교회 부설로 '다솜학교'를 열었다. 처음에는 중고생들을 상대로 하였으나 점차 중학생과 초등학생 위주로 바뀌게 된 이 학교는 매월 한 번씩 모여 대화와 토론, 공동 작업과 캠프 등을 통해 자기 표현력과 공동체 정신, 감성을 기르고자 하였다. 1990년대 초를 넘기면서 이와 유사한 형태의 시도들은 빠르게 증가하였다. 주요 사례로는 초등학생을 대상으로 하는 광명 창조학교(1992), 대구의 민들레학교(1993), 자유학교를 준비하는 모임물꼬(1993), 부산 창조학교(1994), 여럿이 함께 하는 학교(1994), 중고생을 대상으로 하는 따로 또 같이하는 학교(1995), 가출 청소년을 위한 들꽃 피는 학교(예수가정, 1994), 유아를 대상으로 하는 꾸러기학교(1992), 공동육아 협동조합 어린이집(1994)등을 꼽을 수 있다. 물론 이밖에도 많은 사람들이 개별 또는 집단으로 새로운 교육을 모색하고 있었으며, 그들 가운데에는 니일 연구회, 아나키즘 연구회와 같이 연구자들 중심의 모임도 있었다.

이처럼 비슷한 시기에 많은 교육 소모임들이 집중적으로 출현한 것은 입시 중압감으로 인한 청소년의 자살과 비행이 급증함에도 불구하고 그 해결의 전망이 보이지 않는 교육 현실에 대한 절박감 때문이었다고 해석할 수 있다. 달리 말하자면 기존의 학교교육에 대한 기대가 사라지고 새로운 교육에 대한 갈망이 표출되었던 것이다. 이들은 공통적으로 메마른 지식과 경쟁을 지양하고 자율적이되 남과 더불어 살며 감성이 풍부한 인간을 지향하는 한편, 자연 속에서의 노작과 체험을 중시하였다.

2) 1990년대 중 · 말의 대안학교

각기 독립적으로 새로운 교육 이념과 방법을 모색하던 이들은 1995년 초에 상호 연대를 위한 모임을 갖게 되는데, 이를 계기로 대안교육 운동이 본격적으로 전개되기 시작한다. 2월 25~26일 대전 유성에서 열린 최초의 모임에는 모두 17개 소모임에서 47명이 참가하였다. 이들은 동기는 다소 달랐으나 대체로 생태주의적 세계관과 공동체적 삶, 자유와 자율에 기초한 교육이라는 공통적 지향점을 확인하였다. 여기서는 '새로운 학교를 만드는 모임'이라는 명칭을 정하는 한편 연대의 확산을 위한 방안을 협의하였다.

한편, 이해 여름에는 이와는 다른 맥락에서 대안교육의 확산을 위한 또 하나의 계기가 마련되었다. 당시 기존의 학교교육에 대한 위기의식은 학자와 교사 집단 사이에도 널리 펴져 있었는데, 이들은 1990년대 초부터 여러 언론 매체에 모범적인 교육을 실천하는 학교로 소개되고 있었던 거창고등학교와 샛별초등학교, 홍성의 풀무농업고등기술학교, 영광의 성지고등학교, 그리고 점차 확산되고 있었던 열린교육 등에 관심을 두고 있었다. 이러한 관심을 결집하여 공동의 토론장을 만든 것은 서울평화교육센터였다. 이 기관은 7월 4~5일에 경기도 수지에서 '대안교육 모색을 위한 워크숍'을 개최하였는데, 여기에는 새로운 교육에 관심 있는 교사들과 학자, 교육실천가 등 많은 인원이 모여 상기 학교들의 사례를 듣고 그 확산 가능성을 토의하였다.

이들 두 모임은 공통된 참석자들에 의해 자연스럽게 의사소통이 되었으며, 이듬해인 1996년 1월 27일~28일에 대전에서 두 번째로 열린 '새로운 학교를 만드는 모임'에서는 수지 모임의 후속 작업으로 대안교육 관련 사례 발표회 개최와 사례집 발간 등을 결정하였다. 이에 따라 8월 16일에는 고려대학교에서 제1회 '대안교육 한마당' 행사를 갖고 다양한 대안교육 실천 사례를 발표하는 한편, 이를 묶은 사례집 '대안학교의 모델과 실천'을 출간하였다. 여기서 향후 연대 활동을 강화하기 위한 '대안교육 그물모임' 준비모임도 구성되었다. 언론은 이미 여러 형태의 새로운 교육에 관하여 보도하고 있었지만, 이 행사를 계기로 대안교육에 관한 일반의 관심이 증폭되었다.

두 번째 대안교육 한마당은 1997년 7월 23일~24일에 성공회대학교에서 개최되었다. 이처럼 대안교육의 모색이 연대를 통한 사회운동의 형태로 발전해

가는 동안 대안교육 실천 사례도 계속 확대되었다. 협동조합 형태의 공동체 운동을 통한 대안교육 모색이 두드러졌는데, 특히 공동육아협동조합 어린이집의 확산은 괄목할 만한 것이었다. 또 1995년 하반기에는 산청 간디농장에 성인들을 대상으로 하는 단기과정의 간디대학이 시작되고 이듬해 여름에는 여기에 계절학교로서 간디청소년학교가 문을 열었다. 이러한 과정을 거쳐 1997년 3월 9일에는 우리나라 최초의 상설 자유학교라 할 수 있는 간디청소년학교가 중고생 27명으로 개교하였는데, 이는 주로 계절 또는 주말 프로그램 위주인 대안교육 실천을 내용과 형식에서 명실상부하게 기존 학교에 대비되는 대안학교로 발전시킨 것이었다.

이밖에도 1996년에는 광주지역에 새로운 학교설립준비모임이 결성되고 이어 원불교와 가톨릭을 중심으로 하여 중도탈락 학생을 위한 학교를 설립하기 위한 노력도 여러 곳에서 가시화되었다. 그런데, 이상과 같은 대안교육 실천의 급속한 확산과 달리 이론적인 측면의 노력이나 성과는 상대적으로 저조한 편이었다. 주된 이유는 대안교육의 실천이 교육 부문에 종사하는 이른바 '비전문가'들에 의해 주도되었다는 데에서 찾을 수 있다. 대부분의 교육전문가들은 대안교육에 대한 사회적인 관심이 확산된 이후에도 전통적인 학교중심의 교육에 시야를 고정시키고 있었던 것이다.

그런 가운데서도 초보적으로나마 대안교육에 대한 이론적 접근이 시도되었다. 초기에는 주로 대안적인 교육내용이나 방식을 탐색하는 국내·외 문헌들, 예컨대, 영국의 섬머힐 학교나 독일의 발도르프 학교, 또는 최근의 국내외 대안학교들에 관한 소개서들이 단행본 또는 기고문 형태로 나타났다. 이후 점차 대안교육에 관한 이론적 또는 실천적 모색을 바탕으로 초보적이나마 대안교육을 체계적으로 이해하기 위한 시도들도 나타났는데, 다소 추상적인 논의에 그치기는 했지만 몇몇 연구자들이 집필한 '새로운 학교 큰 교육 이야기'는 그 첫 사례이다.

국내 대안 학교들의 사례를 담은 『대안학교의 이론과 실천』은 우리 사회의 대안교육 실체를 처음으로 대중화한 것이었으며, 한국교육개발원의 연구보고서로 출간된 『새 학교 구상 : 좋은 학교의 조건과 그 구현 방안 탐색』은 대안교육을 이론적인 시각에서 이해하고자 한 최초의 문헌으로 볼 수 있다. 1997년에 출간된 정유성의 『대안교육이란 무엇인가』는 대안교육의 철학적 바탕을 좀 더 깊이 보여주는 저작이다. 한편, 1996년부터 일부 대학의 교육대학원에서 대안교육을 주제로 한 학위논문이 나오기 시작하여 학계의 관심이 점차 높아지고 있음을 반영하고 있다.

이상과 같이 대안교육 실천이 높은 사회적인 관심 속에서 확산되어 감에 따라 1997년 가을, 관계자들은 연대활동을 한 차원 높이기 위한 방법을 모색하였다. 즉, 상설적인 연락체계를 갖추어 정보와 경험을 서로 교류하는 한편, 대안교육에 대한 올바른 이해를 확산시킴으로써 향후 국가적인 교육정책에도 반영될 수 있도록 실천가와 연구자들이 망라된 협의체를 만든다는 것이었다. 이것이 성사될 경우 대안교육 운동은 질적으로 한 단계 더 도약할 것으로 보인다.

3. 최근의 대안학교

1996년 말에 교육부가 학교 중도탈락자 종합대책의 일환으로 학교 부적응 학생을 위한 대안학교 설립 계획을 발표하면서 대안교육이 새로운 교육 실천 사례로 주목받기 시작하였다(이종각, 2005). 2013년 6월 현재 제도권에 편입된 대안학교 현황은 각종학교로서의 대안학교가 19개교, 대안교육 특성화중학교가 11개교, 대안교육 특성화고등학교가 24개교로 모두 54개교이다(교육부, 2013). 2013년 6월 현재 구체적인 대안학교 현황은 <표 5-1>과 같다.

표 5-1 대안학교 현황

구분	시·도	학교명(과정)	설립 구분	설립연도
대안학교 (각종학교) (19)	서울	서울실용음악학교(고)	사립	'09
		여명학교(고)	사립	'10
		지구촌학교(초)	사립	'12
		서울다솜학교(고)	공립	'12
	인천	인천청담학교(고)	사립	'11
		인천해밀학교(중 · 고 통합)	공립	'12
		인천한누리학교(초 · 중 · 고 통합)	공립	'13
	대전	그라시아스음악학교(고)	사립	'12
		요재미학교(초)	사립	'13
	경기	은혜학교(중 · 고 통합)	사립	'11
		화요일아침예술학교(고)	사립	'11
		쉐마기독학교(초 · 중 · 고 통합)	사립	'11
		TLBU글로벌학교(초 · 중 통합)	사립	'08
		경기새울학교(중)	공립	'13
	충북	글로벌선진학교(중 · 고 통합)	사립	'11
		한국폴리텍다솜학교(고)	사립	'12
	충남	여해학교(중)	공립	'13
	경북	한동글로벌학교(초 · 중 · 고 통합)	사립	'11
		글로벌선진학교 문경캠퍼스(중 · 고 통합)	사립	'13

구분	지역	학교명	설립 주체	지정연도
대안교육 특성화 중학교 (11)	경기	두레자연중학교	사립	'03
		이우중학교	사립	'03
		헌산중학교	사립	'03
		중앙기독중학교	사립	'06
		한겨레중학교	사립	'06
	강원	팔렬중학교	사립	'11
	전북	전북동화중학교	공립	'09
		지평선중학교	사립	'02
	전남	용정중학교	사립	'03
		성지송학중학교	사립	'02
		청람중학교	공립	'13

구분	지역	학교명	설립 주체	지정연도
대안교육 특성화 고등학교 (24)	부산	지구촌고	사립	'02
	대구	달구벌고	사립	'03
	인천	산마을고	사립	'00
	광주	동명고	사립	'99
	경기	두레자연고	사립	'99
		경기대명고	공립	'02
		이우고	사립	'03
		한겨레고	사립	'06
	강원	전인고	사립	'05
		팔렬고	사립	'06
	충남	한마음고	사립	'03
		공동체비전고	사립	'03
	충북	양업고	사립	'98
	전북	세인고	사립	'99
		푸른꿈고	사립	'99
		지평선고	사립	'09
	전남	영산성지고	사립	'98
		한빛고	사립	'98
		한울고	공립	'12
	경북	경주화랑고	사립	'98
	경남	간디고	사립	'98
		원경고	사립	'98
		지리산고	사립	'04
		태봉고	공립	'10

출처 : 교육부(2013). http://www.mest.go.kr/

4. 대안교육의 전망과 과제

시각에 따라 대안교육은 일시적인 유행으로 볼 수도 있고 종래 학교교육의 근본적인 변화를 암시하는 징후로 볼 수도 있다. 어느 쪽이든 일리 있는 근거 제시가 가능하겠지만, 여기서는 대안교육이 가지고 있는 핵심적인 특징에 비추어 향후 전망(심성보, 1996)을 해보고자 한다.

앞에서도 살펴 본 바와 같이, 대안교육의 공통적인 특징은 인간에 대한 신뢰를 바탕으로 철저한 학습자 중심의 교육과 인간 교육을 지향한다는 점이다. 기존의 학교교육 역시 이러한 요소를 어느 정도는 지니고 있지만, 획일화된 제도 속에서는 실현이 불가능하기 때문에 단지 이상으로의 의미에 그친다. 국내외를 막론하고 대안학교들은 이러한 이념을 구현하기 위해 학교의 규모를 최소화하고 그 운영도 최대한 학생들 위주로 하고자 한다. 정부의 공인은 학교의 운영과 유지를 위해 긴요하지만, 때로는 본래의 이념을 지키기 위해 일부러 제도밖에 머물기도 한다. 이러한 학교들이 존속 또는 확대될 수 있을지 확신하기는 어렵다. 그러나 보편성보다는 개체성의 의미가 강조되는 포스트모더니즘의 경향이 확대되고 있는 추세이고 보면, 구체적인 형식이야 어떻게 되던, 현재의 대안학교들이 지향하는 점들은 앞으로 더욱 교육적인 중요성을 획득하게 된 것이다.

이미 많은 한계를 보이고 있기는 하지만, 정보기술의 발전이 학습자 중심의 대안교육을 확산시키는 데 의미 있는 기여를 할 수도 있을 것이다. 대안교육의 또 다른 핵심적 특징은 생태주의 이념이라고 할 수 있다. 이 역시 전 지구적 환경 위기가 가시화됨에 따라 기존의 학교교육에서도 중요한 주제가 되고 있다. 그러나 대안교육은 이를 단지 인식하는 데 목적을 두는 것이 아니라 교육의 과정 자체가 생태주의를 체험하고 실현하도록 하고 있다. 많은 대안학교들이 전원 지향적이고 기계의 편리함보다는 노동을 통한 직접 생산을 교육의 중요한 과정으로 삼는 것은 이 때문이다. 앞으로 생태 위기가 심화될 것으로 예상되는 바, 이러한 교육에 대한 관심은 더욱 확산될 것으로 보인다.

이 밖에도 대안교육은 기존의 학교교육에 대하여 여러 가지 근본적인 문제를 제기한다. 그리고 그 대부분은 기존의 교육에서도 이상으로나마 강조되어 왔던 것들이다. 이 점에서 대안교육은 종래와 다른 어떤 교육이 아니라 교육의 이상 그 자체, 또는 교육의 본질에 가까이 가려는 교육이라고 할 수 있다. 이러한 전망은 기존의 공교육 제도 성격이 근본적으로 변화되지 않는 한 대안교육이 일시적인 유행에 그치기보다는 더욱 확산될 것임을 시사한다.

그렇다고 대안교육이 그 자체로서 발전하여 기존의 학교교육을 대체할 수 있다고 보기는 어렵다. 실험적 성격의 소수 대안학교들이 현실적으로 기존 교육체제가 감당하고 있는 역할을 대신할 수는 없기 때문이다. 여기서 대안교육의 본질적인 과제를 이끌어낼 수 있다. 그것은 기존의 학교교육에 끊임없이 문제를 제기하고 새로운 가능성을 보여줌으로써 변화를 유도하고 촉진하는 일이다. 이 점에서 교육 연구자나 교육당국은 학교 개혁의 선행 지수로서 대안교육에 대한 관심을 좀 더 적극적으로 기울일 필요가 있을 것이다.

제5절 학교교육의 과제

미래사회에 대비하고 창의적이고 자기주도적인 인재를 양성하기 위해 학교교육이 해결해야 할 과제를 살펴보기로 한다.

첫째, 공교육의 질 향상과 교육경쟁력 제고 문제이다. 미래사회에 적합한 인재를 양성하기 위해 무엇보다도 중요한 것이 공교육의 정상화를 도모하고 교육경쟁력을 강화하는 것이다. 최근에 자주 거론되고 있는 소위 '공교육 붕괴', '교실붕괴', '교권 추락', '학교폭력' 등은 공교육의 경쟁력을 약화시키는 일련의 부작용을 반영하는 용어들이다. 이러한 교육현안들을 해결하기 위해서는 궁극적으로 정치논리나 경제논리가 아닌 교육논리로 접근해야 할 필요가 있다(김흥규 · 이만표, 2013). 따라서 현실에 맞고 미래지향적인 교육정책 시행을 통해 공교육의 질을 향상시킬 필요가 있다.

둘째, 교원의 질 향상과 전문성 신장 문제이다. 교육의 질은 교원의 질 및 전문성에 크게 의존한다. 학교교육의 문제를 가장 잘 직시하고 있는 전문가는 교사 및 교육행정가들이다. 이들의 교육활동 및 학교경영은 장래 학교교육의 발전을 도모하는 데 결정적인 요인들이다. 따라서 사회의 변화에 맞춰 교원의 전문성을 신장시킬 제도적 방안을 찾을 필요가 있으며, 교원의 자질과 능력, 전문성을 지속적으로 개발·관리할 필요가 있다.

셋째, 사회변화에 능동적으로 대처할 수 있는 안목과 그에 따른 준비 문제이다. 학교교육은 급격히 변화하는 사회에 능동적으로 대처할 필요가 있다. 스마트시대에 학교교육도 스마트해질 필요가 있으며, 과연 미래사회가 요구하는 인재상은 어떤 것인지, 어떻게 그런 인재를 길러낼 것인지 등을 진지하게 고민하고 준비할 필요가 있다.

넷째, 경제격차에 따른 교육격차 문제이다. 최근 경제적 격차의 심화로 인해 교육격차가 사회적 문제로 부각되고 있다. 개인의 능력과 같은 성취요인보다는 가정배경(부모의 교육수준, 가계수입, 부모의 직업 등)과 같은 귀속요인에 의해 개인의 사회적 지위가 결정되고 배분된다면 교육격차를 더욱 심화될 것이다. 이러한 교육격차는 사회 불평등의 심화로 이어져 사회적 갈등을 야기시킬 것이다. 따라서 학교교육을 통한 사회의 평등화 구현이 필요하며, 학교교육이 사회적 지위 결정의 중요한 요인으로 작용될 필요가 있다.

다섯째, 교육관의 개선 문제이다. 사회 전반에 걸쳐 학교교육에 대한 불신이 심화되고 이러한 불신이 사교육에 대한 의존으로 이어지는 악순환이 반복되고 있다. 학교교육에 대한 불신과 사교육에 대한 맹신은 학부모들의 그릇된 교육관에서 비롯되기도 한다. 성적향상에만 몰두하고 소위 일류대학의 진학만이 성공의 지름길이라고 생각하는 학부모들의 그릇된 교육관은 학생들에게 부정적인 영향을 미칠 수 있다. 많은 미래 학자들이 주장하고 있듯이 단기적이고 편협한 사고를 가진 학생들은 미래 사회에서 성공할 수 없으며, 융합적인 사고와 자기주도적인 학습방법을 익히는 것이 필요하다. 따라서 학부모들의 교육에 대한 생각 및 태도를 적극 개선시키는 노력이 필요하다.

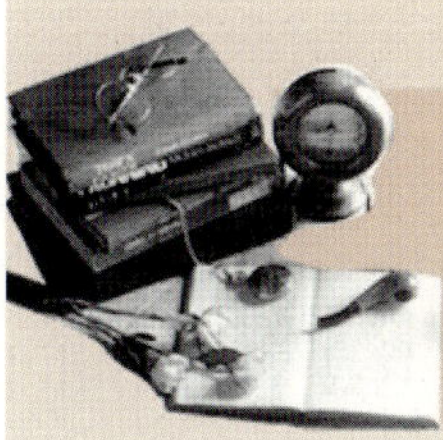

CHAPTER 06

사회변화와 교육

이 장에서는 교육과 사회변화와의 관계를 살펴보면서 교육이 사회변화에 영향을 미치고 있는 현상을 사회이동, 사회계층, 교육기회의 불평등이라는 세 가지 관점에서 살펴본다. 사회이동에서는 먼저 사회이동의 의미, 종류, 사회이동에 영향을 미치는 요인, 교육의 역할 등을 중심으로 알아보고, 사회계층에서는 사회계층의 의미, 종류, 교육과 사회계층 간의 관계 등을 살펴보고, 마지막으로 교육과 불평등에서는 교육기회의 평등이 무엇을 의미하며, 과연 교육과 사회의 불평등사이에 어떤 관계가 있는지를 고찰해 본다.

제1절 교육과 사회이동

1. 사회이동의 의미

사회이동의 의미를 파악하기 위해 여러 관련 학자들은 사회이동을 어떻게 정의하고 있는지를 살펴보기로 한다.

사회이동(social mobility)에 대한 광범위한 연구를 수행한 Sorokin(1964)은 사회이동이란 어느 한 사회적 지위(social position)에서 다른 사회적 위치로 이동하는 것을 의미하며, 이 이동은 개인 그 자체보다는 개인적, 혹은 사회적 사물이나 가치, 즉 인간 활동에 의하여 창조되고 변용된 것으로 이와 같은 사회적 산물이나 가치의 전환이라고 정의하였다.

DeMarrais와 LeCompte(1995)는 사회이동은 개인과 집단이 출생시의 사회계급에서 다른 계급으로 위아래 움직이는 것이라고 규정하였다. 그리고 석태종(2004)은 개인이나 집단이 한 사회적 위치나 계급으로부터 다른 사회적 위치나 계급으로 이동하는 현상을 사회이동이라 하였다.

또한 차경수·최충옥·이미나(2002)는 사회구조 또는 사회의 위계체제 속에서 한 개인이 하나의 사회위치에서 다른 사회위치로 이동하는 것을 사회이동이라 정의하였다. 그리고 이종각(2000)은 사회이동이란 하나의 사회적 지위에서부터 다른 지위로의 변화를 의미한다고 하였다.

위에서 살펴본 것처럼 학자에 따라 약간씩 다르게 사회이동을 정의하고 있으나 대체로 비슷한 정의를 내리고 있다. 즉, 사회이동이란 개인뿐만 아니라 집단이 한 사회적 지위나 계급에서 다른 사회적 지위나 계급으로 위치가 변화하는 것을 의미한다고 볼 수 있다.

사회이동과 관련된 중요한 개념은 사회적 지위(social status), 사회적 역할(social role), 사회계급(social class) 또는 사회계층(social stratification)이다.

사회에서 각 개인이 차지하고 있는 위치를 사회적 지위라고 하며 그 사회적 지위에 대해 기대되는 역할을 사회적 역할이라 한다. 사회계급 또는 사회계층은 사회적 지위, 직업, 교육 및 수입 등에 따라서 비슷한 위치에 있는 사람들이 비슷한 태도, 가치관, 행동양식을 공유하면서 위계적인 관계를 형성하고 있는 것을 의미한다. 흔히 상류층(upper class), 중류층(middle class), 하류층(low class)으로 사회계층을 나타내는 예이다.

2. 사회이동의 종류

사회이동이란 엄밀히 말하면 사회계층의 이동을 의미한다. 즉 개인이나 집단이 하류층에서 중류층으로, 중류층에서 상류층으로, 하류층에서 상류층 등과 같이 이동하는 것이다.

사회이동의 종류는 그 분류방식에 따라 여러 가지로 나눌 수 있다. 가장 일반적인 분류방식은 이동의 방향에 의한 분류이다. 그리고 시간주기에 의한 분류가 있고, 또한 사회의 규범에 따른 분류가 있다. 각각을 좀 더 자세히 살펴보기로 한다.

첫째, 이동의 방향에 따라 볼 때 수평이동(horizontal mobility)과 수직이동(vertical mobility)이 있다. 수평이동이란 한 계층 내에서 횡적으로 위치가 바뀌는 것을 의미하며, 수직이동이란 개인이나 집단의 위치가 아래위로 이동하는 것을 말한다. 수직이동은 다시 아래에서 위로 이동하는 상승이동(upward mobility)과 위에서 아래로 이동하는 하강(downward mobility)이동으로 나눌 수 있다.

이것을 그림으로 나타내면 [그림 6-1]과 같다.

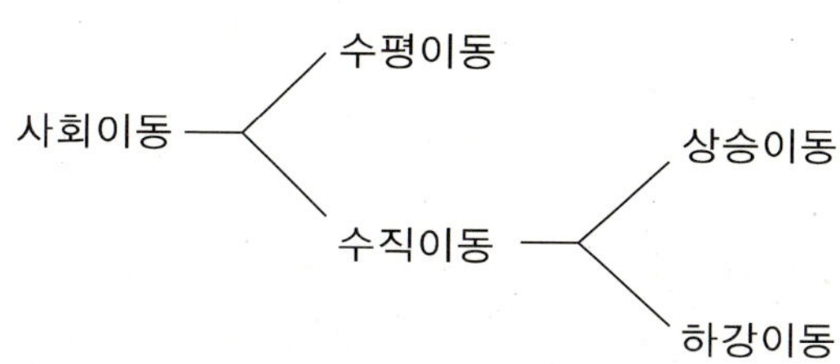

그림 6-1 사회이동의 유형

둘째, 시간주기에 의한 분류에는 세대 간 이동(intergenerational mobility)과 세대 내 이동(intragenerational mobility)이 있다. 세대 간 이동이란 세대 간에 일어나는 사회적 지위의 변화를 나타내는 것으로 예를 들면 아버지와 아들간의 사회이동을 들 수 있다. 세대 내 이동이란 같은 세대 내에서 사회적 지위의 변화로서 생애이동(career mobility)이라고도 부른다.

[그림 6-2]는 세대 간 이동에서 아버지와 아들간의 이동이 어떻게 이루어지는지를 나타낸다.

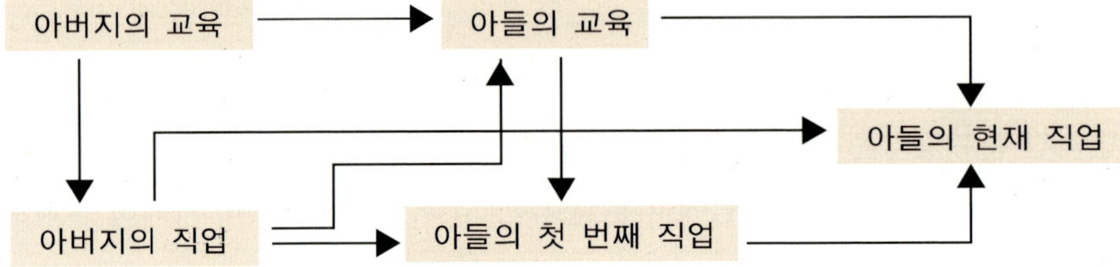

그림 6-2 세대 간 이동

셋째, 사회규범에 따른 분류에는 후원적 사회이동(sponsored social mobility)과 경쟁적 사회이동(contest social mobility)이 있다. Turner와 같은 학자는 사회이동을 지배하고 있는 것은 사회규범이며, 이런 사회규범은 사회마다 차이가 있다고 보고, 사회규범을 기준으로 하여 사회이동을 후원적 사회이동과 경쟁적 사회이동으로 나누었다. 후원적 사회이동은 후원형 사회규범에 바탕을 두고 있고, 경쟁적 사회이동은 경쟁형 사회규범에 바탕을 두고 있는 것이다.

3. 사회이동에 영향을 미치는 요인

사회이동 또는 사회계층 이동은 대부분의 사회에서 일어나는 현상이지만 사회마다 그 정도에 있어서는 다르며, 또한 사회계층의 이동에 영향을 미치는 요인들에 있어서도 다르다.

사회이동에 영향을 미치는 요인들을 살펴보기 위해 여러 학자들이 제시한 내용을 살펴보기로 한다. 먼저 Fox와 Miller(1965)는 사회이동의 결정요인으로 다음과 같은 것을 들고 있으며, 이와 관련하여 각 요인이 사회이동 중 상승 또는 하강이동과 어떤 관련을 갖고 있는지 다음과 같이 제시해 주고 있다.

첫째, 경제적 요인이 중요하지만 그것은 사회이동의 유일한 결정요인은 아니다.

둘째, 학교교육은 사회이동 중 상승이동의 가장 중요한 결정요인이다.

셋째, 정치적 안정과 성취동기가 바로 사회이동을 가능하게 하는 것은 아니다.

넷째, GNP로 측정된 도시화와 경제발전 수준은 어느 것도 상승이동에 중요한 것은 아니다.

다섯째, 경제발전 수준이 높으면 높을수록 하강이동의 수준은 낮아진다.

여섯째, 학교교육이나 성취동기는 하강이동과 크게 관련되지 않는다.

일곱째, GNP, 취학률, 정치적 안정, 도시화 및 성취동기의 다섯 가지 주요 요인은 사회이동을 설명하는 데 도움을 준다.

그리고 Ballantine(1997)은 사회이동에 영향을 주는 요인으로 다음과 같은 것을 들고 있다.

① 부모의 교육수준, 부의 직업, 가계수입
② 학업성취도나 지능지수로 측정된 능력
③ 학업수행
④ 유의미한 타인들의 격려
⑤ 교육 및 직업 포부수준
⑥ 교육받은 연수(educational attainment)

또한, 석태종(2004)은 사회이동 중 상승이동에 영향을 주는 요인들을 다음과 같이 설명하고 있다.

첫째, 학교교육은 상승이동의 통로이다. 학교를 그 통로 중에서도 지름길이라 믿는 사람들이 많다.

둘째, 직업은 상승이동의 통로이다. 직업은 사실상 어떤 것보다도 그 사람의 사회계급을 잘 대표해 준다. 그리고 직업은 그 사람의 학력이나 수입 등을 가능하게 해준다.

셋째, 부와 수입은 상승통로이다.

넷째, 가정의 사회경제적 지위(socioeconomic status : SES)는 상승이동의 통로이다.

다섯째, 개인의 능력은 상승이동의 통로이다.

한편, 차경수 · 최충옥 · 이미나(2002)는 사회이동과 관련된 요인들을 크게 개인적 요인, 가정적 요인, 사회적 요인으로 나누어 각 요인에는 어떠한 것들이 있는지를 상세히 설명하고 있다. 이들이 제시한 사회이동 관련요인들을 좀 더 자세히 살펴보기로 한다.

1) 개인적 요인

① **지능, 학교성적 및 사교성** : 지능, 학교성적 및 사교성 등에 따라 상승적인 사회이동을 한 사람들이 그렇지 않은 사람들과 어떤 차이가 있는가를 살펴 본 연구들은(정우현, 1988; 강희돈, 1993; Havighurst & Neugarten, 1968) 상승이동을 한 사람들이 그렇지 않은 사람들에 비해 지능, 학업성적, 사교성이 높은 것으로 보고하였다.

② **늦은 결혼** : 실증적인 연구에 의하면 남자와 여자 모두 만혼은 상승이동과 관련이 많고, 조혼은 하강이동과 관련이 많다(Havighurst & Neugarten, 1968).

2) 가정적 요인

① **형제 · 자매의 수** : 형제 · 자매의 수가 많을 경우 그 모든 자녀들이 상승이동을 할 수 있는 확률은 감소한다. 부모는 그들이 가지고 있는 자산을 여러 자녀들에게 똑같이 나누어줌으로써 그들이 사회에서 경쟁하는 힘을 약화시키거나 또는 많은 돈을 들여 대학을 마칠 때까지 돌보아 주기가 어렵다. 그러나 자녀의 수가 적은 경우 똑같은 수준의 수입이라면 자녀의 수가 많을 때보다 후견인의 역할을 더 잘할 수 있다.

② **어머니가 지배적인 가정** : 어머니가 지배적인 가정의 자녀들은 어머니와 아버지 사이가 평등한 가정이나 아버지가 지배적인 가정보다도 상승이동을 많이 하고 있다. 또 어머니의 학력이 아버지의 학력보다 높은 가정의 자녀들은 그 비율로 보아 아버지의 학력이 어머니보다 높은 가정의 자녀들보다도 상승이동을 하는 확률이 더 높다.

3) 사회적 요인

① **지역사회의 크기** : 대도시는 교육의 기회가 많고 직장의 종류가 많아서 농촌보다도 상승이동의 기회가 많다. 특히 중류와 상류 이외의 노동자 자녀들의 상승이동은 도시에서 더 많이 이루어진다.

② **산업화 및 도시화의 정도** : 상승이동의 정도는 그 사회의 산업화 및 도시화의 정도와 밀접한 관계가 있다. 산업의 발달은 직장의 수요를 늘려주며, 도시의 발달은 각종 서비스직을 크게 확장시켜 준다. 이러한 현상은 사회 구성원들에게 상승적인 사회이동의 기회를 높여 준다.

③ **교육받을 기회** : 학교교육은 사회이동과 관계가 깊다. 많은 교육연한, 예를 들면 대학교육 등과 같은 고학력은 상승적 사회이동을 할 가능성을 높여 준다.

④ **정치적 안정성** : 정치적으로 불안한 사회에서는 장래의 예측이 어렵고 또 질서가 서 있지 않기 때문에 능력 있는 사람이 능력을 발휘하기가 어려워 상승이동을 하기가 어렵다.

⑤ **사회 구성원의 성취동기** : 사회 구성원의 성취동기가 높을수록 사회이동이 활발해진다. 성취동기가 높은 사람은 부모의 사회경제적 배경과 같은 귀속적 요인(ascribed factor)에 의해서보다는 자기 자신의 능력의 의해서 업적을 이룩하고자 하기 때문에 상승적 사회이동의 확률이 높다.

4. 교육과 사회이동

교육이 사회변화에 공헌하는지의 여부에 대한 한 측면으로 사회이동을 들 수 있다. 교육 또는 학교교육이 개인이 상승이동을 하기 위한 하나의 통로로 사용되는가의 여부를 나타내는 것이 사회이동이라 할 수 있다. 사실 교육 또는 학교교육이 개인의 상승적 사회이동을 촉진시키는 매우 중요한 요인이라는 믿음은 동서양을 막론하고 널리 퍼져 있다.

사회이동 또는 사회계층 이동에 있어서 교육 또는 학교교육이 얼마나 공헌을 하는지를 대해서는 학자들 간에 논쟁거리이다. 이에 대해서는 두 가지 입장이 있다. 하나는 교육 또는 학교교육의 순기능과 다른 하나는 교육 또는 학교교육의 역기능이다.

첫째, 교육 또는 학교교육의 사회이동에의 순기능적인 입장에서는 사회발전의 한 측면으로써 사회이동에 있어서 가장 중요한 요인은 교육 또는 학교교육이며 이는 우리나라 국민들의 높은 교육열에서도 잘 나타나고 있다. 즉, 교육 또는 학교교육은 사회이동을 가능하게 만드는 사회적으로 가치 있는 자원(resources), 예를 들면 직업 지위(occupational prestige), 경제적 보상, 명예, 사회적 위신 등을 획득하는데 중요한 요인으로 작용한다.

이런 교육의 순기능적인 입장을 가장 잘 나타내 주는 연구들 중 대표적인 연구가 Blau와 Duncan(1967)이 수행한 연구이다. 이들은 이른바 '직업지위 획득(occupational status attainment)'을 결정하는 요인들을 분석하며 교육과 사회이동간의 관계를 밝히려 하였다.

Blau와 Duncan은 아버지의 직업과 아버지의 교육을 포함하는 가족배경 변인들과 그 아버지의 아들이 획득한 교육수준과 직업 사이의 관계를 심도 있게 검토하였다. 이들은 교육이 개인의 직업지위의 획득에 얼마만큼 공헌하는지를 수학적으로 예언하는 하나의 모형을 개발하려고 노력하였다. 이들의 모형은 교육, 직업, 그리고 사회경제적 지위사이의 관계를 밝히려는 후속 연구들에게 많은 영향을 미쳤다.

Blau와 Duncan은 그들의 연구를 통해 어머니와 아버지의 교육, 개인의 교육포부수준과 실제 받은 교육연한, 평점과 표준화검사 점수에 의해 측정된 개인의 동기를 포함하는 모든 결합된 교육 관련 요인들이 한 개인의 생활주기에 유일하고도 가장 크게 영향을 미친다고 결론지었다.

이러한 Blau와 Duncan의 연구 결과는 후속 연구자들에 의해 연구방법상의 문제점으로 비판을 받는 부분도 없지 않으나 교육이 그 어떤 요인보다도 사회이동에 기여하는 바가 크다는 것을 경험적 · 실증적으로 보여주고 있는 대표적인 연구라 할 수 있다.

둘째, 교육 및 학교교육의 역기능적인 입장에서는 학교교육이 현실적인 불평등을 유지하기 위한 수단으로 사용되거나 사회이동에 기여하지 못한다는 주장이다. 이러한 입장은 사회이동에 영향을 줄 수 있는 교육받을 기회나 학업성취도가 개인의 능력보다는 개인의 배경요소(예를 들면, 성, 인종, 출신학교, 부모의 교육수준, 직업, 가계수입 등)에 의해 영향을 받는다(Coleman et al., 1966)는 사실에서 온다. 결국 이와 같은 입장은 학교교육은 사회이동에 영향을 미치는 제 요인 중의 하나에 불과하지 결정적인 요인은 아니라는 주장인 것이다.

또는 학교교육의 사회이동에 대한 회의적인 시각은 교육기회의 불평등에서 찾는 입장도 있다. 학교교육이 사회이동에 무기능적 또는 역기능적 영향을 미친다는 비판은 사회이동 자체에 초점을 맞추기보다는 학교교육에 대한 접근기회에 초점을 두고 있는 것이다. 형식적으로는 모든 사람들에게 교육을 받을 기회가 평등하게 주어져 있으나 실제에 있어서는 하류계층이나 소외계층에게는 매우 불리하게 되어 있어서 교육기회의 불평등이 존재하고 있다는 것이다.

종합적으로 보면, 순기능적인 입장에서의 주장은 교육이 상승이동을 가능하게 하므로 교육의 보급은 특히 하류층들에게 상승이동의 기회를 주어 점차적으로 사회이동을 촉진할 수 있다는 것이다. 개인의 직업획득에 학력 또는 교육이 중요하게 작용한다는 연구 결과들은 이러한 가설을 입증하는 것 같다.

그러나 교육 또는 학력의 차이가 모든 종류의 직업에 영향을 주지 않고 하류층에게 관련된 하위지위 직업에서는 교육이 도움이 안 되는 반면 중·상류층이 주로 담당하고 있는 상위지위 직업에 영향을 미친다는 연구 결과나 상승이동의 필요가 많은 하류층 집단에게는 교육이 지위획득에 영향을 주지 못하면서 오히려 상류층 집단에게는 영향을 준다는 연구 결과는 교육이 사회이동을 촉진한다는 주장을 믿기 어렵게 만들고 있다(김신일, 2011).

제2절 교육과 사회계층

1. 사회계층의 의미

한 사회는 그 크기가 크던 작던 간에 그 사회를 구성하고 있는 구성원들이 모두 같은 위치에 있지 않다. 사회의 구성원들은 재산이나 권력, 지위 등에 있어서 차이가 있다. 어떤 사람은 재산이 많고, 지위가 높은 반면 어떤 사람은 재산이 적고 지위가 낮다. 어떤 사람은 권력을 많이 가지고 있는 반면 어떤 사람은 권력이 적거나 없는 경우도 있다. 이처럼 한 사회는 불가피하게 여러 가지 요인들이 복합적으로 작용하여 사회 구성원들 사이에 상하의 위계관계 또는 층이 형성되어 있다. 이러한 상하의 위계관계 또는 층을 사회계층(social stratification)이라고 부른다.

사회계층의 의미를 좀 더 체계적으로 살펴보기 위해 여러 학자들이 규정하고 있는 사회계층의 정의를 먼저 살펴보기로 한다. Mayer (1970)는 사회계층을 동일한 또는 유사한 지위를 가진 사람들의 집단이라고 하였고, Prichard와 Buxton(1973)은 사회적 지위나 능력 때문에 생기는 보수, 위신과 특권, 평가 등에 있어서 차이가 나는 이러한 사회적 불평등이 층화된 위계체계로 확립된 것을 사회계층이라고 하였다.

그리고 김흥규(2013)는 사회계층이란 사회전체에 의해 평가된 특정 분화의 서열조치를 성원들이 의식하고 있는 일종의 집합구조하고 정의하였으며, 김신일(2011)은 개인들이 지니고 있는 갖가지 사회적 요소(직업, 지위, 재산, 권력 등)에 의하여 이루어진 층을 사회계층이라 정의하였다.

이러한 여러 학자들의 사회계층에 대한 정의를 분석 · 종합하여 보면 사회계층이란 한 사회 구성원들을 그들의 재산, 수입, 직업, 교육 등의 지표에 의하여 분류할 때 비슷한 위치를 점하고 있다고 인정되는 일군의 층, 즉 인간 사회의 층화된 위계체계라 정의할 수 있다.

사회계층과 흔히 유사한 의미로 혼용되어 사용되지만 개념상 다른 것이 있다. 사회계급(social class)과 사회성층(socal stratum)이 그것이다. 이들 각 개념을 나누어 살펴보면 다음과 같다.

첫째, 사회계급은 사회주의 이론에서 자주 거론되며 사회 내에 존재하는 실제적이고, 객관적인 지위가 경제력이라는 단일 지표에 의해 분류되는 체제를 말한다. 사회계급은 주로 재산의 상속이나 근로소득의 차이를 통하여 존속하는 것이다.

둘째, 사회성층은 사회 성원의 사회적 지위의 상하에 입각한 전체 사회의 단계적인 구조를 말한다. 쉽게 말하면 도시나 농촌 사회처럼 각 사회의 단계적 구조 그 자체를 사회성층이라 부른다.

비록 사회계층과 유사하지만 구별되어지는 개념으로 사회계급, 사회성층 등을 설명하였지만 아마도 가장 자주 혼용되어 사용되어지는 개념은 사회계급이다. 사회계급은 주관적 계층의식이 가미된 개념으로(김신일, 2011) 자본주의 사회에서 경제적 요인이 특히 사회계급의 형성에 중요한 의미를 가진다. 따라서 넓은 의미로 사회계층을 보면 사회계급은 사회계층의 한 형태로 볼 수 있다.

사회계층과 사회계급의 개념을 상호·비교하여 제시하면 <표 6-1>과 같다.

표 6-1 사회계층과 사회계급 개념

사회계층	사회계급
베버(Weber)의 주장	막스(Marx)의 주장
기능이론에 기초	갈등이론에 근거
유기적 사회	분열된 사회
다원적	경제 일원적
연속적	비연속적
상대적, 유동적	객관적, 절대적
사회기능적	역사적, 철학적
현대적, 개방적	근대적, 폐쇄적

2. 사회계층의 분류

사회계층은 어떻게 분류가 되는가? 사회계층을 분류하는 방법은 무엇인가? 이런 질문에 대한 대답을 알아보기 위해 사회계층을 측정하는 방법에 대해 살펴보고 아울러 사회계층의 유형에 대해서도 살펴보기로 한다.

1) **사회계층의 측정방법**

사회계층을 분류 또는 측정하는 방법은 크게 세 가지 즉, 객관적 측정방법, 주관적 측정방법, 평정법으로 나눌 수 있다.

첫째, 객관적 측정방법은 한 사회에서 구성원들이 상호간에 다른 사람의 층을 판단하는 근거, 즉 계층결정 요인을 조사하여 그것을 척도화한 뒤에 그 척도로 사람들의 계층을 측정하는 방법이다. 이 방법의 가장 대표적인 것은 Warner의 '지위특성지표(ISC : Index of Status Characteristics)'이다. 지위특성지표는 직업, 교육수준, 소득액, 소득원, 거주 지역, 주택의 종류 등 여섯 가지

계층 측정요인을 7단계로 측정하는 방식이다. 이렇게 측정하여 산출된 점수를 이용하여 사회계층을 분류하는 것이다(표 6-2 참조).

표 6-2 지위특성지표(ISC)와 사회계층

ISC 총 점수	사회계층
6~10	상류층(upper class)
11~18	중류상층(upper-middle class)
19~26	중류하류(lower-middle class)
27~34	하류상층(upper-lower class)
35~42	하류하층(lower-lower class)

둘째, 주관적 측정방법은 조사 대상자들에게 자신이 속해 있다고 생각하는 계층을 질문하여 알아보는 방법이다. 즉, 순전히 주관적 계층의식만을 토대로 하여 한 사회의 계층구조나 개인의 계층지위를 알아보는 방법이다.

셋째, 평정법은 조사 대상 집단에 익숙한 사람들을 평정자로 뽑아 이들이 각 구성원들의 계층지위를 정하게 하는 방법이다.

2) 사회계층의 분류

사회계층은 상류층, 중류층, 하류층으로 분류하는 것이 일반적이다. 그러나 학자에 따라 각 층을 좀 더 세분하여 사회계층을 분류하기도 한다.

Warner 등(1949)은 사회계층을 여섯 개로 분류하였다. Warner는 사회계층을 상·중·하로 나누고 다시 이들을 각각 상하로 나누어 상·상층(upper-upper class), 상·하층(lower-upper class), 중·상층(upper-middle class), 중·하층(lower-middle class), 하·상층(upper-lower class), 하·하층(lower-lower class)으로 분류하였다. 그러나 Centers(1949)는 사회계층을 세 개로 분류하였다. 즉, 상층계층, 중간계층, 노동계층으로 분류하였다.

가장 최근에 Levine과 Levine(1996)은 사회계층을 다섯 개로 분류하였다. 그들은 상층(upper class), 중·상층(upper-middle class), 중·하층(lower-middle class), 노동·상층(upper-working class), 노동·하층(lower-working class)으로 분류하였다. 이러한 Levine과 Levine의 분류는 Warner의 분류와 비슷하나 다른 점은 하층이라는 용어대신에 노동계층이라는 용어를 쓰고 있다는 것이다.

이처럼 학자에 따라 약간씩 다르게 사회계층을 분류하고 있으나 Warner의 분류, Levine과 Levine의 분류가 가장 체계적인 사회계층의 분류인 것 같다. 이들이 분류한 각 사회계층의 특징에 대한 내용들을 요약해 보면 <표 6-3>과 같다(Levine & Levine, 1996).

표 6-3 사회계층별 특징

사회계층	특 징
상층 (upper class)	•부를 상속받음 •높은 사회적 지위를 갖고 있는 가계의 전통 •교육은 적절한 양육의 한 문제
중·상층 (upper-middle class)	•더 낮은 계층에서 상승 •가계의 전통을 덜 소유
중·하층 (lower-middle class)	•화이트칼라(white-collar) 노동자들이 많음 •수입은 전국 수준에서 중간에 해당 •학교교육을 직업을 얻기 위한 필수요소로 간주
노동·상층 (upper-working class)	•숙련된 블루칼라(blue-collar) 노동자들이 많음 •교육을 직업을 얻기 위한 필수요소로 생각
노동·하층 (lower-working class)	•전문기술이 없음 •좋은 직업을 얻기 힘듦 •학교교육을 중시여기지 않음

그리고 사회계층과 관련하여 사회를 보는 두 가지 주요한 이론적 관점인 기능주의 이론 및 갈등주의 이론에서는 사회계층 현상을 어떻게 보고 있는지를 상호·비교해 보면 <표 6-4>와 같다.

표 6-4 사회계층 현상에 대한 이론적 관점

기능주의 이론	갈등주의 이론
사회계층은 보편적 · 필연적이다.	보편적 현상이기는 하나 필연적인 것은 아니다.
사회계층 현상은 불가피하다.	필요성을 느끼는 자가 인위적으로 만들어 놓았으므로 불가피한 현상은 아니다.
사회조직이 사회계층 체계를 형성해 준다.	사회계층 체계가 사회조직을 형성해 준다.
계층은 통합과 조정, 화합과 결속 등의 사회 체제상 필요하여 출현한다.	개인 간 경쟁, 집단 간 경쟁, 정복, 갈등에서 파생된다.
계층은 공유, 공감하는 사회적 가치관의 표현이다.	계층은 지배, 권력집단의 가치관의 표현이다.
계층은 사회와 개인의 최적한 기능에 기여한다.	계층은 사회와 개인의 최적한 기능을 저해한다.
권력의 배분은 대체로 사회적으로 정당화된다.	권력의 배분은 정당화되지 않은 채 집중되어 있다.
일과 보상은 평등하게 할당되어 있다.	일과 보상은 불평등하게 할당되어 있다.
경제적 차원은 사회의 다른 차원에 종속적이다.	경제적 차원은 사회에서 지상의 것이다.
계층체계는 대개 진화 발전과정을 통해 변한다.	계층체계는 대개 혁명과정을 통해 변한다.

3. 사회계층의 결정요인

한 사회 구성원의 사회계층을 결정케 하는 요인들을 일일이 열거한다면 수없이 많을 것이다. 예를 들면 오래된 것이지만 Warner 등(1949)과 같은 학자는 사회계층을 결정하는 주요한 요인으로 ① 직업의 종류, ② 가옥의 종류, ③ 거주 지역, ④ 수입액, ⑤ 수입원, ⑥ 교육정도 등을 들고 있다. 이러한 결정요인들은 학자들마다 보는 관점에 따라 다양하게 제시될 수 있다. 여기에서 그것들을 모두 설명한다는 것은 불가능하다.

따라서 사회계층을 결정지어 주는 많은 요인들 중 가장 일반적으로 이용되고 있는 요인이라고 볼 수 있는 재산 및 수입, 직업, 교육, 주관적 계층의식에 대해 간략히 살펴보기로 한다(Horton & Hunt, 1976).

1) 재산 및 수입

재산 및 수입은 한 개인의 생활양식과 깊은 관련을 맺고 있다. 경제적 지위는 한 개인의 사회계층을 높이는 데 기여하고 있다. 재산 및 수입의 총규모뿐만 아니라 그것의 원천 등 질적인 면도 사회계층과 관련이 있다. 현대 사회에서 사회계층을 결정하는 데 매우 중요한 요인으로 간주되고 있는 것이 경제적인 측면이라 할 수 있다.

2) 직업

직업은 현대 사회에서 한 개인의 교육수준, 생활수준 등을 예측하는데 많이 활용되고 있다. 즉, 직업은 한 개인의 생활에서 수입이나 수준 등과 밀접한 관계를 맺고 있는 것이다. 사회계층의 결정요인으로 직업은 과거와는 달리 직업의 종류뿐만 아니라 직업에 따른 수입의 정도, 그 직업을 갖기 위해 필요한 필수적인 훈련이나 교육의 정도, 직업의 사회적 중요성, 권위의 정도 등도 중요하게 고려되고 있다.

3) 교육

수입, 직업 등과 더불어 매우 중요한 사회계층 결정요인은 교육이다. 왜냐하면 오늘날 수입과 직업은 교육과 밀접한 상관관계를 가지고 있기 때문이다. 한 개인이 얼마나 많은 학교교육을 받느냐 하는 것은 그 사람의 사회적 지위와 직접적으로 관련되어 있으며, 이후 사회계층을 결정하는 데 많은 작용을 한다.

4. 교육과 사회계층

오늘날의 사회에서 생존과 건강 다음으로 가장 기본적인 생활조건은 아마도 훌륭한 교육 또는 고등교육을 받을 수 있는 조건일 것이다. 사회가 점점

도시화 · 첨단과학화 됨에 따라 수입을 많이 올릴 수 있는 또는 선망되는 직업을 가지는 데에는 교육이 필수조건으로 되고 있다.

교육과 사회계층을 고찰함에 있어 두 가지의 경우를 생각할 수 있다. 첫째는 교육 특히 학교교육이 사회계층에 미치는 영향이며, 둘째는 사회계층이 교육 또는 학교교육에 미치는 영향이다. 개인이 얼마나 많은 학교교육을 받았느냐 하는 것이 그 사람의 일생동안의 사회적 지위 및 직업과 밀접한 관계를 가지며, 또한 학교교육도 개인이 속한 사회계층에 따라 많은 영향을 받는다는 연구는 많이 이루어졌다.

첫째, 교육 특히 학교교육이 사회계층에 미치는 영향을 고려해 보자.

오늘날과 같이 전문화된 지식과 기술이 사회적으로 요청되고 그런 지식과 기술이 고등교육을 통해 습득될 수밖에 없는 사회에 있어서 학교교육의 중요성은 크지 않을 수 없다. 학교교육에 관해서 거론되는 중요한 요소로서는 학교에 다닌 연한과 학위의 종류, 전공분야, 학교의 종류와 명칭, 학업성적 등이 있으며, 이들은 한 개인이 속한 사회계층과 밀접한 관련을 갖고 있는 것이다.

학교교육은 사회계층을 결정하는 중요한 요소일 뿐만 아니라 사회계층의 이동에도 적지 않은 영향을 끼친다. 일반적으로 교육은 수직적 사회계층이동과 관련이 있으며, 특히 상승적 이동에 끼치는 영향이 매우 크다고 알려져 있다.

둘째, 사회계층이 교육 특히 학교교육에 미치는 영향을 생각해 보자.

이에 대한 것은 먼저 계층별 교육관, 즉 교육을 보는 관점을 분석하는 것이다. 사회계층은 교육 특히 학교교육에 대해 각기 다른 가치를 부여하고 있다는 것이다. 하류계층의 경우 교육의 의미는 자아완성이나 인격완성에 있는 것이 아니라 노력과 좋은 직업획득 보장에 대한 즉각적인 효과에서만 의미를 갖는다. 중류계층에서는 교육에 대해 이른바 출세의 수단으로써 비교적 높은 가치를 부여하며, 물질적 성공과 계층의 상승이동의 통로로 생각하고 될 수 있는 한 높은 학업성취를 얻으려고 노력한다. 이러한 사회계층의 교육에 대한 다른 관점은 학생이 학교에 입한 한 후 학업성적, 학습태도, 교사와의 인간관계, 과외활동 등에서 나타난다.

이처럼 교육과 사회계층은 서로 상보적인 관계에 있다. 교육 특히 학교교육은 다른 요인들과 더불어 사회계층을 결정하는 데 매우 중요한 요인으로 간주되고 있으며, 이미 형성된 사회계층에서 교육을 어떻게 보느냐에 따라 교육 또는 학교교육의 모습은 달라질 수 있다. 따라서 교육은 사회계층에서 오는 부정적 영향을 얼마나 없애고, 교육기회의 평등을 사회정의의 차원에서 실현하느냐에 의해 그 성패가 좌우되는 것이다.

제3절 교육과 불평등

교육이 사회발전에 기여하는가에 대한 측면은 교육의 사회 평등화에 대한 공헌이다. 이러한 입장에서의 기본 가정은 학교 교육을 받을 기회의 확대가 교육의 평등화를 실현하고 이를 바탕으로 평등사회를 구현하는데 기여한다는 것이다. 교육기회의 평등(equality of educational opportunity)이란 사회 구성원들이 교육을 받을 기회를 균등하게 갖는 것을 의미한다. 즉, 개인의 능력과 개성에 따른 선택의 보장과 동시에 부당하게 차별을 받지 않도록 국가, 사회가 마련하는 혜택의 보장을 의미한다.

교육기회의 평등은 사회 구성원들에게 자신의 소득과 지위를 향상시킬 수 있는 가능성을 골고루 갖게 해주고, 보다 나은 삶의 구현으로 세대 간 계층 상속을 억제하고, 교육의 결과에 따라 계층상의 배치를 재분배하게 될 것이다. 또한 사회 · 경제적으로 소외된 아동들이 교육을 통해 그들의 능력을 개발함으로써 이를 통해 사회발전 및 사회정의 실현에 이바지할 수 있다는 것이다.

따라서 교육을 받을 기회가 능력에 따라 분배되고, 그 결과에 따라 사회계층이 형성되기 위해서는 교육의 기회가 지역별, 성별, 계층별로 고르게 분배되어야 하며, 개인의 배경요인인 귀속적 요인(ascribed factor)에 의해서가 아니라 업적요인(achieved factor)에 의해 사회적 지위가 분배될 때 교육기회의 균등은 이루어지는 것이다.

이러한 교육기회의 평등을 위한 노력의 일환으로 우리나라에서는 1959년도에 초등교육 의무화를 완성하였으며, 중학교 의무교육은 1985년도부터 실시하여 현재 읍·면·군 단위까지 실시하고 있다. 이러한 노력은 1998년 우리나라의 중학교 취학률은 99.9%, 고등학교 취학률은 95.6%이며, 고등교육 취학률은 74.3%로 보편화 단계에 있다(양용칠 외, 1999).

그러나 교육기회의 확대를 통한 사회평등은 양적인 증대에 의해서만 이루어지는 것은 아니다. 비록 양적으로 많은 교육기회의 확대가 이루어졌지만 여전히 성별, 인종별, 지역별, 가족배경별에 따른 차이가 존재하고 있다. 이에 뒷받침해 주는 유명한 두 가지 연구는 1966년의 Coleman Report와 1972년의 Jencks의 연구이다.

1. Coleman Report

Coleman Report 연구는 백인 학생들과 비교하여 소수인종 학생들의 교육기회와 학업수행 실태를 평가하는 것이었다. Coleman과 그의 동료들은 미국 내 학교 중 약 5%에 해당하는 5개 학년의 645,000명 학생들을 조사하였다. 이 조사에서 학생들을 대상으로 그들의 배경과 태도에 대한 정보를 수집하였고, 학교 행정가들을 대상으로 그들의 학교에 관한 질문지를 완성하게 하였다.

Coleman Report의 주요 연구결과를 제시하면 다음과 같다.

첫째, 학생의 가족배경은 그의 학업성취도에 미치는 가장 중요한 요인이며, 이 요인은 학생이 학교에 다니는 동안 계속 영향을 미친다.

둘째, 학교의 물리적 시설, 교육과정, 교사의 질 등은 학업성취도에 매우 미미한 영향을 미친다.

셋째, 학생집단의 사회적 구조는 가정환경과는 별도로 학교의 다른 요인보다 학생의 학업성취도에 큰 영향을 미친다.

넷째, 환경을 통제할 수 있는 학생의 신념과 태도는 학업성취도와 깊은 관계가 있다.

다섯째, 학교의 특성변인 중 학생구성 특성과 교사의 질이 학업성취도에 미치는 효과가 있으나 학업성취도의 전체 변량 중 10% 정도를 설명한다.

Coleman Report는 가족배경의 요인이 학교요인보다도 학생들의 학업성취도에 미치는 영향이 더 크다는 것을 보여주고 있다. 그리고 학교가 학생들의 학업성취도에 별 공헌을 하지 못하고 있으며, 사회적 평등을 위한 기능을 제대로 수행하지 못하고 있음을 보여주는 것이다.

2. Jencks의 연구

Jencks는 지난 25년간의 경험은 비록 소수인종과 백인사이의 교육 획득 차이가 줄어들었지만 성인들 간의 경제적 불평등은 여전히 계속 존재한다고 지적하였다. Jencks와 그의 동료들은 Coleman의 자료를 재분석한 후 다음과 같은 결론을 내렸다.

첫째, 학교는 졸업 후 사회에서 사람들의 지위를 거의 변화시킬 수 없다.

둘째, 학교개혁(school reform)과 보상교육(compensatory education) 프로그램들이 성인들 사이의 차이를 실질적으로 변화시키는 데 효과적인 것 같지 않다.

셋째, 아동들의 학교에서의 성취도는 하나의 주요 요인, 즉 그들의 가족에 의존한다. 가족의 배경과 교육에 대한 태도가 학교 경험의 주요 결정요인들이다. 가족배경이 개인의 직업지위(occupational status)의 전체 변량 중 48%를, 개인들 간 수입 차이의 전체 변량 중 15~35%를 설명한다.

3. 교육과 불평등에 대한 관점

교육에 있어서 불평등을 보는 관점은 크게 세 가지로 나누어 살펴볼 수 있다. 첫째는 접근기회에서의 불평등, 둘째는 과정에서의 불평등, 셋째는 결과에서의 불평등이다. 교육의 기회를 동등하게 부여하는 것뿐만 아니라 학생들을 변화시키는 교육의 과정(educational processes)에서도 똑같이 대우해야 하며 더 나아가서 학생들이 얻게 되는 학업성취까지도 동등한 수준으로 나타나야 한다는 입장이다.

1) 접근기회에서의 불평등

교육불평등은 학교 또는 교육에 접근할 수 있는 기회가 성별 · 거주지 · 사회경제적 지위 등에 따라 차별되는 것이 불평등을 야기한다는 입장이다. 이를 교육기회의 불평등이라고도 부른다.

2) 과정에서의 불평등

교육시설이나 교사의 질, 교육의 과정(educational processes) 등과 같은 교육조건 등에 있어서 학교 간 차이가 있으며 이러한 것이 불평등을 일으키고 지속시킨다는 것을 지적하고 학교 간의 교육의 과정의 불평등이 해소되지 않는 한 교육의 평등화는 실현되기 어렵다고 보는 입장이다.

3) 결과에서의 불평등

환경적인 제약(environmental obstacles)이 학력 증진에 불리하게 작용하며, 사회적 · 경제적 · 지역적인 격차가 학업 결과에서의 불평등을 야기 · 지속시키고 있음을 지적하고 있다. 자원배정에 있어서 보다 많은 자원이 벽지, 저소득층, 문화적 혜택을 받기 어려운 곳에 우선 중점적으로 투입되어지도록 하는 등의 조치는 학생 간, 계층 간, 지역 간의 교육불평등을 해소시키려는 방안이다.

4. 교육평등화의 과제

교육평등화는 교육기회의 균등뿐만 아니라 교육의 과정(processes)과 교육의 결과와 관련되어 해결되어야 할 과제로써 교육의 질적 제고를 위한 것이다. 이러한 교육평등화를 위해 해결되어야 할 과제를 몇 가지 살펴보면 다음과 같다.

첫째, 교육평등화의 통념에 관한 사고의 전환에 관한 방향으로 동일 분배의 의미를 지양한다.

둘째, 교육평등관에 따라 적극적 차등원칙을 적용하여 교육효과 또는 교육결과의 평등화를 이룩하려는 방향이다.

셋째, 학부모나 사회 일반이 학교교육에 거는 기대수준에서의 상대적 결손의식이 교육평등화를 저해하고 있으므로 이에 대한 사고의 전환이다.

넷째, 교육행정 당국이 교육현실에 대한 인식과 제도적 개선책, 보완책에 대한 적극적 실천에 관한 과제이다.

CHAPTER 07

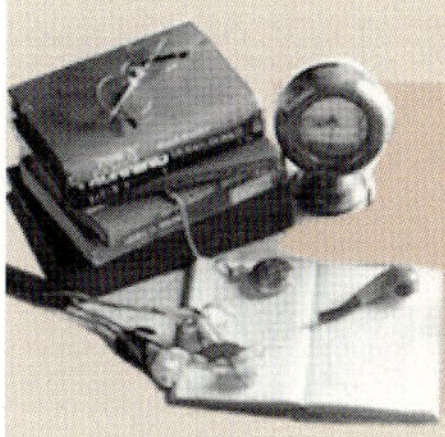

평 생 교 육

이 장에서는 평생학습사회의 도래에 따라 평생교육의 중요성에 대한 인식이 점점 더 고조되고 있는 시점에서 평생교육의 의미 및 필요성, 평생교육의 특성을 학교교육과 비교해 보면서 평생교육의 성격을 고찰해 본다. 그리고 서구의 성인교육 개념은 무엇인지를 살펴본다. 또한 우리나라 평생교육 정책에는 어떤 것이 있는지 알아본다. 마지막으로 평생교육이 하나의 보편화된 시민교육으로 발전하고 정착하기 위해 앞으로 시급히 해결해야 할 과제가 무엇인지를 제시해 본다.

제1절 평생교육의 성격

1. 평생교육의 의미

평생교육(lifelong education)의 개념은 어떤 관점에서 고찰하느냐에 따라 또 무엇을 강조하고 있느냐에 따라 조금씩 다르게 정의되고 있다. 그러나 평생교육의 성격을 개괄적으로 고찰해보기 위해 여러 학자나 기관이 제시하고 있는 평생교육의 정의를 살펴보는 것은 의미 있는 일이라 여겨진다.

먼저, 우리나라 평생교육법 제1장 총칙 제2조에서는 "평생교육은 학교교육을 제외한 모든 형태의 조직적인 교육활동을 말한다."라고 비교적 간단하게 규정하고 있다. 평생교육의 이론적 기초를 형성시킨 학자 중의 하나인 Lengrand(1973)는 사람이 태어나서 죽을 때까지 계속되는 교육의 과정은 통합적인 구조가 필요한 과정이며, 그 원리는 평생교육이고 이를 위해서 수직적 차원과 수평적 차원에서 교육의 통합이 필요하다고 역설하면서 평생교육이란 개인의 출생에서 무덤에 이르는 생애에 걸친 교육과 사회전체 교육의 통합이라고 정의하였다.

그리고 유네스코(UNESCO)한국위원회(1974)는 평생교육이란 문자 그대로 평생을 통한 계속적인 교육을 의미하며, 급변하는 현대 사회에서 일정 연령층을 대상으로 하는 한정된 기간의 교육으로서의 학교교육과는 다른 사회교육의 기능을 개편·강화하여 한 사회가 가지고 있는 교육자원을 효율화함으로써 교육역량의 극대화를 지향하려는 노력이라고 설명하였다.

한편 Dave(1976)는 평생교육을 개인과 집단의 생활의 질을 향상시키기 위해 개인의 전 생애를 통하여 개인적·사회적·직업적 발달을 성취하는 과정이라고 정의하면서 20가지의 평생교육의 개념 및 그 특징을 제시하고 있다. Dave가 제시한 20가지의 평생교육의 개념 및 그 특징 중 평생교육의 의미와 관련된 것들만 좀 더 상세히 살펴보면 다음과 같다.

첫째, 평생교육의 개념에 포함된 세 가지 기본적인 요목은 삶(life), 평생(lifelong), 교육(education)이다. 이들 각각의 요목에 부여된 의미와 해석은 평생교육의 범위와 의미를 결정한다.

둘째, 교육은 형식적 학교교육이 끝남과 동시에 종결되는 것이 아니라 평생을 통해 계속되는 과정이다.

셋째, 평생교육은 성인의 교육에만 한정되는 것이 아니라 취학전 교육, 초등교육, 중등교육 및 그 이후의 교육을 통합한다.

넷째, 평생교육은 형식(formal), 비형식(informal), 무형식(nonformal) 형태의 모든 교육을 포함한다.

다섯째, 평생교육은 수직적, 수평적 차원에서 계속성과 적합성을 추구한다.

여섯째, 평생교육은 수평적, 수직적 측면에서 인생의 모든 단계의 통합성을 추구한다.

일곱째, 평생교육은 정규 학교교육의 소수 정예형식과는 대조적으로 보편적인 특성을 지닌다.

여덟째, 평생교육은 그 내용, 학습도구, 학습기술, 학습시간에 있어서의 융통성과 다양성으로 특징지어진다.

아홉째, 평생교육은 교육을 받는 유형이나 형태에 있어서 선택이 가능하다.

열째, 평생교육은 일반적인, 그리고 전문적인 두 가지 요인을 포함하고 있으며 이들은 서로 완전히 다른 것이 아니고 관련되어 상호작용 한다.

열한째, 평생교육은 기존 교육체제의 결점을 보완하는 교정적 기능을 갖는다.

열두째, 평생교육의 궁극적 목적은 생활의 질을 향상·유지하는 것이다.

열셋째, 평생교육의 전제조건은 기회(opportunity), 동기유발(motivating), 교육가능성(educability)의 세 가지이다.

열넷째, 평생교육은 모든 교육의 조직원리이다.

열다섯째, 운영 수준에서 평생교육은 모든 교육의 총체적 체계를 마련해준다.

위에서 살펴본 여러 학자나 기관이 제시한 평생교육의 의미 및 특징을 종합적으로 고찰해 볼 때 평생교육이란 인간의 삶의 질을 향상시키기 위해 유아교육, 청소년교육, 성인교육, 노인교육 등 전 생애에 걸쳐 이루어지는 교육과 가정교육, 학교교육, 시민교육 등 형식, 비형식, 무형식적으로 이루어지는 교육을 통합하는 모든 형태의 교육활동이라 할 수 있다.

평생교육의 의미를 좀 더 폭넓게 이해하기 위해 학교교육과 평생교육을 서로 비교하여 살펴보면 <표 7-1>과 같다.

표 7-1 평생교육과 학교교육

구 분	평 생 교 육	학 교 교 육
연 령	전 생애	연령적으로 한정
학습내용	비계획적, 실용적 실생활과 밀접한 관계	지적, 계획적, 추상적, 획일적
교육활동	인격의 전체적이고 유기적인 발달을 고려	교육활동을 분리, 단절
교육목적	변증법적 견해의 계속적인 인간 탐구	문화유산 전달의 지식관
교육체제	사적, 비형식적, 비정형적, 다양화	공식적, 형식적, 정형적, 고정적
시 간	여가시간	학년력에 따름
형 태	상호작용, 능동적, 다양화	교사 중심적, 수동적

2. 평생교육의 필요성

오늘날 많은 국가에서는 평생교육의 중요성을 인식하고 성인학습자들에게 전 생애에 걸쳐 질 높은 평생교육을 제공해주기 위한 다양한 조치를 취하고 있다. 이러한 국가적인 차원에서의 노력은 각 국가가 지니고 있는 특성에 비추어 그 배경에 있어서 다양하다. 평생교육이 왜 필요하며 국가적인 차원에서 왜 절실히 요청되고 있는지를 살펴봄으로써 평생교육이 필요한 이유를 고찰해보기로 한다.

Lengrand(1973)는 평생교육의 필요성을 다음과 같이 설명하고 있다.

① 인간의 이상・관습・개념의 가속도적 변화
② 인구의 증가와 평균수명의 연장으로 인한 교육의 양적 확대와 질적 변화
③ 과학기술의 진보와 산업・직업구도의 변화
④ 정치의 변동
⑤ 정보매체의 발달과 정보처리 능력의 필요성 증대
⑥ 여가의 증대와 활용
⑦ 생활양식과 인간관계의 위기
⑧ 현대인의 정신과 육체의 부조화

⑨ 이데올로기의 위기에 있어서 정체감의 혼란

그리고 김종서 외(1987)는 평생교육이 필요한 이유로 다음과 같은 것들을 제시하고 있다.

① 지식과 정보의 폭발적인 증가와 노후화
② 기술혁신과 직업사회의 변화
③ 가치관과 생활양식의 급격한 변화
④ 여가시간의 증대
⑤ 인간수명의 연장
⑥ 교육권 보장에 대한 요구증대
⑦ 교육수준의 고도화
⑧ 인간교육의 필요성

또한 김병욱(2007)은 평생교육의 필요성으로 다음과 같은 점을 제시하고 있다.

① 지식 · 정보의 대량화와 및 단명화
② 학습주체의 변화
③ 교육의 확장
④ 여가의 증대
⑤ 비판적 의식 고취

이렇게 볼 때 평생교육의 필요성은 크게 개인적인 차원과 사회적인 차원으로 나누어 볼 수 있다. 개인적인 차원에서는 삶의 질을 향상시키기 위한 노력, 가치관의 변화, 폭발적인 지식의 증가에 적응하기 위한 새로운 지식의 습득,

교육권 보장에 대한 요구의 증대, 여가시간의 증가, 비판적 의식 고취 등을 들 수 있다.

사회적인 차원에서는 지식기반 사회의 도래, 인간수명의 연장, 첨단 정보사회의 도래로 인한 직업세계의 변화, 학습주체의 변화, 교육의 확장 등과 같은 것을 들 수 있다.

3. 평생교육의 이념 및 목적

우리나라는 평생교육의 이념을 법으로 규정하고 있다. 평생교육법 제1장 총칙 제4조에서는 평생교육의 이념을 다음과 같이 규정하고 있다.

① 모든 국민은 평생교육의 기회를 균등하게 보장받는다.

② 평생교육은 학습자의 자유로운 참여와 자발적인 학습을 기초로 이루어져야 한다.

③ 평생교육은 정치적, 개인적 편견의 선전을 위한 방편으로 이용되어서는 아니 된다.

④ 일정한 평생교육과정을 이수한 자에게는 그에 상응한 사회적 대우를 부여하여야 한다.

그리고 송병순 · 이영호(2000)는 평생교육의 이념으로 전체성, 통합성, 융통성, 민주성을 들고 있으며, 평생교육의 사회적 이념으로 학습사회 건설, 교육적 인간상으로 창조적 문화인으로 집약할 수 있다고 하였다.

① **전체성** : 평생교육은 개인적 · 사회적 차원에서 인간의 삶의 질을 향상시킨다는 목적에서 학교교육뿐만 아니라 학교 밖에서 이루어지는 모든 교육에 정통성을 부여해야 한다는 전체성의 성격을 갖는다.

② **통합성** : 다양한 교육활동을 유기적으로 유지시키고 학교교육과 사회교육을 통합한다는 것을 의미한다.

③ **융통성** : 교육의 형태, 내용, 방법 등을 다양화하고 융통성을 부여함으로

서 개인의 요구 및 사회의 필요에 부응하는 동시에 어떤 형편에 있는 학습자라도 교육받을 수 있게 해야 한다.

④ **민주성** : 국민 전체의 평생에 걸친 교육의 균등화 및 확대에 힘써 원하는 종류와 양질의 교육을 받을 수 있게 해야 한다.

4. 평생교육방법의 원리

평생교육은 학교교육과는 달리 학습에 참여하는 사람들의 성격과 요구에 따라 큰 차이가 있다. 참가자의 연령, 학력, 직업 등이 다양할 뿐만 아니라 이를 배경으로 한 학습의 정도가 서로 다르고 학습의 요구에도 많은 차이가 있다. 또한 학습자의 학습활동이 자발적 의사에 의해 진행되기 때문에 학교에서처럼 강제력이 작용할 수 없는 특징을 지니고 있다(송병순·이영호, 2000). 따라서 평생교육의 방법은 학교교육의 방법과는 달리 융통성 있게 상황에 따라 다양한 형식으로 이루어져야 할 것이다.

평생교육방법은 여러 가지 형태를 취할 수 있다. 여기에서 평생교육방법에는 어떠한 것들이 있는지를 살펴보기보다는 평생교육방법의 원리만을 살펴보기로 한다. 평생교육방법에 대한 구체적인 내용은 다른 평생교육 전문서적을 참고하기 바란다. 평생교육방법의 원리에 대해 송병순과 이영호(2000)가 정리한 것들을 요약하여 제시하면 다음과 같다.

1) 자기주도성의 원리

자기주도성의 원리란 평생교육에 참여하는 학습자들이 자발적으로 학습할 수 있도록 학습자들의 흥미와 관심을 유발시키는 것이며, 또한 학습자들이 학습활동에 계속 참여할 수 있도록 동기를 유발시키는 원리를 말한다.

2) 다양성의 원리

평생교육에 참여하는 학습자들은 연령, 학력, 계층, 직업, 지역, 능력 등에 있어서 다양하다. 이처럼 다양한 집단을 대상으로 하는 평생교육은 그 방법에 있어서 학습자의 특수성에 비추어 자유롭고 다양하게 적용되어져야 한다. 이를 다양성의 원리라 부른다.

3) 상호학습의 원리

상호학습의 원리란 학습자들끼리의 상호작용을 통하여 학습의 효과를 높이도록 여러 교육방법을 활용하는 원리를 의미한다. 이는 학습자의 다양성에 기초를 둔 원리이다.

4) 현실 적응의 원리

현실적응의 원리란 생활적응의 원리라고도 하며, 이는 평생교육의 방법, 즉 교육내용이나 교육방법이 학습자들의 현실 문제와 직접 관련을 맺고 있는 것이어야 한다는 원리이다. 따라서 평생교육방법은 학습자의 현실 문제를 해결해주고 직업적·사회적 역할 수행에 도움을 줄 수 있어야 한다.

5) 계속성의 원리

평생교육은 일정한 시점에서 끝나는 것이 아니고 학습자가 계속해서 학습에 참여할 수 있도록 평생교육방법을 개발하여 제공해 주어야 한다. 이를 계속성의 원리라 부른다.

6) 효율성의 원리

평생교육방법의 채택과 사용에 있어서 능률성과 효과성을 고려해야 한다는 원리이다. 아무리 좋은 평생교육방법도 시간적으로 경제적으로 비효율적이면 바람직하지 못하다는 것이다.

5. 서구의 성인교육 개념

성인교육(adult education)의 개념을 한마디로 정의하기는 어렵다. 일반적으로 성인교육은 성인을 대상으로 한 비형식적(nonformal) 교육활동이며, 형식교육(schooling)과 여가(recreation) 사이의 어느 곳에 놓여있는 다양한 사회활동이라고 정의된다(Courtney, 1989).

그러나 오늘날 사회와 문화의 급속한 변화와 첨단과학의 발달로 인하여 성인교육의 개념은 훨씬 더 복잡해지고 있으며, 그 목적과 기능은 과거의 그것과 크게 다르다고 할 수 있다. 성인교육을 나타내는 용어 또한 다양하다. 계속교육(continuing education), 평생교육(lifelong education), 지역사회 교육(community education), 성인학습(adult learning), 성인교육(andragogy), 성인 기본교육(adult basic education) 등과 같은 용어들이 성인교육, 즉 adult education과 비슷한 용어로 사용되고 있다(Courtney, 1989).

성인교육 개념을 좀 더 자세히 알아보기 위해 여기에서는 성인교육 개념을 유형화하였다. 이러한 시도는 시대적인 변화에 따라 성인교육 개념의 초점이 어디에 있으며, 성인교육 개념의 각 유형에서 강조하고 있는 바가 무엇인지를 알아보기 위한 것이다.

성인교육 개념은 그 시대의 사회, 문화적인 변화에 따라 여러 가지 형태로 정의될 수 있지만 크게 네 가지 정의의 범주로 나눌 수 있다. 첫째, 기관이나 조직의 활동으로서의 성인교육이다. 둘째, 성인들의 교육으로서의 성인교육이다. 셋째, 전문 분야 혹은 과학적인 학문 분야로서의 성인교육이다. 그리고 마지막으로, 목표와 기능에 의한 성인교육이다. 이 네 가지의 범주에 따라 성인교육 개념을 좀 더 자세히 살펴보기로 하겠다.

1) 기관이나 조직의 활동

기관이나 조직의 활동(the work of institutions)으로서의 성인교육에 대하여 Griffith(1970)는 '성인교육의 역사는 특수한 이익을 위해 봉사하는 기관이나 조직들의 설립, 성장, 발달, 그리고 붕괴로 설명될 수 있다'고 하였다. 그리고 Darkenwald와 Merriam(1982)이 지적한 것처럼, 수년 동안 성인교육을 형성케 한 조직들을 고려하지 않고는 성인교육 분야를 이해할 수 없다.

이러한 조직들은 크게 네 가지 유형으로 나눌 수 있다(Schroeder, 1970).

첫 번째 유형으로는 대안 성인고등학교(alternative adult high school)나 자유대학(free university)과 같이 성인교육이 중심적인 기능인 기관들이다.

두 번째 유형으로는 일반 학교나 대학과 같이 성인교육이 이차적인 기능인 교육기관들이다.

세 번째 유형으로는 도서관, 박물관, 그리고 건강단체와 같이 성인교육을 그 단체의 많은 기능들 중에 하나의 관련 기능으로 여기는 기관들이다.

마지막 유형으로는 산업기관, 정부, 노동조합, 교회, 교도소, 그리고 신문 방송과 같이 그 기관 자체의 특수한 이익을 위해 성인교육을 사용하는 기관들이다.

이러한 정의의 유형에서 성인교육은 바로 조직이나 기관들이 하고 있는 활동으로 볼 수 있다.

2) 성인들의 교육

성인들의 교육(the education of adults)으로서의 성인교육은 성인교육을 하나의 전문 분야로 생각할 수 있는 주요한 기초를 제공해 준다. Verner와 Booth(1964)가 주장한 것처럼, 성인교육이 일어날 수 있는 상황을 크게 두 가지로 나누어 볼 수 있다. 하나는 일상의 생활에서 일어나는 '일상적인 사회상황(everyday societal settings)' 이다. 그러나 이 상황에서 일어나는 학습은 우연적이고 비효율적이다. 다른 하나는 성인이 학습목표를 달성하도록 도와주기 위해 명세적인 학습절차를 사용하면서 일어나는 '형식적인 수업상황(formal, instructional settings)' 이다.

또한, 이와 관련하여, 성인학습을 형식적(formal), 비형식적(informal), 그리고 무형식적(nonformal) 학습이라는 세 가지 유형으로 구분할 수 있다. 자연적 학습은 성인 자신들이 일상생활을 통해 자연스럽게 배우는 평생학습 과정(lifelong process)을 의미한다. 이것은 Verner와 Booth가 말한 자연적인 혹은 우연적인 학습과 일치한다. 비형식적 학습은 학교나 대학과 같은 이미 설치되어 있는 형식적 체계 밖에서 일어나는 조직화된 성인교육을 의미한다.

따라서 이 범주의 정의에서는 성인들을 위한 하나의 체계적인 그리고 계획된 수업 프로그램의 부분을 성인교육이라고 볼 수 있으며, 형식적인 수업상황(formal, instructional setting)에서 성인이 학습목표를 성취하도록 도와주기 위해 명세적인 학습절차를 사용하면서 이루어지는 성인학습을 의미한다.

3) 전문분야, 혹은 과학적 학문분야

성인교육자들은 성인교육이 하나의 진정한 전문분야나 학문분야(a profession or scientific discipline)인지에 관해 오랫동안 논쟁을 벌여왔다. 성인교육을 하나의 전문분야, 혹은 학문분야로 여기는 성인교육자들은 성인교육에 있어서 훈련(training)과 준비(preparation), 그리고 그 훈련과 준비를 받쳐 주는 전문화된 지식체계를 강조한다. 그리고 성인들을 학습하도록 격려하고 그 학습과정에서 성인들을 도와주는 방법이 성인교육에 있어서 가장 유의미한 구성요소이다(Plecas & Sork, 1986).

따라서 이 유형의 정의에서는 성인교육을 일정한 기간 동안 집중적인 훈련과 준비과정을 통하여 성인들에게 지식체계를 전달하는 전문분야로 규정할 수 있다.

4) 목표와 기능에 의한 정의

목표와 기능(functions and goals)에 의해 성인교육을 정의하는 것이 아마도 성인교육과 다른 형태의 교육을 구분하기 위한 가장 일반적인 방법일 것이다. 현대 초기이후 성인교육 분야를 이끌어 온 대표적인 학자들은 성인교육의 주요 목적이나 목표를 통해 성인교육 개념의 본질을 파악하려고 노력하여 왔다. 예를 들어, Bryson(1936)은 성인교육의 목적으로 개선, 혹은 보충의(remedial) 목적, 직업적인(occupational) 목적, 관계의(relational) 목적, 정치적(political) 목적, 그리고 진보적(liberal) 목적을 들고 있다. 그리고 Grattan(1971)은 성인교육의 목적을 직업적인(vocational) 목적, 여가의(recreational) 목적, 정보적(informational) 목적, 그리고 진보적(liberal) 목적으로 구분하였다.

이들 두 학자들의 성인교육의 목적에 대한 분류에서 찾아볼 수 있는 공통점은 성인교육이 일, 혹은 노동과 관련된 교육과 훈련을 성인들에게 제공하기 위해 존재하며, 성인교육은 폭넓은 진보적인 기능을 가지고 있다는 것이다.

또한, 성인교육의 목적과 기능에서 중요한 개념은 요구(needs)의 개념이다. Knowles(1980)는 성인교육은 개인의 요구, 집단 혹은 조직의 요구, 그리고 사회의 요구를 충족시키기 위해 존재한다고 주장하였다. 따라서 목표와 기능에 의해 성인교육 개념을 정의할 때 성인교육은 체계적인 교육과 훈련을 통해 성인 개인의 요구와 더 나아가 조직이나 사회의 요구를 충족시켜 나가는 목표와 기능을 가지고 있다고 볼 수 있다.

성인교육 개념의 유형화를 통해 지금까지 살펴본 성인교육 개념은 각 유형에 따라 성인교육을 보는 시각이나 초점, 그리고 강조점이 조금씩 다름을 인식할 수 있다. 그리고 이러한 논의는 많은 성인교육자들에 의해 부단히 검토되어 온 내용들이며, 현대 성인교육 개념을 규정짓는 주요한 특징들임을 알 수 있다.

제2절 평생교육 정책

1. 평생교육법

「평생교육법」은 1999년 8월 「초·중등교육법」, 「고등교육법」과 함께 「교육기본법」의 중요한 영역으로 들게 되었다. 「평생교육법」은 총칙, 국가 및 지방자치단체의 임무, 평생교육사, 평생교육 시설, 보칙의 5장으로 나누어진 전문 32조와 부칙으로 구성되어 있으며, 이를 시행하는 데 필요한 구체적 지침인 「평생교육시행령」과 「평생교육시행규칙」이 있다. 「평생교육법」의 주요 골자는 국가 및 지방자치단체의 임무, 평생교육과 평생교육사의 정의, 평생교육 시설의 설치, 전문인력 정보은행제, 학습계좌제, 평생교육사의 자격 요건, 학교 형태의 평생교육시설, 사내대학, 원격대학, 원격교육시설, 사업장부설 평생교육시설, 시민사회단체 부설 평생교육시설, 학교부설 평생교육시설, 언론기관 부설 평생교육시설 및 자격 취득을 위한 준비 등에 관한 것이다(김병욱, 2007).

「평생교육법」은 국가 및 지방자치단체, 교육인적자원부, 시 · 도교육감이 각각 다음의 영역을 관장하도록 규정하고 있다. 국가 및 지방자치단체는 평생교육시설의 설치, 평생교육사의 양성, 평생교육프로그램 개발 및 평생교육 기관의 보조 등을 통해 국민의 평생학습 기회를 부여한다. 교육인적자원부는 평생교육의 연구나 평생교육 종사자 연수 등 평생교육센터의 기능을 수행해야 한다. 시 · 도 교육감은 관할 지역주민을 위한 평생교육프로그램과 평생학습관을 운영해야 한다.

「평생교육법」은 대학에서 평생교육 관련과목을 이수하거나 평생교육사 양성기관의 교육과정을 이수한 사람에게 평생교육사 자격증을 주도록 하고 있다. 「평생교육법」에 따르면 평생교육시설을 설치 · 운영하려는 자는 일정한 시설 · 설비를 갖추어 교육감에게 등록해야 하고, 교육감은 이를 고등학교 졸업 이하의 학력이 인정되는 시설로 지정할 수 있다. 일정 규모 이상의 사업장 경영자도 교육인적자원부의 인가를 받아 전문대학 또한 대학 졸업과 동등한 학력 · 학위가 인정되는 사내대학 형태의 평생교육시설을 설치 · 운영할 수 있다. 또 정보통신매체를 이용해 평생교육을 실시하는 주체도 교육과학기술부의 인가를 받아 원격대학 형태의 평생교육시설을 설치 · 운영할 수 있게 되었다.

이러한 평생교육 과정을 이수한 사람은 「학점인정 등에 관한 법률」에 따라 학점 또는 학력을 인정받을 수 있게 되었다. 또 유급학습휴가제, 사내대학, 대학의 시간제 등록, 가상대학 등을 권장하면서 학력을 취득할 수 있도록 학점은행제, 독학, 문하생제, 학습계좌제 등을 권장하고 있다. 학점은행제는 대학 부설 평생교육원 등 교육부의 지정을 받아 교육훈련기관에서 학점을 따거나 자격증 또는 무형문화재 이수 경력을 학점으로 인정받으면 학사 또는 전문학사 학위를 취득할 수 있는 제도이다. 이는 1998년에 도입되어 2005년부터 외국인에게도 개방하였는데, 2007년 2월 기준 76,833명이 졸업했다. 2005년부터 간호 · 보건 계열 전공의 학사학위 취득도 가능해지면서 2007년 2월 처음으로 간호학 학사학위 취득자 366명이 배출되었다(김병욱, 2007).

2. 국가평생교육진흥원의 설립

1999년 공포된 평생교육법에 따라 2000년 3월 29일에 한국교육개발원에 평생교육센터가 설립되었다. 평생교육센터는 새로운 평생교육법(2007년 12월 14일 공포)에 따라 그 업무 일체가 평생교육진흥원으로 이관되었다. 또한 한국교육개발원에서 운영하던 학점인정에 관한 업무와 한국방송통신대학교의 관할이었던 독학에 의한 학위취득에 관한 업무도 평생교육진흥원에 통합되었다. 따라서 국가평생교육진흥원은 평생교육법 제19조에 따라 새로 설립된 기구이며 2008년 2월 5일에 개원하였다(김종서 · 김신일 · 한숭희 · 강대중, 2011).

국가평생교육진흥원의 주요 업무를 살펴보면 평생교육진흥을 위한 기본계획 수립의 지원, 진흥위원회가 심의하는 기본계획 수립의 지원, 평생교육프로그램 개발의 지원, 제24조에 따른 평생교육사를 포함한 평생교육 종사자의 양성·연수, 평생교육기관간 연계체제의 구축, 제20조에 따른 시·도 평생교육진흥원에 대한 지원, 평생교육 종합정보시스템 구축·운영, 「학점인정 등에 관한 법률」 및 「독학에 의한 학위취득에 관한 법률」에 따른 학점 또는 학력인정에 관한 사항, 제23조에 따른 학습계좌의 통합 관리·운영, 이 법 또는 다른 법령에 따라 위탁받은 업무, 그 밖에 진흥원의 목적수행을 위하여 필요한 사업 등이다.

3. 평생학습도시

평생학습도시란 개인의 자아실현, 사회적 통합증진, 경제적 경쟁력을 제고하여 궁극적으로 개인의 삶의 질과 도시전체의 경쟁력을 향상시킬 수 있도록 언제, 어디서, 누구나 원하는 학습을 즐길 수 있는 학습공동체건설을 도모하는 총체적 도시재구조화운동이다. 동시에 지역사회 의 모든 교육자원을 기관 간, 지역사회 간, 국가 간 연계시킴으로써 네트워킹 학습공동체를 형성하려는 지역시민에 의한, 지역시민을 위한 지역사회 교육운동이다.

그리고 교육부는 전국의 각 지역을 대상으로 평생학습도시 만들기 사업에 대한 정책적·재정적 지원 사업을 실천하고 있다. 여기서 평생학습도시사업이란 신규평생학습도시 지정 및 기 지정된 평생학습도시 지속 지원을 통한 평생학습도시 정착과 활성화를 유도하고, 주민의 직업능력 향상과 고용기회 확대를 통해 지역 경제를 활성화하기 위해 추진되는 정책 사업이다. 특히 광역-기초자치단체간의 연계를 통한 지역 평생교육을 활성화하고 사업별 성과관리를 통한 평생학습도시 질 관리 체제를 구축하기 위해 평생학습도시를 대상으로 다양한 세부 지원 사업들이 추진되고 있다. 평생학습도시사업 추진 근거는 평생교육법 제15조(평생학습도시) 제1항 및 제2항이다.

4. 평생학습계좌제

평생학습계좌제란 정보시스템 상에 개인별 학습계좌를 개설해 정규학교 교육 외 개인적 학습결과를 누적, 관리해 학력이나 자격인정과 연계하거나 고용정보로 활용할 수 있게 하는 제도이다. 평생학습계좌제는 계속 학습을 하는 국민이 우대받아 모든 국민이 학습하는 풍토조성을 위한 제도이다. 즉, 교육의 양극화가 소득의 양극화를 불러일으킨다는 점에서 교육기회 균등은 매우 중요하다고 할 수 있다. 또한, 이는 다양한 교육기관에서 일정 교육과정을 이수하면 교육마일리지를 적립하여 취업이나 진학에 인센티브를 주고, 또한 특정한 분야의 지역인적자원을 개발할 수 있다는 점에서 생산성 있는 평생학습의 기반이 될 수 있다. 또한 사회적 소외계층에게는 학습프로그램 참여를 지원하는 등 자기주도적 능력개발 기회 제공을 확대해 전 국민의 평생학습이 활성화될 수 있도록 하는 데 목적이 있다.

5. 학점은행제

학점은행제란 「학점인정 등에 관한 법률」에 따라 학교 안팎에서 이루어지는 다양한 학습과 자격을 학점으로 인정하여 전문대학 또는 대학교와 동등한 학위를 수여하는 제도이다. 학점은행제 학위는 「고등교육법」에 의한 대학교 또는 전문대학 학위와 동등하며, 교육부장관이 수여하는 방식과 대학(교)의 장이 수여하는 방식이 있다. 학사 학위는 140학점 이상, 전문학사 학위는 80학점 이상(3년제는 120학점 이상)을 인정받아야 한다.

6. 독학학위제

독학에 의한 학위 취득제(독학학위제)란 「독학에 의한 학위취득에 관한 법률」에 따라 스스로 학습한 정도가 학사학위 취득의 수준에 도달하였는지를 시험으로 측정하여, 합격한 사람에게 학사학위를 수여하는 제도이다. 현재 전공분야에는 국어국문학, 영어영문학, 경영학, 법학, 행정학, 유아교육학, 가정학, 컴퓨터과학, 간호학이 있다.

제3절 평생교육의 과제

평생교육이 평생학습체제 속에서 누구나, 언제, 어디서나 원하는 학습을 받을 수 있는 교육체제를 구축해 나가기 위해서는 앞으로 해결해야 할 많은 과제가 산적해 있다. 이러한 과제들을 요약 · 정리해 보면 다음과 같다(양용칠 외, 1999; 송병순 · 이영호, 2000).

첫째, 평생학습과 형식적 교육제도와의 상호보완적인 관계에 대한 기본적 합의가 이루어져야 한다. 그러기 위해서는 국민의 생애 발달단계에 따른 교육에 대한 개인적, 사회적 요구가 수렴되어야 하고, 평생교육기관의 질 관리 및 교육성과에 대한 정통성 부여와 관련된 기본원칙을 확립해야 한다.

둘째, 평생교육은 사회구성원들의 다양한 교육적 요구(educational needs)를 충족시켜주기 위하여 다양하고 질 높은 교육프로그램의 제공과 더불어 대도시에 편중되어 있는 평생교육시설을 전국적으로 확산 · 운영해야 한다.

셋째, 같은 유형 내에서의 평생교육프로그램들 간에는 지역성과 대상기관의 특수성, 수요의 차별성 등이 고려되어야 한다. 예를 들면 청소년의 경우에는 청소년의 발달단계에 맞춘 심성계발과 인간관계 개선을 위한 인성교육프로그램 및 체력단련프로그램, 국제화에 맞는 국제화교육이 필요할 것이다. 노인의 경우는 고령화 사회에 따른 노령인구의 재활용과 재사회화에 적합한 평생교육프로그램을 개발하여 제공해야 할 것이다.

넷째, 평생교육프로그램의 효율적인 운영을 위하여 다양한 대중매체를 적극적으로 활용해야 한다. 위성교육방송, 인터넷을 통한 원격교육(distance education) 및 화상교육, 주문형 비디오교육(Video On Demand : VOD) 등의 적절한 활용을 통해 수요자들에게 다양하고 양질의 프로그램을 제공해 주어야 한다.

다섯째, 인터넷을 통한 최신의 정보제공과 새로운 아이디어의 축적을 위하여 학교, 산업체, 평생교육기관, 지역사회 간을 연계해 줄 수 있는 정보인프라망(information infra network)을 설정하기 위해 중앙과 지역 간의 유기적인 상호작용을 위해 대단위 네트워크(network)를 구축할 필요가 있다.

여섯째, 컴퓨터의 소프트웨어에 해당하는 평생교육프로그램의 개발에 박차를 가해야 한다. 교육수요자의 요구가 더욱 더 다양해지고 있으므로 기존의 프로그램을 가지고는 이러한 요구에 맞추기가 불가능하다. 따라서 시대에 걸

맞는 새로운 프로그램을 적극 개발하여 시행할 필요가 있다.

일곱째, 평생교육에 대하여 국가나 지방자치단체가 보다 많은 재정적 지원을 해야 한다. 이와 더불어 사회복지 차원에서 평생교육기관 설치 및 운영에도 재정 지원을 할 필요가 있다.

마지막으로, 교육기본법에서 제안된 평생교육권을 실행하기 위하여 기업·직장 내에서 평생학습권을 보장하는 제도를 정착시켜야 할 것이다. 직장에서 일정기간 휴가가 보장되어 있듯이 직종이나 직급에 따라 교육과 훈련을 위한 재정 지원이 보장되어야 하며, 교육과 훈련의 결과가 업무 향상과 연결될 수 있는 인정제도의 고안이 필요하다.

CHAPTER 08

다문화사회와 교육

제1절 다문화사회의 의미

세계화 · 국제화 속에서 우리나라가 경험하는 가장 두드러진 현상은 우리사회가 다인종 다문화사회로 이행하고 있다는 것이다. 이러한 추세는 몇 가지 통계가 보여주는 사례를 통해서도 두드러지게 나타난다. 최근 5~6년 전부터 우리나라도 외국인 수가 100만 명을 넘었으며 우리 사회도 이제는 다문화사회로 접어들었다고 볼 수 있다.

우리나라에 들어와 있는 외국인 수는 2011년 현재 126만여 명에 이르며 이미 우리나라가 자랑하는 단일민족 단일문화의 개념은 이미 깨어졌다. 우리나라 다문화사회의 과정은 88서울올림픽 이후 국민 소득수준이 증가함에 따라 내국인들이 3D업종 종사를 회피함으로써 정부에서 외국인 근로자들을 받아들였으며, 그 수가 점차 증가하게 되어 현재는 약 65만 명이 넘었고 또한 92년도 중국과 수교 이후 중국동포들이 들어와 그 수가 45만 명이 되며 이중 5만 명 정도가 국적취득 또는 회복을 하여 한국인으로 생활하고 있다.

이러한 통계들은 이주 노동자의 유입, 결혼 이주민의 증가, 다국적 기업과 교육 분야의 기술 전문 인력의 증가 추세를 보여 주며 유학생과 관광객의 증가를 감안하면 우리사회를 근본적으로 변화시킬 독립변수로 등장하고 있다. 우리나라에 거주하는 외국인의 수가 증가함은 한국사회의 잠재된 미래를 가늠하는 바로미터가 된다. 세계화에 수반되는 인적 교류와 접촉의 증가는 충돌과 갈등의 가능성을 내포하지만, 동시에 한국 사회의 역동적이고 창조적인 변화를 위한 가능성으로 작용할 수 있기 때문이다.

다문화는 multiculture를 의미하며, 결혼이민자뿐만 아니라 외국인가족(외국인 근로자, 중국동포, 유학생, 새터민 등)을 모두 포함하는 다양한 문화적 환경이 공존하고 있는 형태를 다문화사회라 정의한다. 다문화사회의 정의를 좀 더 구체적으로 살펴보면 다문화사회란 민족적 · 문화적 다양성이 의미 있게 부각된 사회로(외국인정책위원회, 2008: 7), 언어, 종교, 관습, 가치관, 국적, 인종, 민족 등 다양한 문화적 배경을 가진 이민자 등이 사회구성원으로 참여하여 이루어진 사회를 말한다(장지표, 2008: 1~2).

넓은 의미에서는 한 사회에 존재하는 다양한 소수자 집단이 표출하는 다양한 문화적 특성을 의미하고, 우리나라의 경우에는 결혼이민자의 증가, 외국인 노동자, 탈북자, 화교 등 외부에서 들어온 소수자들의 인종적 · 민족적 · 문화적 다양성에 대한 인식을 의미한다(한승준 외, 2009: 120). 최근 법무부의 정책자료에 따르면 다문화사회란 "언어, 종교, 관습, 가치관, 국적, 인종, 민족 등 다양한 문화적 배경을 지닌 이민자 등이 사회구성원으로 참여하여 이루어진 사회"를 뜻하는 것으로 규정(장지표, 2008)하였다.

우리나라 다문화사회의 특징은 다음과 같이 요약될 수 있다(구정화 · 박윤경 · 설규주, 2009: 34~37).

첫째, 우리 사회의 외국인 인구는 큰 폭으로 증가하였지만 주요 국가들과 비교했을 때 전체 인구에서 외국인이 차지하는 비율은 매우 낮은 수준에 머물고 있다. 우리나라의 외국인 비율은 1995년 0.27%에서 2008년의 1.8%로 상당히 늘어났지만 다른 세계도시와 비교하면 매우 낮은 수준이다. 외국인 비율이 가장 높은 곳은 경기도, 서울, 인천의 순으로 대부분 수도권에 집중되어 있으

며, 나머지는 농어촌지역에 한정되어 있다.

둘째, 이민자의 출신국가가 대부분 주변 아시아 지역에서 유입되고 있으며, 노동자 유입과 결혼이민자 유입 모두 경제적 동기에 기인한다.

셋째, 농어촌 지역에서 국제결혼이 증가하면서 한국인 남편과 외국인 아내로 구성되는 다문화가정이 증가하고 있다. 이미 우리사회의 국제결혼율은 10%를 상회하고 있는데, 2006년에는 3만 9천 건으로 전체 결혼 중에서 국제결혼율이 11.9%를 차지하였으며, 특히 농촌지역의 경우 27.4%로 4건 중 1건을 차지하는 것으로 나타났다. 국제결혼에 의한 다문화가족의 단기간에 폭발적으로 증가하는 현상은 외국에서 그 유래를 찾기 힘든 우리나라만의 독특한 특징이다. 그리고 다문화가정에 대한 다문화정책의 방향은 자연스럽게 동화주의 정책을 지향하게 된다.

넷째, 현재에도 우리나라 정부와 내국인들의 다문화정책에 대한 관심은 다문화가족을 중심으로 온정적으로 이루어지고 있다. 또한 우리나라의 다문화정책은 다양한 이주자 가운데 여성결혼이민자나 다문화가족 자녀와 관련되어 거론될 뿐이며, 이주자 가운데 가장 많은 수를 차지하는 외국인 노동자는 다문화정책의 핵심에서 배제되고 있는 실정이다(김이선, 2007: 171~172). 또한 내국인들의 여성결혼이민자와 외국인 노동자에 대한 태도 역시 이중적 태도를 형성하고 있다.

제2절 다문화교육정책

외국인근로자, 국제결혼이주여성, 새터민 등의 증가로 인해 다문화가정(multicultural family)의 형성 속도가 가속화되면서 우리사회는 빠르게 다문화사회가 되었다. 다문화사회로 인해 사회의 각 분야는 많은 변화를 겪고 있고, 정부 및 지방자치단체는 다문화사회에 대처하기 위한 각종 정책을 수립하여 시행하고 있다. 이 가운데 다문화가정에서 성장하고 있는 자녀들을 위한 교육은 매우 중요한 과제로 부각되고 있다.

각종 통계자료에 따르면 아직 다문화가정 자녀들의 취학연령이 낮아 초등학교에 재학하는 경우가 많다. 그러나 다문화사회 또는 다문화가정을 연구하는 많은 학자들은 향후 이 자녀들이 중학교 그리고 고등학교에 재학하는 연령이 되었을 때를 우려하고 있다. 그 이유는 우리나라처럼 제도권교육을 강조하고 제도권교육을 통한 대학입학 등을 강조하는 경우 다문화가정 중·고등학교 자녀들의 대학입학 및 사회진출 등은 매우 어려울 수 있기 때문이다.

이러한 배경 속에서 다문화가정 자녀들의 교육을 지원하고 이들이 우리사회에서 성공적인 삶을 살아갈 수 있도록 돕기 위하여 정부 및 지방자치단체, 민간단체 등은 다양한 노력을 기울이고 있다. 다문화사회에서 다문화가족 자녀들을 위한 양육 및 교육 지원의 근간을 이루고 있는 것은 2008년 3월 21일 제정된 「다문화가족지원법」이라 할 수 있다. 따라서 다문화가족 자녀들을 위한 양육 및 교육 지원을 주로 담당하고 있는 여성가족부와 교육과학기술부의 다문화 관련 교육정책을 이해하기 위해서는 「다문화가족지원법」(2012년 2월 1일 개정)을 살펴볼 필요가 있다.

「다문화가족지원법」은 목적, 주요 용어의 정의(다문화가족, 결혼이민자등), 국가 및 지방자치단체의 책무, 실태조사, 전문 인력 양성 등에 대한 내용을 법으로 규정하고 있다. 특히, 다문화가족을 지원하기 위한 정부 및 지방자치단체의 역할을 명확히 규정하고 있다. 「다문화가족지원법」에 나타난 주요 다문화 정책을 살펴보면 다음과 같다.

첫째, 다문화가족정책에 관한 기본계획의 수립이다. 여성가족부장관은 5년마다 다문화가족정책에 관한 기본계획을 수립하고 있다. 다문화가족정책에 관한 기본계획은 ① 다문화가족 지원 정책의 기본 방향, ② 다문화가족 지원을 위한 분야별 발전시책과 평가에 관한 사항, ③ 다문화가족 지원을 위한 제도 개선에 관한 사항, ④ 다문화가족 지원을 위한 재원 확보 및 배분에 관한 사항,

⑤ 그 밖에 다문화가족 지원을 위하여 필요한 사항을 포함하고 있다. 이에 근거하여 여성가족부는 2012년 「제2차 다문화가족정책 기본계획(2013~2017)」을 수립·발표하였다.

둘째, 다문화가족정책위원회의 설치이다. 다문화가족정책에 관한 기본계획에 대한 심의·조정을 위하여 국무총리 소속 다문화가족정책위원회를 설치하고 있다. 다문화가족정첵위원회의 심의·조정사항은 ① 다문화가족정책에 관한 기본계획의 수립 및 추진에 관한 사항, ② 다문화가족정책의 시행계획의 수립, 추진실적 점검 및 평가에 관한 사항, ③ 다문화가족과 관련된 각종 조사, 연구 및 정책의 분석·평가에 관한 사항, ④ 각종 다문화가족 지원 관련 사업의 조정 및 협력에 관한 사항, ⑤ 다문화가족정책과 관련된 국가 간 협력에 관한 사항, ⑥ 그 밖에 다문화가족의 사회통합에 관한 중요 사항으로 위원장이 필요하다고 인정하는 사항이다. 다문화가족정책위원회는 위원장 1명을 포함한 20명 이내의 위원으로 구성되어 있고, 위원장은 국무총리이다.

셋째, 실태조사이다. 여성가족부장관은 3년마다 다문화가족에 대한 실태조사를 실시하고 그 결과를 공표하고 있다. 실태조사의 목적은 다문화가족의 현황 및 실태를 파악하고 다문화가족 지원을 위한 정책수립에 활용하기 위한 것이다.

넷째, 교육지원대책의 마련이다. 국가와 지방자치단체는 다문화가족 구성원인 아동이 학교생활에 신속히 적응할 수 있도록 교육지원 대책을 마련하고 있다. 이를 대해 교육과학기술부는 2012년 「다문화학생 교육 선진화 방안」을 발표하였다.

다섯째, 다문화가족지원센터의 설치·운영이다. 다문화가족지원센터에서 수행하는 주요 업무는 ① 다문화가족을 위한 교육·상담 등 지원사업의 실시 ② 결혼이민자 등에 대한 한국어교육, ③ 다문화가족 지원서비스 정보제공 및 홍보, ④ 다문화가족 지원 관련 기관·단체와의 서비스 연계, ⑤ 일자리에 관한 정보제공 및 일자리의 알선, ⑥ 다문화가족을 위한 통역·번역 지원사업,

⑦ 그 밖에 다문화가족 지원을 위하여 필요한 사업이다.

여섯째, 다문화가족지원사업 전문 인력의 양성이다. 국가 또는 지방자치단체는 다문화가족지원 및 다문화 이해교육 등의 사업 추진에 필요한 전문 인력을 양성하는 데 노력하여야 한다.

다문화가정 자녀들을 위한 교육은 정부와 지방자치단체를 통해 이루어지고 있는 다문화 관련 지원정책이 주종을 이루고 있다. 특히 국제결혼 가정, 그 중에서도 한국 남성과 외국 여성의 국제결혼 가정을 주된 대상으로 여성들과 그 자녀들에 대한 지원을 중심으로 전개되고 있다(안경식 · 김동광 · 김향은 · 김회용 · 박천응 · 이철호 · 장인식, 2009, 48). 국제결혼이주여성들과 그 자녀들에 대한 정책을 총괄하는 부처는 여성가족부이다. 여성가족부에서는 국제결혼 이주자들의 체계적인 한국어 교육을 위해 수준별 한국어 교재를 발간하였고, 결혼이민자가족 지원센터를 통해 한국어 교육과 찾아가는 서비스, 아동양육 사업 등을 실시하여 왔다. 또한 가족교육 및 문화이해교육을 실시하고, 가족상담, 배우자교육, 멘토링 및 후원가족 매칭 등의 사업을 진행하는 등 결혼이주자의 입국부터 결혼과 자녀양육에 이르기까지 다양한 영역에 걸친 지원서비스를 도입해 왔다.

여성가족부의 「2013년도 업무추진계획」에 따르면 다문화가족 지원과 관련하여 '다문화가족의 따뜻한 이웃으로 다가가겠다.'라는 기조 아래 국제결혼이 건전하게 이루어질 수 있도록 제도 개선은 물론, 결혼이민자의 현지 사전교육을 내실 있게 추진할 계획이다. 또한 언어발달지도사를 200명에서 300명으로 늘리며, 초등학생 이하 자녀의 언어(한국어)발달을 위한 지원서비스를 확대시키고, 다문화가족 가족생활지도사 1,400명을 배치하여 초등학교 입학 전 생활지원, 입학 후 학교적응 및 기초학습 지원을 위한 방문 돌봄 서비스를 제공하는 등 우리 사회의 다음 세대인 다문화가족 자녀의 건강한 성장을 위한 맞춤형 교육을 강화할 계획이다. 아울러 다문화 이해교육 전문강사를 양성하고 대상별 교육을 강화하며, 다문화가족 수용성 제고를 위한 TV 홍보 및 캠페인 전개를 통해 다문화를 이해하는 국민의식의 수용성을 높일 계획이다(여성가족부, 2013).

또한 여성가족부는 「다문화가족지원법」 제3조의 2에 근거하여 「제2차 다문화가족정책 기본계획(2013~2017)」을 수립하였다(여성가족부, 2012). 「제1차 다문화가족지원정책 기본계획(2010~2012)」이 2012년 마무리됨에 따라 관계부처 합동으로 「제2차 다문화가족정책 기본계획(2013~2017)」을 마련하였다. 「제2차 다문화가족정책 기본계획」은 '활기찬 다문화가족, 함께하는 사회'를 비전으로, ① 사회발전 동력으로서의 다문화가족 역량 강화, ② 다양성이 존중되는 다문화사회 구현을 목표로 하고 있다. 결혼이민자의 한국 거주기간이 점차 길어짐에 따라 결혼이민자의 취업지원과 자녀세대의 학교생활 적응 등 다문화가족 구성원의 역량 강화에 중점을 두었으며, 다문화가족의 사회통합에 대한 기본 관점을 정립하고, 법·제도적·실질적 사각지대를 해소하여 진정한 다문화사회를 구현하고자 하였다.

「제2차 다문화가족정책 기본계획」의 정책과제(6대 영역, 86개 세부과제)는 실제적으로 지원이 필요한 다문화가족에게 서비스가 제공될 수 있도록 소득 수준, 거주기간 등을 고려하여 합리적으로 차등 지원·추진해 나갈 계획이며, 향후 추진할 주요 사업은 다음과 같다.

첫째, 다양한 문화가 있는 다문화가족 구현을 위해 주요 상대국과의 결혼 시 상대국의 제도·문화 교육을 강화하고, 가족관계 증진을 위해 다문화가족 통합교육을 강화해 나갈 것이며, 쌍방향 문화교류 확대 및 사회적 지지 환경 조성을 위해 아리랑TV에 다언어 프로그램을 편성하고, 장기적으로 기존 방송국의 특정 시간대를 구매하여 케이블 다문화방송을 추진할 것이다.

둘째, 다문화가족 자녀의 성장과 발달 지원을 위해 다문화가족 학생이 정규 학교에 배치되기 전 사전 적응교육을 받을 수 있도록 예비학교를 전국적으로 운영('12년 26개소→'13년 24개소 추가 총 50개소)하는 한편, 다문화가족 자녀가 학교생활에 어려움을 겪지 않도록 초등학교 입학 전 프로그램을 개발·실시하며, 언어 · 수학 · 과학 · 예체능 등 영역별 우수 학생을 육성(연 300명)해 나갈 것이다.

셋째, 안정적인 가족생활 기반 구축을 위해서는 결혼이민자 사증 심사 시 초청자의 실질적 피초청자 부양가능 여부 심사 등 국제결혼 사증심사를 강화하고, 대상자별 특성에 따른 맞춤지원을 위해 다문화가족지원센터에 '다문화가족 코디네이터'를 양성 · 지원하고, 연도별로 확대 배치(2013년도 50명 신규 배치 시범실시 후 확대 추진)해 나갈 계획이다. 또한, 가족해체 예방을 위한 가족 교육을 강화하고, 맞벌이 다문화가족 자녀의 돌봄 서비스 우선 지원 및 결혼이민자 한부모가족 등에 대한 지원 확대 등 가족차원의 서비스도 강화해 나갈 것이다.

넷째, 결혼이민자의 사회경제적 진출 확대를 위해서는 결혼이민자를 채용하는 (예비)사회적 기업에 최저임금 수준 인건비 및 보험료를 지원하고, 사회서비스 일자리 발굴 및 반듯한 시간제 일자리를 적극 알선해 나갈 것이며, 결혼이민자의 사회참여 확대를 위해 민간단체 지원 사업 선정 시 결혼이민자 활동 비율이 높은 경우 가점을 부여할 계획이다.

다섯째, 다문화가족에 대한 사회적 수용성 제고를 위해 인종 · 문화 등 차별에 대한 법 · 제도를 개선하고 일반국민의 다문화 이해 제고 및 다양한 문화를 인정하는 사회문화를 조성할 것이며(차별금지법 · 문화다양성 보호와 증진에 관한 법 마련, 문화예술진흥법 · 문화산업진흥기본법 · 문화예술교육지원법 등 개정 추진), 다문화가족 구성원의 입영에 따른 병영 환경 조성을 위해 간부 및 일반장병 대상 다문화 이해 교육을 실시하고, 소수 종교자에 대한 배려를 제공할 계획이다.

여섯째, 다문화가족의 추진체계 정비를 위해 다문화가족 분포, 중 · 장기 센터 이용 수요 등을 고려하여 '다문화가족지원센터 장기발전방안'을 마련하고, 이주노동자 가족, 유학생 가족 등 합법적으로 체류하고 있는 외국인 가족에 대하여는 가족상담 · 자녀발달지원 등을 다문화가족 수준으로 지원하여 다문화가족 지원서비스의 보편성·효율성을 확대하고자 한다.

여성가족부와 더불어 교육과학기술부는 다문화가정 자녀들을 위한 교육지원 사업의 중추적인 부처이다. 교육과학기술부는 2012년 3월 다문화학생이 가지고 있는 적성과 재능을 개발하여 우리사회의 소중한 인재로 성장할 수 있도록 인식을 전환시키고, 다문화사회에서 다양성에 대한 이해와 차이에 대한 존중을 모든 학생이 갖추어야 할 핵심 소양으로 정착시키기 위해 「다문화학생 교육 선진화 방안」을 발표하였다(교육과학기술부, 2012). 그 추진 배경 및 주요 내용을 살펴보기로 한다.

먼저 추진 배경을 살펴보면 다음과 같다.

첫째, 다문화사회에 부합하는 새로운 교육정책방향 수립이 요구된다. 외국인주민과 그 자녀의 급격한 증가에 대비하여 다문화사회에 선제적으로 대응하는 다문화학생 교육지원방안 마련이 시급하다. 그리고 다문화학생이 우리사회의 소중한 인재로 성장할 수 있도록 '학교'가 중심이 되어 재능을 살리고 부족한 부분은 지원하며, 학교폭력이나 따돌림 등 위험에 노출되지 않도록 노력 할 필요가 있다.

둘째, 다문화학생의 교육 수요에 맞는 맞춤형 지원이 필요하다. 다문화학생의 성장 배경이 다양화됨에 따라 가정 생성배경(국제결혼·외국인가정), 학생의 출생지(국내·국외) 및 거주지(도시·농촌), 부모의 국적, 학교급(초·중·고) 등 다양한 특성을 고려한 교육정책의 수립이 불가피하다. 다문화학생의 특성에 따라 서로 다른 교육지원 수요를 체계적으로 분석하고, 이에 따른 맞춤형 교육 지원을 강화하여 '한 명의 학생도 놓치지 않는 교육'을 실현한다.

셋째, 다문화학생 지원을 위한 전 사회적인 협력 체계 구축이 필요하다. 가정, 학교, 기업, 지역사회가 유기적으로 협력하여 다문화학생 교육을 함께 지원하는 '다문화 친화적 교육 지원 체제'의 구축이 필요하다. 정부부처, 지방자치단체, 시·도교육청, 민간 차원에서 다양하게 추진하고 있는 다문화가정 지원 정책을 유기적으로 연계하여 다문화학생에 대한 교육 정책의 시너지 효과를 제고한다.

다음으로 주요 내용을 살펴보면 다음과 같다.

① 다문화학생 공교육 진입 지원을 위한 예비학교 및 다문화 코디네이터 운영

앞으로 다문화학생(특히 중도입국자녀)이 정규학교에 배치되기 전에 사전 적응 교육을 받을 수 있는 예비학교가 전국적으로 확대 운영된다(2011년 3개교 : 서울, 부산, 광주)→2012년 26개교 : 전국 확대). 다문화학생은 본인의 희망에 따라 예비학교에서 6개월 정도의 한국어와 한국문화 등 교육을 받고 정규학교로 입학이 가능해진다.

또한 출입국관리소에서 외국인 등록, 국적 취득 시부터 입학 절차 안내가 강화되고, 교육청에 다문화 코디네이터를 두어 입학 상담부터 학교 배치, 사후 관리까지 입학의 전 과정을 지원한다. 특히 다문화 코디네이터는 지역 내 평생교육기관과 협력하여 학교 밖 다문화학생을 적극 발굴하고 학교 입학을 지원하는 등 역할도 담당하게 된다.

② 한국어 교육과정(KSL) 도입 및 기초학력 책임 지도 강화

한국어가 서투른 다문화학생의 기본 한국어 능력을 강화하기 위해 진단부터 수준별 교육까지 한국어 교육이 강화된다. 이를 위해 초·중·고등학교에서 한국어 교육과정을 정규과목으로 운영이 가능하도록 한국어 교육과정(KSL)을 신설하고, 한국어 표준교재와 진단도구(학생용 TOPIK)도 개발하여 학교에 보급된다.

또한 다문화학생의 기초학력을 책임지도하기 위해 대학생 일대일 멘토링 대상을 중·고등학생까지 확대하고, 교통이 불편한 농촌의 다문화학생을 위해 온라인 멘토링 시스템이 도입된다. 다문화학생의 조기 적응을 돕기 위해 기초

예절, 한국문화부터 학교생활 적응까지 창의적 체험활동 등을 통한 지원도 강화된다.

③ 다문화학생과 일반학생이 함께 배우는 이중언어 교육 강화

모든 학생들에게 다양한 문화와 이중언어 학습 기회를 부여하고 다문화학생의 강점을 살리기 위해 각국의 문화, 역사 이해 중심의 방과 후 학교, 방학·주말 이중언어 교육 프로그램이 강화된다. 이를 위해 현재 120명 수준인 이중언어 강사를 단계적으로 양성하여 2015년까지 1,200명 수준으로 확대할 계획이다.

또한 이중 언어 교육의 지속적인 질 제고를 위해 이중언어 강사 양성과정에 심화연수 과정을 도입하고, 해외 초청 교원을 이중언어 강사로 활용하여 인력풀도 다양화 된다. 이중언어 교재는 수준별로 베트남어, 태국어, 몽골어, 러시아어 등 소수 언어를 우선 개발하고, EBS 방송 프로그램도 함께 개발·보급된다.

④ 다문화학생 진로·진학 지도 강화

다문화학생의 다양한 진로 탐색 기회를 지원하기 위해 2012학년부터는 서울, 충북 지역에 직업교육 대안학교인 다솜학교가 운영되고 2013학년도부터는 인천 지역에 추가로 운영된다. 다솜학교가 없는 지역은 요리, 미용 등 다문화학생이 선호하는 직업교육 위탁과정이 운영되고 수강료·실습비 등이 지원된다. 특히 다문화학생이 글로벌 인재로 성장하는 것을 돕기 위해 글로벌 브릿지 사업을 확대하여 매년 우수 다문화학생을 4개 분야 300명씩 육성된다.

⑤ 다문화 친화적 학교 환경 조성

다문화 친화적 지원 체계가 우수한 학교 150개교를 글로벌 선도학교로 집중 지원하여 지역 내 다문화 교육의 중심학교로 육성된다. 글로벌 선도학교는 인근 지역 다문화학생을 지원하는 기존 거점형 학교(120개교)를 포함하여 다문화 교육 프로그램 우수사례를 타 학교로 전파하는 집중 지원형(30개교)이 운

영된다.

또한 교원 양성단계부터 다양한 문화와 언어적 배경을 가진 전문 인력을 양성하기 위해 다문화학생이 직접 교사가 될 수 있도록 교대 다문화 특별전형이 확대되고, 예비교원을 위한 교·사대 다문화 강좌 개설을 지원하고, 현장 교원 연수도 체계화되어 교사의 다문화 교육 역량이 강화된다.

⑥ 일반학생과 학부모에 대한 지원 강화

다문화학생뿐만 아니라 일반학생들도 다양성을 긍정적으로 인식하고 성장할 수 있도록 상호이해교육도 강화된다. 이를 위해 다문화 친화적인 교과서를 개발·보급하고, 글로벌 선도학교를 중심으로 방과 후 학교 프로그램, 창의적 체험활동 등 다양한 형태의 교육 프로그램이 활성화된다. 또한 다문화가정 학부모 교육을 강화하기 위해 다문화 학부모 평생 교육프로그램 운영 기관을 기존 11개에서 16개로 확대하고, 다문화가정 학부모와 일반가정 학부모가 함께 참여하는 동아리를 활성화하여 일반가정 학부모와의 교류도 활성화된다.

제3절 다문화사회와 교육의 과제

다인종 다문화사회는 세계의 모든 국가가 예외 없이 경험해 온 현상이며 앞으로 더욱 촉진될 것임에 틀림없다. 그러나 우리사회는 이러한 세계적 현상과 변화에도 불구하고 다인종 다문화사회를 위한 준비가 부족하다. 한국인의 기억 속에서 이미 신화가 된 '단일민족국가'라는 개념은 따지고 보면 근세사의 산물이다. 특히 전쟁과 식민지배의 경험을 가진 나라들에서 민족은 독립 국가의 건설과 국민통합을 위하여 강력한 이념적 기초와 정당성을 부여하였다. 그동안 한국은 순수혈통으로 무장한 단일민족의 이데올로기를 바탕으로 유구한 역사와 전통을 강조하고 자기 민족중심의 우월감을 고취시킴으로써 자신도 모르게 다른 인종이나 민족에 대한 편견과 차별의식을 키워 왔다.

식민과 전쟁, 분단과 독재의 역사적 기억 속에서 20세기를 극복하고 새로운 21세기를 맞아 '한국 속의 세계'는 교육에 대한 인식의 전환과 실천을 요구한다. 세계는 '유구한 역사와 전통을 자랑하는 단일민족'으로 구성된 한국이 지켜 온 자기민족 중심의 폐쇄적인 민족주의와 '반공 민주 정신에 투철한 애국애족'을 바탕으로 '민족중흥의 역사적 사명을 띠고 이 땅에 태어난' 한국인들이 받아 온 국가중심주의적 교육에 경종을 울리고 있다. 나아가 세계화에 의하여 촉진되는 인적 물적 교류는 서로 다른 인종과 문화의 접촉을 증가시킴으로써 모든 한국인에게 세계의 모든 사람들과 더불어 공존할 수 있는 새로운 가치관과 태도, 행동양식과 생활방식을 요구하고 있다. 이러한 시대적 요청은 국제적 평화와 사회적 정의 그리고 인간적 행복을 담보할 수 있는 '새로운 세대를 위한 새로운 교육'이라는 과제를 던져 준다.

다문화가족 아동 및 학생들에 대한 국가 및 지방자치단체의 많은 노력에도 불구하고 문제점이 제기되고 있다. 다문화관련 교육에서 나타나는 주요 과제를 살펴보면 다음과 같다.

첫째, 우리나라는 단일민족국가라는 자긍심이 대단히 강하다는 것이다. 다른 외모와 언어 습득의 지체, 학습 부적응, 또래 아이들 무리에서의 이탈 등의 교육 상황에서 정신적으로 매우 심각한 타격을 받는다. 극심한 정체성의 혼란과 정신적 질환으로 번지는 경우가 비일비재하다.

둘째, 우리나라 다문화교육의 초점이 그 1세대인 결혼 당사자에게 맞춰져 있다는 것이다. 정부의 관심사는 이 결혼 여성들에게 한국어 교육을 하는 것에 초점이 맞춰져 있다. 최근에 들어서야 자녀의 학교 적응문제가 부각이 되어서 해결방안을 만들고 있지만 아직 걸음마 단계이다. 실제로 다문화가정 학령기의 아동 24,867명 중에 80% 이상이 소외를 겪고 있다고 말하고, 무려 6,089명이 정규 교육의 울타리 밖에 놓여 있다는 것은 다문화가정 자녀들의 교육 소외 현상이 얼마나 심각한지를 보여주는 예이다. 이런 학교 소외 현상이 발생하는 것은 다문화가정에 대한 언론의 편중된 보도의 영향이 크다. 일반적으로 다문화가정에서 생활하는 여성들의 가정폭력문제가 자주 언급이 되면서 그렇지 않은 가정도 문제가정의 범주에 들어갈 소지가 있다. 언론이 다문화가정에 대한 부정적 사례만 보도하면 가정이 가지고 있는 문제점을 더 확산하게 된다. 이런 인식이 인종간의 구별과 차이를 가중시킨다. 위와 같은 문제를 해결하기 위해서는 모범적인 다문화가정 증가에 대한 홍보가 적극적으로 반영이 되어야 한다.

셋째, 다문화교육의 큰 난점 중에 하나는 다문화가정을 이루는 가정이 대부분 빈곤한 상태라는 것이다. 현재 우리나라의 사교육은 전 세계에 유례없이 교육열이 높다. 그만큼 사교육비의 지출 비율이 높은 국가이다. 하지만 대부분의 다문화가정의 경우 연간 가구소득이 2,000만 원 이하인 가정이 53%로 조사가 되었다. 2007년 전국 농가 평균 소득이 3,200만 원인 것을 비교하면 2009년 현재 이렇게 조사가 되었다는 것은 큰 문제이다.

넷째, 한국의 전국 군단위의 교재는 주로 기존의 있는 것을 사용한다. 하지만 이민자들이 많은 이런 농촌에서는 교재로서 부적합한 부분이 많다. 단순학습 위주보다는 타문화의 사람들이 학습과 더불어 한국의 문화를 체득할 수 있는 교재가 필요한 실정이다.

다섯째, 다문화가정의 대부분이 농어촌에 밀집이 되어 있는 것도 교육에 큰 걸림돌이 된다. 그렇지 않아도 교육이 취약한 농촌에서 방과 후에 다문화가정의 자녀를 전문적으로 지도를 해줄 교사가 없고 학원을 보내거나 과외를 하는 것은 경제적 부담 때문에 포기하는 경우가 대부분이다. 외국인 부모 밑에서 배우는 한국어 교육의 한계나 단점을 보완해줄 교사가 없기 때문에 기타의 다른 교육 또한 늦어진다.

여섯째, 이민자의 경제 지원 사업의 확대도 시급하다. 언어 습득 지체는 사회성 결여를 낳는다. 생계를 위해 일거리를 찾아 도시 밖으로 도는 아버지나 한국어 구사능력이 떨어지는 어머니 밑에 맡길 경우 아이에게 흔히 발생한다. 그렇다고 개인적으로 교사를 붙일 형편이 되지 못하는 것이 다문화가정의 현실이다. 다문화가정에서 아이를 낳았을 때에는 일정 금액 이상의 보조금의 지원이 필수적이다. 출산뿐만이 아니라 임신과 양육에 대한 지원도 있어야 한다. 예방접종이나 저소득계층의 의료비 지원이 필요하다. 그 외에 한국어가 서툰 이민자 가족에게 직업을 알선해주는 방법의 지원도 필요하다.

일곱째, 이민자 유아를 교육할 교사가 부족한 것이 더 큰 문제이다. 한 번의 언어교육 무료 봉사 신청을 받으면 수천가구의 가정이 지원을 하지만 양육지도사는 200명 내외가 모이는 것이 다이다. 이것으로는 학습이 느린 학생들을 일일이 교육하는 것이 불가능하다. 게다가 정부차원에서 해결하려고 노력한 것이 아니라 자원봉사라는 것도 문제가 있다. 언제까지 민간단체의 봉사로 넘긴 문제가 아니다. 게다가 자원 봉사자 중에서는 전문화된 인력보다는 지원자가 중심이 된다. 따라서 오개념이나 잘못된 발음과 문법이 전해지는 경우가 많다. 다문화 교육에 필요한 한국어교육 전문 교사의 양성 및 확보가 지금 그 다른 무엇보다도 시급한 실정이다.

여덟째, 다문화가정에 한국 문화에 대한 적응을 위한 교육이 시급하다. 한국의 문화에 대한 교육이 없어 적응이 힘든 이민자들이 많다. 언어 교육에만 집중을 할 것이 아니라 어떻게 살아야 하는가가 더 중요하다. 문화에 대한 체험 프로그램의 군 단위 활성화 정책이 필요하다. 그 외에 이민자용 교재에 더 많은 사진과 그림으로 한국 문화를 글 없이 이해할 수 있게 도와야 한다. 근래에는 다문화가정에 대한 교육의 질이 2005년에 비해 다소 높아졌다고 한다. 현재 국내 거주 외국인의 100만 명을 돌파했다. 이는 40명 중 한 명이 외국인이란 뜻으로 그들도 사회의 구성원으로 인정을 해야 한다는 의미를 지닌다. 이처럼 다문화가정의 증가는 우리 교육이 다른 방향으로 나가야 한다는 표시이기도 하다.

마지막으로 다문화에 대한 이러한 사회적 반영에서는 인식의 전환이 필요하다. 우리가 그동안 다문화에 대한 교육을 진행하며 한국 이주민에 대한 교육적 지원과 소수의 다양한 문화로부터의 한국인에 대한 교육도 이루어져야 한다는 인식이 있었지만, 우리 사회에서 다문화가정에서 배출된 사회 구성원이 저지른 사회적 물의를 비춰보았을 때 그것은 그들의 문제가 아닌 우리들의 문제였다는 사고가 전제되어야 한다.

다문화사회에서 새로운 국민 국가를 형성하기 위하여 다음과 같은 몇 가지 인식의 전환이 요청된다. 먼저 이주민들도 대한민국 국가의 중요한 구성원이라는 점이다. 나라와 인종이 달라도 이주민들도 대한민국 국가의 중요한 구성이라는 인식이 필요하다.

그리고 이주노동자도 국가 이익의 주역이라는 점이다. 이주노동자도 대한민국 경제발전에 많은 도움을 주고 있는 사회 구성원이다. 이주노동자는 국가의 이익을 위한 희생 수단이 아니다. 비록 미등록 이주노동자라 할지라도 장기체류 숙련이주노동자에게 영주권을 허용하여 일할 수 있는 기회가 제공되어야 한다. 국가가 국가의 정책이란 이름으로 강제로 그들을 추방한다면 우리 경제는 점차적으로 퇴행하여 3D업종에 대한 쇠퇴를 막을 수 없을 것이며 노무자의 불안으로 인한 경기 전반의 불신으로 사회 경제적 안정은 크게 요동칠 수 있다.

또한 다문화 가족이 그들 스스로 자존감을 가지고 살아갈 수 있는 사회적 문화 풍토를 조성해야 한다. 타문화에 대해 이야기하고 사회적 논의가 활성화되고 그들에 대한 지원 역시 차츰 늘어나고 있는 추세이지만 결혼 이민자에 대한 사회의 다양성을 인정하지 않고 한국 사회의 적응만을 정책으로 하여 동화주의적인 입장만을 고수한다면 세계 속의 한국이란 없을지도 모른다. 다문화가 한민족 문화의 창조적 계승이란 측면에서 발전적 동기가 될 것이라는 점이다. 이주노동자 자녀를 비롯하여 다문화 가족 구성원들이 '다름'에 대하여 자부심과 긍지를 가지고 그들이 가지고 있는 외국어에 대한 특기와 이중 문화에 대한 강점을 내세워 이 부분에 대한 교육을 강화하고, 다수 한국인들의 인식 개선에 보다 많은 정책적 · 사회적 노력을 기울여야 할 것이다.

part

3

교육과 사회발전

제Ⅲ부 교육과 사회발전은 네 개의 장으로 구성되어 있는 바, 제9장에서는 교육과 사회발전 패러다임, 제10장 교육과 문화발전, 제11장 양성평등교육과 교직사회의 이해, 그리고 제12장은 교육과 인적자원개발을 다룬다.

제9장 교육과 사회발전 패러다임에서는 먼저, 발전의 개념을 살펴보고, 교육과 전통적 발전패러다임에는 교육과 고전적 발전모형, 교육과 비판적 발전모형으로 나누어 탐색한다. 그리고 교육과 대안적 발전패러다임을 파악한다. 이를 토대로 하여 발전에 대한 회고와 전망을 조명해 본다.

제10장 교육과 문화발전에서는 문화발전의 의미를 먼저 파악하고, 교육과 문화발전과의 관계를 살펴본다. 이에 대한 합리주의의 성장과 개인주의의 부상에 대해 탐색한다. 그리고 문화와 발전에 대한 새로운 인식을 제시한다.

제11장 양성평등교육과 교직사회의 이해에서는 양성평등교육의 의의를 살펴보고, 성불평등에 대한 교육적 관점을 자유주의적, 급진주의적, 사회주의적 관점으로 구분하여 탐색한다. 그리고 교직사회의 이해를 전문직으로서의 교사와 교직의 여성화 경향 등에 대해 살펴본다.

제12장 교육과 인적자원개발에서는 인적자원개발의 의미와 특징을 살펴보고, 인적자원개발을 위한 효과적인 교육의 역할을 제시한다.

CHAPTER

교육과 사회발전 패러다임 09

이 장에서는 발전의 의미를 살펴보고, 교육과 전통적 발전패러다임은 교육과 고전적 발전모형, 교육과 비판적 발전모형으로 구분하여 탐색한다. 그리고 교육과 대안적 발전패러다임을 살펴본다. 이를 토대로 발전에 대한 회고와 전망을 제시하여 발전에 대한 새로운 인식을 도모하고자 한다(Chung, 1989; Sachs(ed.) 1992; 정일환 외, 2002).

제1절 발전의 의미

사회과학에 있어 발전에 관한 논쟁은 지난 50여 년 동안 꾸준히 계속되어 왔다. 즉, 발전에 관한 쟁점(issue)은 관점에 따라 다양하게 논의되고 검토되어 왔다고 할 수 있다. 발전이론과 정책은 발전과정의 변화하는 역사적인 현실과 선진국, 개발 도상국간의 관계 등에 따라 다양하게 제시 · 적용되고 있다(Lehmann, 1979; Ardent, 1981; Munoz, 1981; Dube, 1983; Lewis and Kallab, 1986; Cole, 1987; Evans and Stephen, 1988).

1950년대와 1960년대에는 대부분의 국가들이 근대화 이론을 경제발전을 이룩하기 위한 전략으로 적용하여 왔다. 그러나 1970년대에 근대화 이론과 인적

자본론에 대한 회의론이 종속이론, 세계체제 접근, 신마르크스주의 등과 같은 이론을 낳게 하였다. 특히, 종속이론과 세계체제 접근은 발전의 주요 수단으로서 확산을 강조한 근대화 이론가들의 강조점을 변경시키면서, 소위 중심국가들이 발전에 있어서 주요 방해자라고 주장하였다.

최근에 제3세계 국가들은 물론 선진국들까지도 발전의 신화(myth of development)에서 벗어나 발전의 역기능과 문제점 등을 경험하게 되었다. 만병통치약이라고 제안되었던 발전정책들이 수립되고 진행되었으나 이러한 정책들이 비효과적일 때 새로운 발전 패러다임의 모색이 나타나기 시작하였다. 즉, 전통적인 발전전략이 개발도상국에게 발전의 문제를 해결하는 최선의 방법이 아님을 인식하게 하였다(Dube, 1983; Friberg and Hettne, 1985; Cole, 1987).

따라서 새로운 유형의 발전전략은 증후와 해결이 서로 다름에도 불구하고 제3세계 국가들과 선진국들에서 공통으로 인식 · 등장하게 되었다. 소위 대안적 발전 패러다임은 탈 유럽중심주의, 민중운동, 대응적 발전론 등의 발전모형을 포함한다. 그 동안 지배적으로 향유해 왔던 발전 패러다임 적용의 실패는 발전이나 발전정책에 대한 재고의 필요성을 강력히 제기하고 있다. 다양한 학문적인 활동을 통하여 논의되고 쟁점화 되어 발전정책의 목표나 전략에 대한 새로운 패러다임의 정립이 필요하게 되었다고 할 수 있다. 일반적으로 대안적 발전을 주창하는 학자들은 문화의 정체성, 자조, 사회 정의, 생태계의 균형, 군축 등의 가치를 강조하고 있다(Botkin, et al., 1980; Galtung, et al., 1980; Arnau, 1981; Streeten, 1984; Amin, 1985; Shiva, 1986; Tickner, 1986).

사회발전(societal development)은 체제나 국가의 차원을 넘어 모든 인간 공동체가 지향하고 있는 주요한 목표의 하나라고 할 수 있다. 특히, 개발도상국가들은 이 목표를 위하여 제2차 세계대전 이후 지난 50여 년 동안 많은 노력을 경주해 왔으며, 이러한 노력의 결과로 사회 각 부문의 개선과 향상을 어느 정도 가져 왔다고 할 수 있다. 그러나 사회발전의 과정에는 여러 가지 부작용과 갈등이 야기되고 경험한 점을 부인 할 수 없다.

선진국이나 개발도상국가들은 다양한 발전모형, 이론, 혹은 전략 등을 개발·도입하여 사회 및 국가발전을 추구하고 있다. 그러나 사회 및 국가발전의 목표, 수단 및 전략 등에 대하여는 국가 및 개인마다 각기 다른 견해나 관점을 지니고 있다.

발전은 사회과학자들에 의해 다양한 관점에서 논의되고 정의되어 왔다. 즉, 발전을 절대적인 굶주림, 가난, 궁핍의 근절로 규정하기도 하고(Axinn, 1978; Harrison, 1980; Singer, 1981), 또는 사회변혁이나 사회의 구조적 변혁으로 정의하기도 한다(Addo, 1985; Hogard and Buller, 1987). 그리고 사회구성원의 변화하는 욕구를 충족시키는 정치제도의 역량(Eisenstadt, 1968; Park, 1984)으로, 또는 도덕적 사고의 발달(Chilton, 1988), 새로운 정보와 적절한 기술의 증대와 같은 기술적 개념으로 파악하기도 한다.

한편, 발전은 매우 다른 사회, 경제체제와 정치 이념을 가진 국가에 있어 공식적인 이데올로기로 논의되어 왔다. Arnau(1981)는 발전의 이념을 논의함에 있어 역사적, 자기 민족 중심적, 그리고 경제적 접근을 사용하였다. 그에 따르면 모든 사회는 현재 선진국으로 인식되는 국가들과 유사한 국민들이 임금수준에 도달할 때까지 동일한 발전단계를 거쳐야 한다고 주장하였다. Rostow (1960)의 이론이 이와 같은 접근을 대표해 준다고 할 수 있다.

최근에 발전이란 용어 사용을 주저하고, 대신에 지속적인 문화 정체성의 중요성을 강조하고, 민중운동을 통한 자조의 증진, 보다 큰 사회 정의의 실현, 보다 단순한 기술의 사용, 환경의 보존 등 제 문제들을 발전의 쟁점과 관련하여 강조하고 있다.

제2절 교육과 전통적 발전패러다임

1. 교육과 고전적 발전모형

교육은 인간이 갖고 있는 잠재능력을 최대한 발전시키는 것을 목적으로 하고 있다. 그러나 현금에 와서 교육은 그러한 개인들의 발전을 통해 이루어지는 한 사회나 국가의 발전, 특히 근대화를 통한 경제발전과 분리해서 논의하기는 어렵다.

1960년을 전후하여 Schultz, Becker, Mincer 등에 의해 주창된 인적자본론은 인적자본에 대한 투자를 물적 자본에 대한 투자에 비유해서 해석하는 입장이다. 교육에 대한 투자는 물적 자본에 대한 투자와 마찬가지로, 개인적으로는 소비에 의한 현재의 만족 대신 미래의 생산 및 소득을 증가시키며, 사회적으로는 좀 더 많은 지식과 기술을 구비한 인적자원들을 제공함으로서 노동 생산성을 향상시키게 된다고 보고 있다. 즉, 교육에 대한 투자의 주된 동인은 바로 이와 같은 투자비용에 대한 경제적 회수에 있다는 것이다.

교육을 통한 경제발전이라는 인적자본론의 명제는 자본축적과 노동생산성의 향상을 곧 경제성장과 동일시하는 성장이론이나, 발전이란 곧 교육을 통한 구조적 분화(structural differentiation)와 기능적 전문화(functional specialization)를 내용으로 하는 근대화 그 자체라고 보는 근대화 이론과 같은 발전모형들에 의해 지지되고 있다.

인적자본론은 교육과 발전전략에 관한 정책에 상당한 영향을 미쳤다. 사실상 발전에 대한 교육의 직접적인 공헌에 관한 대부분의 초기 낙관주의는 부분적으로 인적자본론에 근거를 둔 것이다. 많은 측면에서 인적자본론은 발전전략에 대한 경제학자들의 공헌을 나타낸다.

대부분의 경우, 사회에서 교육의 영향은 노동력의 질적 향상을 통해 달성될 수 있다. 노동자에 의해 획득된 교육은 물적 자본으로, 즉 생산요소의 하나로서 사용될 수 있다. 인적자본론의 핵심은 생산증가에 대한 시장가치보다 더 생산력 있는 노동 유형에 의해 결정된다는 경쟁적인 노동시장을 가정하고 있다. 즉, 완전 경쟁시장 하에서의 생산증가는 노동의 유형이나 질에 의해 결정된다.

대부분의 국가에서 보면, 교육을 많이 받은 사람이 교육을 적게 받은 사람보다 더 많은 임금을 받고 있다. 이에 대해 인적자본론자들은 교육을 더 많이 받은 사람이 그렇지 않은 사람보다 더 생산적이기 때문이라고 주장한다. 그들의 높은 생산성은 경쟁적인 노동시장에서 파악될 수 있다(Becker, 1967; Mincer, 1970; Bhalla, 1973). 고용주들은 학력(credential) 또는 학력증명서에 의존하여 노동자들을 고용하게 된다. 왜냐하면, 학력은 경제적 생산에 필요한 지식이나 기술을 개개인이 가지고 있다는 증거를 나타내 주기 때문이다.

고용에 대한 교육적인 필요조건들이 사회에서 증가하는 경향이 있는 데, 이와 같은 기술적인 변화는 보다 고도로 숙련된 노동자를 요구하기 때문이다. 교육의 양적 확대는 경제뿐만 아니라 가족의 역할, 사회적 · 정치적 역할이 점점 더 복잡하게 됨으로서 이루어지게 되었다(Collins, 1971).

이와 같이, 고전적 발전 입장에서는 교육이 근대화와 경제발전에 기여하는 측면을 다음과 같이 요약하고 있다(Denison, 1966; Papi, 1970; Inkeles, 1983).

첫째, 의무교육을 통하여 문맹을 퇴치한다.

둘째, 사람들로 하여금 사회변화와 근대화 추진에 장애가 되는 사회적, 제도적 요인들(전근대적이고 전통적인 현상들)을 제거하는 데 보다 대응적으로 만든다.

셋째, 증가된 기술, 효율성, 그리고 작업에 대한 지식을 통해 노동의 질을 개선시킨다.

넷째, 발명과 발견을 통한 기술적 진보를 촉진하기 위하여 과학적, 기술적 지식을 증가시킨다.

다섯째, 생산 요소들을 효율적으로 배분하기 위해서 기업가적 능력을 향상시켜 주게 된다.

특히, 제3세계 국가들은 경제발전을 위해 산업현장에 필요한 숙련된 노동력을 공급하기 위해서 직업교육을 강조하고 있다.

인간에 대한 투자는 물적 자본에 대한 투자와 기본적으로 다른 성격의 것으로 경제적 이득 이외의 이유에서 행해지며, 설령 그것이 경제적 동기에서 이루어지는 투자라고 하더라도 특정액의 투자에 대한 특정액의 회수를 계산한다는 것도 불가능하다. 또한, 그러한 계산이 가능하다고 할지라도 교육투자에 대한 정책결정의 좋은 근거로서 활용하는 데 문제점이 있다는 Shaffer(1961)의 지적 이래 인적자본론은 많은 사람들에 의해 다음과 같은 비판을 받게 되었다.

첫째, 인적자본론은 특정 시점이나 미래의 선택이 "완전한" 정보 하에서 이루어진다는 근거 없는 가정에 기초하고 있다. 둘째, 인적자본론은 투자 결정에 관여하는 개인이나 가정적 가치선호에 대한 고려를 하지 않고 있다. 셋째, 실제적 영향에서 보면 교육은 개인 간 소득 차의 아주 작은 부분만을 설명할 수 있을 뿐이다. 실제로는 교육보다 가정적 배경과 그와 관련된 능력과 동기가 더 중요한 요인일 수가 있다. 넷째, 인간에 대한 자본투자가 실제로 생산성을 향상시키는지 분명치 않다는 점 등이다.

결론적으로, 인적자본론에 대한 최근의 비판점들에 비추어 볼 때 교육에 대한 지나친 기대는 삼가야 되겠지만 국가나 사회발전을 위해 교육은 여전히 우리가 의지해야 할 수단이라고 할 수 있다. 부정적 시각이 어떠한 근거를 바탕으로 한 것이든, 한 가지 분명한 사실은 교육은 너무나 포괄적인 활동이기 때문에 표면적인 가치로만 그 역할을 판단해서는 안 된다는 것이다. 따라서 정책결정자들은 폭넓고 장기적인 관점에서 교육에 투자하려는 자세가 요구된다고 할 수 있다.

2. 교육과 비판적 발전모형

비판적 발전론자들은 다른 기관들과 마찬가지로, 현대 교육제도는 선진국가로부터 모방한 것이라고 보고 있다. 현대 교육제도에서 제공되는 교수활동은 대중들 가운데서 사회의 각 부문에 참여하는 사회 구성원 중에서 극히 소수에게 적합한 것만 가르치고 있다. 학교는 경제 활동에 참여할 소수 학생들만을 선발하고 사회화시킴으로써 대부분의 학생들을 제외시킨다(Carnoy, 1974; Bowels & Gintis, 1976; Carnoy & Levin, 1976). 더욱이 개발도상국의 지배계급은 그 사회의 불평등한 계급구조를 영속화시키기 위하여 교육을 이용하고, 국가 교육자원을 독점화한다.

또한, Carnoy(1974)는 경제발전과 관련하여 학교교육의 주요기능은 기존의 사회질서를 정당화시키는 데 있다고 주장했다. 대중들에 의한 특정의 사회구조의 수용은 경제적 산출에 긍정적인 영향을 가져올 수 있다. 그러나 만일 그 수용된 경제적 조직이—학교교육이 그 조직을 정당화시키는 데 도움을 주기 때문에 일부분 수용 가능한—총산출을 극대화하는 것이 아니라 단지 특정 집단들의 소득만을 극대화한다면, 학교교육은 경제발전에 부정적인 영향을 미칠 수도 있다. 아마도 학교교육은 이 모든 효과를 가질 수도 있으나, 문제는 학교교육이 경제발전에 그 어떤 기여를 할 수 있느냐가 아니라 주요 논의의 초점은 이러한 기능들 가운데 어떤 것이 학교교육의 역할을 가장 잘 특성화 하느냐에 모아진다.

Freeman(1976)은 미국에서 1960년대 후반과 1970년대에 '대학직업 시장(college job market)'이 전례 없는 경기침체를 겪었음을 파악하였다. 그 경기침체는 산업구조의 변화와 대학에서 훈련받는 사람들의 공급 증가율에 있어서 거의 절정을 이루는 것과 동시에 대학과 연계된 직업들(college-linked jobs)의 급속한 성장률을 감소시킨 고용추세에서의 변화에서 비롯되었다. Freeman에 따르면, 대학 취학률의 감소와 더불어 대학 졸업자의 임금과 대학교육에 대한 수익률, 고등학교와 비교하여 상대적인 취업기회, 그리고 대학교육 졸업자에 대한 고용 등이 감소된 반면에, 공급조정은 가까운 장래에 불균형을 막기에는 불충분한 것으로 생각되었다. 따라서 Freeman은 경제발전을 가져오는 하나의 길로서, 인적자본 투자확대에 대해 다소 경종을 울리고 있다.

Bowles와 Gintis(1976)는 노동 생산성을 증진함에 있어 교육에 대한 투자가치를 부정하지는 않으나 발전에 대한 교육의 관계가 보다 더 비판적으로 검토되어야 함을 강조하고 있다. 왜냐하면, 기술과 가치를 전달하는 이외의 교육은 적어도 자본주의 사회에 있어서는 현상 유지에 기여하고 결국에는 한 사회의 계속적인 경제성장을 저해할 것이기 때문이라고 그들은 지적하고 있다. 사실상, 교육은 경제의 권력구조의 필요에 봉사할 유순하고 적응 잘하는 노동력을 제공한다고 비판적 입장에서 보고 있다(윤정일 외 역, 1993: 72).

제3절 교육과 대안적 발전패러다임

오늘날 대다수 국가에서 교육은 하나의 조직화된 교수-학습체제이며, 의식을 형성하는 과정에서 중요한 역할을 수행한다. 문화가 수행하는 것과 마찬가지로, 교육은 통치력을 강화시키는 데 사용되기도 하지만, 또한 그것은 행위와 학습의 상호관련된 과정에서 해방을 위한 투쟁으로도 봉사할 수 있다.

Freire(1970)는 1960년대 이후 제기되어 온 제3세계 교육, 특히 브라질 민중을 위한 교육에서 전통적 교육에 대한 대안적 교육을 주장하였다. 그는 교육이 학교의 독점이 아니고 학교외의 청소년, 성인 등의 문화적 해방을 위한 것으로 자신의 교육을 '자유를 위한 문화적 행위(cultural action for freedom)'로 간주하여, 문제 제기식 교육(problem-posing education)을 권장하였다.

또한, 그는 교육이 모든 사람에게 진정한 인간이 되기 위한 것으로서, 전통적 교육을 은행저금식(the banking concept of education)의 수동교육으로, 지배층의 가치와 문화를 받아들여 지배구조에 순응하고 학생들의 창조력을 억제하여 적응과 순종을 강조하는 것으로 보았다. 이러한 전통적 교육인 은행저금식 교육에 대한 대안으로 문제 제기식 교육을 주장하여, 교사와 학생간의 존중, 대화, 결속감에 기반을 둔 교육으로 제도권 교육인 학교교육보다는 사회·성인교육을 더 강조한 것으로 교사와 학습자간의 인격적인 대화, 상호 협력자로서의 역할, 주체적인 인간 교육 등을 강조하여 능동적 교육을 지향하였다.

Rahnema(1984: 10)는 다음과 같이 제3세계 국가의 교육을 비판하고 있다.

"교육은 사람으로 하여금 그들 자신들의 문화를, 진보와 보다 차원 높은 포괄적인 문화에 이르는 데 하나의 장애로서, 어떻게 경멸할 것인가를 가르칠 것이다. 즉, 자신들의 땅을 경작하거나 자신들의 문화적 공허를 채우는 과업으로 주어지는 지배문화를 어떻게 가치롭게 여길 것인가, 어떻게 그들을 위해 과학적으로 건설될 미래의 능률적이고 생산적인 창조자가 될 것인가, 교육기관들과 발전기관들이 그들을 위해 보존하고 발전시킬 것인가, 마지막으로 그들이 미래에 태어날 땅의 경작자들을 어떻게 학습시키고 훈련시킬 것인가를 가르칠 것이다."

오늘날 대부분의 국가에서 알 수 있듯이, 학교에서의 교육은 압도적으로 정신적 활동에 몰두하고 있다. 물론 그것은 정신적 노동과 육체적 노동, 그리고 양자를 포함하는 노동으로 구분되는 사회적 생산체제로 표현되는 현존하는 사회의 재생산에 기여한다. 학교교육의 한 가지 주요한 기능은 역할 선택이며, 선택은 항상 배제를 의미한다. 사회와 마찬가지로, 초·중등학교와 대학들은 위계적인 피라미드를 형성하고 있으며, 다양한 수준에서의 시험은 사람들이 위로 걸러져 올라가는 방편이다. 그리고 낮은 수준의 교육체제를 나온 사람들(학력이 낮은 사람)은 낮은 수준의 노동력을 가진 기업으로 들어가게 된다.

대다수의 사람들에게 노동현장은 속박과 해고의 위협, 위계질서와 통제, 그리고 소외와 정신적, 육체적 노동 간의 구분 등으로 특성화되는 착취 조건 아래에서 많은 교육적 잠재력을 상실한다. 대부분 사람들의 활동시간들은 자신들이 무엇인지를 잊어버린 채 보내지게 되며, 자신들이 소유하고 있는 것에 대해 부끄러워하게 된다. Illich(1983)의 말을 빌리면,

"우리는 일관되게 우리의 것이 아닌 관점으로부터 유의미한 것을 배워 왔으며, 언젠가 우리에게 유용할 것이라고 말해진 것들을 배우고 있다. 우리는 단지 우리가 지불할 수 있거나 아니면 사회가 우리에게 제공할 수 있는 만큼만 배우고 있다. 가르침의 결과로서, 교육은 언제나 하나의 상품이요, 봉사 따위는 거의 없다."

이러한 상황과 잡초제거 역할에서 교육이 실질적으로 행하는 것은 근본적으로 문화가 배제된 성질의 새로운 씨앗을 땅에 뿌리는 것이다. 그것이 제공하는 학교제도는 교육받은 사람을 보다 성공적인 곳, 예를 들어 더 높은 사회적 지위나 농촌보다 도시에 보내기 위해 그들을 일상적인 사람들과 분리하는 과업을 지닌다.

학교교육과 더불어 현존 질서의 가치체계는 교육의 사회적, 공공적, 그리고 일상적인 역할을 왜곡시켜 왔다. 교육은 하나의 하위체제로 되어 특수화 · 전문화 되었으며, 그리고 주로 부정적인 영향을 받는 사회내의 대다수 사람들을 버려둔 채, 하나의 상품(commodity)으로서 소수집단에게 특권을 부여하고 있다. 많은 국가들, 특히 개발도상국가에서의 교육은 사회적 역할측면에서 보면, 학교교육 제도를 소홀히 하고 거부하는 사람들을 변화시키는 능력을 결여하고 있다.

새롭게 형성된 개념으로서의 교육은 사회내의 전체 사람들에 대한 항구적인 의무와 책임을 지게 될 것이며, 사회전체의 환경에 대한 지속적인 기능을 수행하게 될 것이다.

그럼으로써 교육은 하나의 개인적 획득물이 아니라, 사회진보의 수단이 될 것이다. 교육은 사회내의 모든 사람들에 의해 수행되는 광범위한 협동적 노력이 되어야 하며, 또한 그것은 노동활동이나 생산과 분리되어서는 안 된다. 모두가 학습자와 노동자, 그리고 동시에 교사가 되어야 하는 것이다.

교육은 다른 발전의 준거를 충족시키기 위해 경제적, 사회적 체제의 변화와 유기적으로 연결되어야 한다. 예를 들어, 인도의 Gandhi는 새로운 사회적, 경제적인 혁명적 변화에 영향을 미칠 수 있는 기본교육(basic education)으로 알려진 새로운 교육체제를 생각해 냈다(Jha, 1955: 50~56). 만일 한 아동이, 비폭력적인 사회에 적합한 필요 덕목들을 모두 갖추고 있는 아이들을 양육하기에 좋은 풍토를 만드는 필수적인 학문과 덕목들을 모두 갖추고 있는 환경에 있게 된다면, 나라를 구하는 유일한 방법은 농촌의 경제적 삶을 회생시키고, 교육을 그것과 연결시키는 것이다. 교육은 농촌의 직업들에 기초를 두고 있다. 그의 강조의 핵심은 공작 과목을 통하여 이루어지는 교육이다.

Gregg는 소규모의 분권화된 사회조직에서 나타나는 현저한 결함은 미약한 지적 자극이라고 지적하고 있다. 그러나 훌륭한 교육제도와 교재, 논문, 잡지들의 현명한 사용, 그리고 진보된 의사소통 매체와 수송 수단들을 사용하여 이러한 결함이 거의 제거되어질 수 있다고 기대되어지지 않는다. 지성의 발달은 주로 의식 혹은 인식의 증진이다. 의식의 범위와 감수성은 아마도 서구 교육에 아직 알려지지 않은 방식으로 증진될 수 있을 것이다.

교육제도는 평생교육 과정을 제공해야 하며, 전 범위에 걸친 사회기관들의 이용과 가장 높은 수준의 교육은 모든 이들로 하여금 사회가 가지고 있는 기술공학적 자원의 역량 내에서 그들의 잠재력을 가장 충만하게 개발하도록 해야 할 것이다. 이는 곧 모든 사람들을 위한 종합적이고 전방위적인 교육을 의미하며, 정신적 및 육체적 능력의 발달을 의미한다. 또한, 이는 사람들로 하여금 자신들의 문화와 사회에 전적으로 뿌리를 두고 가르치되, 국제주의적 연대성으로 다른 문화와 사회에 있는 사람들과 관계할 수 있게 됨을 의미한다. 그것은 사람들에게 모종의 전문화된 지식을 제공함과 동시에 다른 기술에 대한 지식을 제공하는 것이다. 또한, 생산의 구체적인 과정과 더불어 그것의 기초가 되는 과학적 원리들을 학습하게 하는 것이다.

대안적 발전전략과 대안적 교육의 형식 및 방법들을 조장하는 데에는 상당한 이유들이 있다. 비참함과 곤궁함을 완화하고 직업을 창조하고, 교육과 훈련을 제공하며, 생산을 발전시키고, 양식을 증대시키며, 욕구들을 충족시켜 주는 프로그램들과 사업들이 이러한 조건들 하에서 가장 필요한 것들이다. 자립적이고 자기관리적인 발전에 종사하고자 애쓰는 사람들에게는 도움이 필요하다. 그들은 대안들이 실행 가능하며, 자신들은 가난한 사람들에 해당된다는 것을 보여 준다. 과제는 단지 조건을 변화시키고 새로운 제도, 혹은 기관들을 만들어 내는 것이 아니라, 그 과정에서 의식을 변화시키는 것이다.

교육은 사회 구성원들의 삶을 보존하고 사회구조를 유지시키기 때문에 그 어떤 유형의 사회에서도 중요하다. 어떤 상황 하에서, 교육은 사회변화를 촉진시키게 된다. 교육의 많은 부분들이 아동들에게 그 사회내의 연장자들의 행동과 경험으로부터 배우게 되는 비형식적 교육을 강조하게 된다. 정상적인 상황에서 교육은 환경 내에서 성장하게 되며, 학습과정은 그 사회내의 작업패턴과 밀접한 관련성을 지니게 된다.

새로운 사회적 · 교육적 융합은 교사와 학습자의 상호 협동적인 노력으로 말미암아 대다수의 사람들을 위한 더 나은 학습 효과성 체계를 제공하게 될 것이다. 협동은 많은 사람들의 학습과정들을 극대화시키는 데 효과적이다.

이러한 새로운 체제에서, 교육과정과 교육목적은 사전에 결정되거나 계열에 따라 조직되어서는 안 되며, 더욱이 차용된 사회적, 교육적 모형에 의하여 조직되어서도 안 될 것이다. 그것들은 사회의 모든 수준에서의 지속적인 상담과 합의로부터 도출될 것이며, 끊임없이 실제적이고 직접적인 관심들과 연결될 것이다.

교육이 몰두하는 것은 사람들로 하여금 자신들과 그들의 지역사회에 대한 이해를 증진시키고, 그들로 하여금 자신들이 몸담고 있는 지역사회와 환경에 보다 원숙하게 관계하고 적극적으로 참여할 수 있게 만드는 것을 배우게 될 것이다. 그들은 단지 생존하기 위해 배우는 것이 아니라 그 어떤 존재가 되기 위해 배우게 될 것이다. 따라서 교육은 인간행위의 모든 요소들을 일관된 사회적 변형과 진보의 과정 속으로 인도하고 알려주는 것으로 이해된다.

이 장에서 살펴본 것처럼, 각각의 발전패러다임은 직·간접적으로 교육 혹은 교육제도와 관련되어 있다. 특히, 고전적 발전의 입장은 교육에의 투자에 대해 가장 지지적이다. 그러나 비판적 발전 입장인 종속이론과 신마르크스주의자들은 교육과 학교들을 현존하는 자본주의 이데올로기를 재생산하는 것으로, 그리고 현재의 사회적 계층을 합법화하고 정당화하는 데 기여하는 것으로 보고 있다. 한편, 대안적 발전 입장은 행함으로써 배우고, 벌어들임으로써 배우는 것 등과 같은 탈기관적이고 비형식적인 교육을 강조하고 있다.

제4절 발전에 대한 회고와 전망

우리나라는 광복과 한국전쟁 후 오늘에 이르기까지 그 동안 정치, 경제, 사회, 문화, 과학기술 등의 부문에 있어 큰 발전을 이룩하였다. 실제로 그 당시의 생활상을 담은 필름이나 사진을 접하게 될 때면 누구나 이를 실감하게 될 것이다. 당시 헐벗고 굶주렸던 우리 국민들에게 경제성장은 아마도 제일의 목표였을 것이다. 정부와 국민들의 산업화, 공업화에 대한 높은 의지와 노력으로 오늘날 우리는 세계적인 높은 성장을 이룩한 국가로 발돋움할 수 있었다. 그 당시 우리 국민들에게 발전이란 곧 경제 성장이나 산업화, 공업화를 의미하는 것이라고 해도 과언이 아니었을 것이다. 그러나 지난 반세기 동안의 발전은 물질적인 풍요라는 긍정적인 측면 못지않게 여러 가지 사회 문제, 환경 문제 등을 야기하고 있다. 앞으로도 우리 사회가 계속적으로 이런 발전을 추구해 나아간다는 것을 가정할 때, 이러한 부정적인 문제들은 이제까지 우리들이 추구해 온 '발전' 개념에 대한 인식의 전환을 요구하고 있는 것이다.

20세기 초에 이르러서 발전이란 용어는 그 쓰임이 널리 퍼져 산업화에 기반을 둔 도시 발전으로, 식민주의 지배를 받고 있는 원주민들의 문명화로도 쓰이게 되었고, 그 개념은 문맥에 따라 다양한 의미로 쓰이게 되었다. 이러한 과정을 거치면서 발전은 growth, evolution, maturation과 같은 단어들과 밀접히 관련되었고, 이 단어는 항상 '바람직한 변화를 의미하며, 단순한 것에서 복잡한 것으로, 열등한 것에서 우수한 것으로, 나쁜 것에서 좋은 것으로의 변화'를 뜻하는 것이었다. 발전이란 단어는 어떤 것이 피할 수 없고 필요한 보편적인 법칙과 바람직한 목적으로 나아가고 있기 때문에 잘 이루어지고 있다는 뜻을 가리키는 긍정적인 의미를 가진 것이다.

제2차 세계대전의 막바지에 이르러 미국은 세계의 중심, 지배 국가로서의 그들의 지위를 공고히 하길 원했으며, 그런 목적 하에 세계적인 규모의 정치적 캠페인을 생각해 냈다. 1949년 1월 20일 Truman 대통령이 취임하던 그날 드디어 이 캠페인을 착수하게 되었는데, 그 캠페인은 '발전'의 시대였다. Truman은 'Underdevelopment(저발전)'를 사용함으로써 'Development(발전)'이란 단어의 의미를 바꾸었고, 그 때 이후로 미국 패권주의의 시대를 일컫는 것으로 하나의 상징을 창조한 것이었다.

Truman 대통령이 처음으로 남반구에 있는 대다수의 국가를 '저발전 지역'으로 명명했을 때 우리들은 다음의 사실을 받아들일 수밖에 없게 된다. 즉, 미국이나 서구 사회와 같은 근대화, 산업화를 이룩하지 못한 국가의 국민들은 '저발전' 상태에 있게 되었다는 것이다. 그 말은 과거 다양성을 지닌 채로 살아가던 20억의 사람들의 존재를 부정하고 그들의 모습을 왜곡하는 것이었다. 그들은 과소평가되어지고 낙후된 이들로 여겨졌으며, 다양한 대다수로서의 정체성은 단순히 균일하고 적은 소수라는 용어로 정의되고 말았다.

발전의 의미가 산업화로 변형되어진 결과는 이제까지 '저발전' 지역에서 살아왔던 사람들에게는 자신들의 고유한 문화나 사회를 열등한 것으로 보게 하였고, 자신들이 발전하기 위해서는 우수한 것으로 인식되는 선진국의 가치나 경제 체제를 맹목적으로 따라야만 한다는 인식을 심어 주게 되었다.

그러나 Sachs(1992)는 Truman 대통령이 내세웠던 발전의 시대는 다음의 전제에 의해서 무너지고 있다고 했다.

첫째, 미국과 몇몇 산업화된 나라들이 사회 진화 등급의 최상에 있다고 하는 과정의 문제이다. 그러나 이들 산업화된 국가들은 엄청난 천연 자원의 소모를 필요로 하며 산업화의 결과 심각한 환경오염을 일으키고 있다. 만약 전 세계적으로 산업화된 국가들을 맹목적으로 따른다면 지구상의 생태학적인 곤란은 더욱 커질 수밖에 없을 것이다. 따라서 이러한 우월성의 전제는 옳지 않다는 것이다.

둘째, 이 발전의 개념은 제2차 세계대전 후 구 소련을 중심으로 한 공산주의 국가에 대항하기 위해 식민 통치로부터 해방된 국가들을 미국을 중심으로 규합하고 그 국가들의 충성심을 유도하기 위해 제시한 것이다. Truman의 전 세계적인 발전 프로젝트는 신생 독립국가들에게 그들이 따라야 할 미래상으로서 제시되었던 것이다. 전 세계적인 발전 프로젝트의 추진은 선진국들로 하여금 후진국가, 제3세계 국가들에 대한 내정 간섭을 위한 인지적 기반이 되었던 것이다. 그러나 오늘날 역사의 무대에서 이러한 시대적인 동서 이념 대결은 이제 더 이상 찾아 볼 수 없게 되었다. 더불어 세계가 점점 다원주의화 되어감에 따라 Truman의 발전 프로젝트는 관념적인 힘을 잃고 어떤 정치적 연료도 없는 채로 남겨졌을 뿐이다.

셋째, 발전은 지구의 표면을 바꾸어 왔는데, 그것은 발전이 원래 의도했었던 그런 방식의 변화는 아니었다는 것이다. 즉, Truman의 발전 프로젝트의 결과, 선진국과 남반구의 국가, 제3세계 국가들과의 경제적 차이는 시간이 갈수록 더욱 커졌다는 것이다. 1960년대 북반구의 국가들은 남쪽보다 20배 더 부유했으나, 1980년대는 46배 정도 더 부유해 졌다고 한다. 이것은 어떻게 된 일인가? 그 이유는 이런 종류의 경쟁에서 부유한 국가들은 언제나 다른 국가들 보다 더 빨리 나아간다는 것이다. 선진국들은 그들이 내놓았던 진보된 기술들을 토대로 곧 좀 더, 보다 더 진보한 것을 개발해 내어 이전 것들을 구식화해 버리기 때문에 그런 진보된 기술을 가지지 못한 나라들은 끊임없이 선진국을 따라 갈

수밖에 없다는 것이다. 또한 산업화의 결과 각 국가들에서는 사회적 양극화가 널리 퍼지고 있다. 실수입의 감소, 불행, 자포자기의 이야기는 너무도 흔한 것이 되었다. 전통적인 인간을 근대화된 인간으로 만드는 캠페인은 많은 문제점을 야기했다.

넷째, 발전은 처음부터 잘못 생각되어진 계획이었다는 의심이 커진다는 것이다. 만약 지구상에 존재하는 전 인류가 몇몇 선진국과 같은 상태만을 따라가는 것이 발전이라면 그것은 결국 세계의 서구화이외에는 아무 것도 아닌 것으로 된다. 세계적인 서구화의 결과는 다양성의 거대한 손실을 말한다. 건축, 의복, 일용품들에서의 세계적인 단순화, 다양한 언어, 관습, 행동의 소멸은 이미 덜 눈에 띄는 것이 되었고 소망과 꿈의 표준화는 각국 사회의 국민들의 잠재의식 속으로 깊이 내려앉고 있다. 인간 정신이 이러한 서구의 심상들로 채워지고 그 결과 단일 문화가 형성된다면 이는 쓸모없고 위험하다. 단일 문화의 확산은 산업화, 발전 지향의 사회에 대한 실용 가능한 대안들을 서서히 파괴해 왔으며, 창조적인 반응으로 다른 미래를 찾게 하는 인간의 역량을 무력하게 하고 있다. 지난 40여 년은 문화적 진보를 위한 발전가능성을 심각하게 피폐시켜 왔던 것이다.

한편, Esteva(1992)는 Truman의 발전 개념을 다음과 같은 점들을 들어 비판한다. Truman의 대대적인 발전 프로젝트 이후에도 남반구 국가와 제3세계 국가들은 아직도 '저발전'의 상태에서 머무르고 있었다. 그래서 '저발전'의 물리적 역사적 원인들에 대한 집중적인 조사가 시작되었다. Hirschman(1958, 1981)이나 프래그머티즘적 관심도 저발전의 주요 원인으로 보이는 내부적, 외부적 요소들(불균형 무역, 의존, 보호주의, 시장의 불완전성, 부패, 민주주의의 결핍, 기업가 정신의 결핍 등)에 쏟아졌다. 특히, 라틴 아메리카의 종속이론가들과 또 다른 좌익 지식인들에 따르면 '가난한' 국가들은 식민지화의 과정에서의 강탈과 국가나 국제적인 수준에서의 자본가들의 착취에 의한 끊임없는 강탈에 기인한 상태에 놓여 있었다는 것이다. 즉, 이들은 '저발전'을 미국이 성공적으로 대중화시킨 발전의 산물로 보았다.

이러한 '저발전'에 대한 연구와 더불어 Truman의 '발전' 개념은 그 후 시대의 변화와 함께 변모해 갔다. 초창기 발전은 '경제성장'의 의미로 인식되었다. 그러나 UN에 의해 정기적으로 출판된 보고서(The Reports On The Social Situation)에서 '사회발전'이라는 표현이 서서히 소개되기 시작했고, '사회적'이라는 말과 '경제적'이라는 말은 서로 다른 실재들로서 간주되어졌다. 이들 견해들 사이의 '균형'에 대한 생각이 요구되었다.

어쨌든 UN에 의해 설정되었던 첫 번째 발전 시기동안 급속한 경제 성장의 결과로 발생한 부정적인 면들이(빈곤 지역의 확대, 경제 침체, 소외, 사회적, 경제적 진보로부터의 실제적인 배제 등) 좀 더 인식되기 시작했고, 양적인 지표에 토대를 두고 있던 발전에 대해 그 이상의 다른 무엇인가가 필요함을 깨닫게 되었다. 두 번째 발전 시기 동안에는 발전의 사회적인 면과 경제적인 면의 통합이 고려되었다. 특히 발전과 계획에 대한 '통합적인 접근'의 설명을 위한 프로젝트를 만들었던 UN은 발전정책과 프로그램을 체계화하는 데 있어 정치적 요소와 사회적 요소를 완전히 통합해야 한다고 했다. 그리고 이 통합은 아래의 구성 요소들을 가리킨다.

① 변화와 발전의 부문 밖에 사람들을 남겨 놓지 않는 것

② 국가적인 규모의 변화를 꾀하는 구조적인 변화를 초래할 것과 발전의 과정에 모든 사람들을 참여시키는 것을 활성화할 것

③ 국가내의 수입과 부의 공평한 분배의 달성을 포함하는 사회적 형평성을 목적으로 할 것

④ 인간의 잠재 능력의 발전에 우선을 둘 것. 잠재 능력의 발전은 고용 기회와 아동들의 필요를 충족시켜 주는 것임

UNESCO의 전문가들은 토착적 발전(endogenous development)의 개념을 증진

시켰다. 토착적 발전의 논제는 '단계적'이라는 발전의 가설에 대한 엄격한 비판으로부터 나온 것이기 때문에, 단순히 기계적으로 산업사회를 모방할 필요성과 가능성에 반대하는 것이었다. 대신, 이 개념은 각 개별 국가의 개별성 또는 특이성을 중요한 것으로 여길 것을 제안했다.

1990년대에는 재발전(redevelopment)이 유행하게 되었고, 개념적으로, 정치적으로, 재발전은 이제 지속가능한 발전(sustainable development)으로 전환하고 있다. 지속 가능한 발전은 환경적이며 민주적인 재 발전에 의해 활발하게 증진되었다. 이렇게 발전에 대한 인식은 초기의 '경제성장' 중심에서 점차 사회 형평성을 고려하는 발전, 참여적인 발전, 개별 국가의 특수성과 문화를 고려하는 발전, 환경을 고려하는 발전 등으로 변모하고 있다.

특히, Esteva(1992)는 경제학의 발달 과정에 대한 검토에서 경제학의 근본 원리가 사람들의 삶에 미친 부정적인 면을 언급하였다. 전통적인 경제학자들은 모든 사회에서 보편타당하게 받아들여지는 원리로 희소성의 원칙(law of scarcity)을 제시하였다. 이것은 인간의 요구는 크지만, 반면 그 요구를 만족시킬 수 있는 수단은 제한되어 있다는 가정이다. 이 가정은 자원 배분에 관한 선택을 의미하는 것이다. 이 사실은 '경제적인 문제'로 정의될 수 있는데 이에 대한 해결책은 시장과 계획을 통해서만이 제시되어졌다.

이러한 경제의 근본 원리에 바탕을 두고 19세기 동안 유럽에서는 경제 성장을 위하여 식민지의 확대를 도모하였다. 경제 성장은 식민지 확대와 같은 의미로 쓰였다. 그러나 Truman의 연설에 의해 이런 부정적인 어감은 사라지게 되었으며, 그 이후 발전론자들은 Truman의 발전 개념에 따라 경제 성장을 발전의 핵심으로 삼게 되었다. 경제적 원리와 경제 성장의 가치는 세계적으로 보편타당한 것으로 받아들여지게 되었다. 그러나 이런 경제적인 가치만이 소중한 것으로 받아들여지다 보니 기존의 자립적인 인간으로서 지니고 있던 특성들은 사라지게 되고 이제 인간은 '시장(market)'이라는 경제적 논리에 의해서만 움직이는 '경제적인 인간'으로 되었다. 오늘날 대부분 발전의 역기능으로 나타나고 있는 결과들은 아마도 이런 양적인 경제 논리에 의해 생긴 것이라고 보아도 좋을 것이며, 그 심각성은 매우 커지고 있다.

이제 지구상의 대다수의 사람들은 그들의 저항을 이러한 경제 논리에 묶여 있는 상태에서 자신들 스스로를 자유롭게 하려는 사회적 상호작용의 기본 형식들의 창조적인 재구성으로서 간주한다. 그들은 이제 그들의 전통 밖에서부터 가져온 경험과 치료 요법들의 도움과 더불어 자신들의 고유한 문화와 환경에서 배우려고 노력하며, 새로운 삶의 방식을 찾으려 한다. 그들에게 발전은 새롭게 인식되기 시작한 것이다.

이와 더불어 최근 녹색성장(green growth)과 관련하여, 우리나라의 경우 2008년 '저탄소 녹색성장'을 국가비전으로 천명하고, 이를 국제적인 자산으로 확립해 나가기 위해 글로벌녹색성장기구(GGGI : Global Green Growth Institute)를 설립하였다. 이 기구의 설립목적과 주요 사업은 개발도상국의 녹색성장 전략 및 정책개발을 지원하기 위해 프로그램의 개발 및 이행, 역량 배양, 모범사례의 공유 및 협력기관에 대한 지원 등을 담당함으로써 전 지구적 기후변화 문제에 대처해 나가면서 동시에 경제성장을 목적으로 다양한 활동을 수행하고 있다. 이와 더불어 2010년 칸쿤에서 개최된 제16차 기후변화협약 당사국총회에서 합의한 사항인개발도상국의 온실가스 감축과 기후변화 적응을 지원하는 기후변화 관련 국제금융기구인 녹색기후기금(GCF : Green Climate Fund, 환경분야의 세계은행)을 우리나라에 유치함으로써 경제성장과 환경보호의 양립을 실천·선도하는 국가로 국제적으로 위상을 매김하고 있다(대통령실, 2012. 11).

이상에서 기술한 바와 같이, 발전의 개념은 이제 더 이상 어떤 한 국가의 정치적 지배를 목적으로 하는 세계적인 헤게모니도 아니고, 단순히 양적인 면에서의 '경제성장'만을 의미하는 것은 더더욱 아님을 알 수 있을 것이다. 특히 경제적, 사회의 근본 원리로 가정되었던 희소성의 원칙은 일반 대중들의 의식에까지 자명한 원리로 침투되어 우리들 삶의 사회적 상호작용의 대부분을 경제적 논리로 채우고 말았다는 것도 알 수 있었다.

전통적인 인간을 경제적인 인간으로 바꾸려 했던 경제 성장의 결과 전 세계적으로 나타난 인간 소외 현상, 다양한 문화의 소실, 환경문제, 기후문제 등의 부정적인 면은 우리들로 하여금 단순히 서구적인 발전 모형만을 따라가는 것만이 최선의 길은 아님을 말해 준다. 경제적인 면뿐만 아니라 사회적, 환경적 요인들과 함께 하는 발전에 대한 새로운 인식(녹색성장, Green Growth)의 전환이 필요하다는 것을 알 수 있을 것이다.

CHAPTER 10

교육과 문화발전

이 장에서는 문화발전에 대한 의미를 살펴보고, 교육과 문화발전과의 관계를 탐색한다. 이를 토대로 한 합리주의 성장, 개인주의 부상을 살펴보고, 문화와 발전에 대한 새로운 인식을 탐색·제시한다.

제1절 교육과 문화발전과의 관계

1. 문화발전의 의미

일반적으로 문화란 한 사회의 구성원들 간에 찾아볼 수 있는 관습적인 행위 및 이의 산물이라고 할 수 있는데, 문화를 한 집단의 생활양식의 총체로서 세상의 현상적 측면을 중시하는 입장과 문화를 인지체제나 행동의 규칙으로 보고 세상의 관념적 측면을 중시하는 입장으로 나누어 볼 수 있다(이문웅, 1983).

그리고 문화는 어떤 집단의 구성원이 공통적으로 가진 생활양식이나 사고양식이며, 사회적 유산으로 누적적·학습적이며 일련의 긴밀한 체제를 갖는 통합성을 가진다. 또한, 문화는 가변적인 것으로 그 구조와 질서에 여러 가지 변용과 적응을 하며, 그 형태는 문화개조, 문화접변, 문화동화 등이 있다(강무섭 외, 1985: 202).

문화발전(cultural development)이란 하나의 역동적 과정으로서 문화적 풍요, 문화적 표현 형식들의 강화, 그리고 상호존중과 관용의 정신아래 적합한 수단을 통해 이루지는 광범위한 참여와 창조성에 의해 문화가 모든 사람에게 활용가능하게 되는 것을 뜻한다(김광억, 1994: 40).

이와 같은 문화발전은 문화변화의 과정에서 개인의 행복과 안정, 문화의 균형과 질서가 중시될 때 가능하다. 그러므로 문화변화의 과정에서 주체성의 확인과 그 신장이 중요하고, 또한 전통의 가치를 체계화하여야 한다. 그리고 문화 창조의 역량이 증대되어야 하며, 국민의 문화의식 수준의 향상도 문화발전을 위해 중요하다. 교육은 가치 있는 문화적 유산을 교육내용으로 학생들에게 학습 · 전수시킨다. 또한, 학교생활 동안 연극의 공연이나 전시회 등을 통하여 예술작품에 대한 이해 · 감상의 안목을 높이며, 각종 창작 활동에 참여하게 하기도 한다.

교육과 관련하여 문화는 특정사회와 연계된 학습된 행동이라는 것을 강조한다. 왜냐하면 문화의 교수-학습은 어떤 사회에서든지 교육의 본질이기 때문이다. 문화가 학습되는 과정을 분석하는 것은 교육을 이해하기 위한 기초이다. 따라서 사회의 보존과 지속은 문화 성격을 띤 특징 있는 행동양식 학습에 달려 있다고 할 수 있다(김병성 외, 1992).

2. 교육과 문화발전과의 관계

제2차 세계대전 이래 미국의 지식인과 정치 지도자들 사이에서는 발전의 문제에 강한 흥미를 보여 왔다. 유럽 식민지 제국의 붕괴와 아시아, 아프리카에서의 신생독립 국가의 출현으로 Almond, Pye, Coleman 등과 같은 정치학자들은 일반적으로 정치발전의 문제 특히 국민건설에 대해 관심을 갖게 되었다. 그러나 사회가 어떻게 발전하는가에 대한 논의에서 중점적으로 제기된 것은 바로 경제학자들이 경제성장이 곧 사회발전을 구성했다는 점이다. Rostow, Kuznets, 그리고 Schultz와 같은 경제학자들이 제기하고 있는 논리와 주장들은 초기동안 상당한 관심을 끌었다.

그 후, 사회학자들이 그러한 논의에 개념을 도입했을 때, 더 많은 사람들이 논의에 참여하고, 이에 대한 게임은 더욱 복잡해졌다. 경제학들은 주요 발전지수로서, 증가된 생산성을 사용하는 것과 같은(GNP에 의해 나타나는) 다소 기계적인 경제성장으로서의 발전개념으로 인식하게 되었다. 그러나 발전에 대한 동의어로서 근대화의 개념을 사용하는 것은 문화적 변화문제에 대한 설명이 요구된다. 이것은 종종 '근대'가 '전통'에 반대되는 것을 의미하며, 전통은 근대와 비교했을 때 부정적으로 묘사되는 경향이 있다. 근대적이 된다는 것은 성취에 가치를 두는 것이고 전통적으로 된다는 것은 사람을 분류하는 데 있어 귀속적인 요인을 강조하는 것이었다. 근대성은 보편주의적 관계에 의해 특징지어지며, 전통주의는 배타주의적 유대를 강조했다. 현대 사회는 융통적, 개방적, 다원적이며, 개인주의에 보다 높은 가치를 부여한다. 전통주의 사회에서는 경직되고 폐쇄적이며 동질적이고 획일성에 보다 가치를 둔다. Eisenstadt, Weiner, Parsons 그리고 Inkeles는 발전으로서 근대성 개념을 보편화하는 데 기여한 사회학자들이다.

1950년대와 1960년대 초기의 발전에 대한 낙관주의는 1970년대 동안 좀 더 회의주의적 이론가에 의해 학문적 중심 무대에서 밀려나기 시작했다. 이러한 이론가들 사이에서 두드러진 것은 세계체제이론과 종속이론이다. 제8장에서 기술한 비판적 발전 모형으로서의 이러한 양 이론은 모든 사회의 합법적 목적으로서 경제성장을 받아들이고, 발전도 그러한 것으로 규정하고 있다. 그러나 이 이론들은 제3세계 국가의 느린 발전을 선진국과 후진국사이의 불평등한 관계에 그 탓을 돌리고 있다. 이들의 신념이 상당히 단순화에 빠져들게 됨으로서 발전에 대한 진보주의적 견해는 제3세계 국가가 독립적이고 번영하게 될 것이라고 보는 것은 선진국에게는 별로 이익이 되지 않는 것에 대해 비판을 받게 된다. 그러므로 선진국은 이미 밝힌 바와 같이 후진국들이 의존적이며 더 부유한 국가의 산업을 위해 원자재의 생산자로 남아있기를 더 선호한다는 것이다.

종속이론과 세계체제 이론은 보편성의 절정에서 지나간 것으로 보인다. 그 이후 발전의 영역은 더 작은 많은 이론군으로 분리되었다. 더 이상 연구에 초점을 두고 논의할 지배적 패러다임은 없다. 대신 우리가 지금 가진 것은 다양한 일련의 이론들로 대안적 발전이론 또는 접근이라고 할 수 있다. 이 이론들은 자본주의적 생산양식이 좀더 나은 세계를 창조하는 데에 기술적 해결의 고안물을 자극한다는 진보적 이데올로기에 대해 도전하게 된다.

대안적 발전이론들은 또한 발전을 규정하는 데 있어서 도덕적 및 규범적 범주를 명백하게 통합한 1970년대의 비판적 또는 회의적 이론들을 능가한다. 그래서 이러한 대안적 발전이론의 대부분은 진보적 또는 급진적 이론들보다 더 인간적 측면을 반영하는 것 같다. 어떤 이는 발전을 절대적 배고픔, 가난과 결핍의 근절로 언급하기도 한다. 다른 이는 발전을 사회의 구조적 변형 즉, 사회의 구성원의 변화하는 요구를 충족시키는 정치적 제도의 능력으로 또는 도덕적 추리의 발전으로 규정한다. 따라서 대안적 발전론자들은 발전의 개념을 사용하는 대신에 더 단순한 기술을 사용하고 환경을 보존하며, 더 큰 사회정의를 창조하면서 민중운동을 통한 자립을 증진시키는 문화적 정체감 유지의 중요성을 강조하고 있다.

여기에서는 Weber, Marx, Durkheim과 같은 사회학자들이 관심을 가졌던 몇몇 문화적 쟁점에 대해 기술한다. 이러한 지식인들은 경제 성장과 근대화는 지난 몇 세기 동안 일어났던 어떤 폭넓은 문화적 변화에 의해 서구에서 일어났다고 믿고 있다. 이러한 변화의 보완적인 면은 경제성장과 근대화를 증진했지만 이러한 변화들 역시 동양과 서양에서 밝혀진 많은 문제들의 근본 원인인 문화적 모순과 발전에 대한 자본주의적 접근을 창출했다(Chung, 1989; Takei & Chung, 1989).

제2절 합리주의의 성장

서구의 경제성장이 인간이 상당정도 자신들의 환경을 통제한다고 믿음으로서 촉진되었다는 주장에 대해 논쟁할 사람은 없을 것이다. 인류의 역사는 자신의 세계를 조정하는 학습방법의 긴 과정을 보여준다. 도구를 만드는 것을 배우고 동물을 키우며 곡식을 심는 등등의 것에서부터 인간은 우연히 또는 의도적으로 이 지구에서 많은 생명을 파괴하기에 충분할 정도의 강력한 무기를 만드는 시점에까지 이르고 있다.

이러한 것을 가능하게 한 과학적·기술적 지식은 모든 현상이 초자연적이거나 인과적이 아닌 자연적이라는 강력한 전제에 바탕을 두고 있다. 인간이 생존하는 우주가 점차적으로 깨어남에 따라 인간 이성과 행동에 대한 종교의 영향은 약화되었다. 인간은 점차적으로 바라는 결과를 일으키는 초자연적인 중재에 덜 의존하고 지성화(intellectualization)와 합리화(rationalization)의 활용에 의해 해결책을 찾고 있다. 1918년 Munich대학에서 '소명으로서의 과학'의 주제로 한 강연에서 Weber가 언급하였듯이 근본적으로 중요한 지성화의 결과는 다음과 같다.

"계산하지 않고 작동할 수 있게 하는 신비한 힘을 가진 것은 없으며, 오히려 인간은 원칙상 계산에 의해 모든 것을 지배할 수 있다. 이것은 세계가 미몽에서 깨어남을 의미한다. 인간은 더 이상 신비한 힘을 가졌다고 믿었던 미개인처럼 영혼을 지배하거나 호소를 위해 마술적 수단에 의존할 필요가 없다. 기술적 수단과 계산은 이러한 활동을 수행하게 한다. 무엇보다 이것은 지성화가 의미있는 바이다."

과학과 지적 합리화가 인류에게 자신의 환경을 더욱 통제할 수 있게 해 준 반면에, 세계가 미몽에서 깨어나는 데 동반하는 것은 인간의 사후세계에 대한 관심을 약화시키고, 이 세상에서 자신의 생활 상태에 대한 애착의 중요성을 증가시켰다. 세계의 위대한 종교들은 이 세상에서의 삶은 짧고 인간의 근본 목적은 내세에서의 바람직한 결과를 보장할 수 있는 방법으로 생각하고 행동해야 하는 것이라고 가르친다. 그러나 구원, 열반 등의 강한 추구는 점차 Weber(1958: 176)가 말한 '공리적 세속성'이라는 말로 바뀌었다.

이와 같은 것이 인류에게 만든 문화적 문제는 인간행위에서의 방향감의 상실을 들 수 있다. 합리성은 무엇이며, 무엇이 되어서는 안 되는지를 서술할 수 있기 때문에 합리성은 생활에 대한 어떤 형이상학적 의미도 제공하지 않는다. Weber는 이러한 상실감을 너무도 잘 알고 있었다. 그러나 이러한 상실감은 지적 자유를 위해 인류가 치러만 하는 대가로 받아들여졌다. Weber는 현대 생활에서의 형이상학적 통합의 부족으로 사람들이 자신의 삶에서의 방향을 자신 스스로에게 의존하게 만들었다고 믿었다. Weber의 말을 부연한 Alexander (1978: 192)는 특히 이러한 관점에 적합한 것으로 보인다. '한때는 신이 인간을 지배했다. 지금은 인간이 신을 선택한다.'

합리성이 인류에게 미친 또 다른 방식은 모든 삶의 영역에서 계산 과정의 채택이다. 이러한 발전은 의심할 여지없이 서구에서 경제 성장을 촉진하였다. 수단적 합리성 또는 목적 달성을 위한 양적 수단의 계산은 어떤 행위과정을 채택할 것인가를 결정하는 우세한 양식이 되었다. 이것은 자본주의 체제의 통합적 측면뿐만 아니라 관료적 구조와 기능의 기본적인 논리를 형성한다. 수단적 합리성은 자신의 구성원과 고객, 혹은 수혜자 모두에게 합법적인 관료제를 제공한다. 의사결정에서 명시적인 목표와 몰인정적인 준거를 활용함으로써 관료제는 자신의 구성원에 대해 비인간적인 영역을 부과할 수 있으며, 고객, 혹은 수혜자들을 객관화함으로써 관료제는 이들을 동일한 서열로 격하시킬 수 있다. 이러한 것에 의해 평등을 생산하고 조직의 구성원과 고객 혹은 수혜자들 간에 정의감이 나오게 된다.

Weber는 합리성과 개인적 자율성 사이의 문화적 모순을 충분히 알고 있었다. 합리성은 지적 자유의 가능성을 창조해 낸 반면, 인류의 일상생활에 관료적 통제의 침투를 가능하게 했다. 이에 대해 Alexander(1987: 197)는 다음과 같이 요약하고 있다.

"Weber는 20세기의 표면적으로 드러난 조화되지 않은 특성을 설명하기 위해 합리성의 개념을 만들었다. 그것은 단순히 우리 시대의 공포를 설명하는 군대와 산업적 힘의 기술적 성장이 아니다. 이러한 우울한 상황은 아주 단순히 인간 한 사람 한 사람의 비인간화 증대의 결과이다. 이러한 비인간화는 주관적 능력으로서, 객관화를 위한 능력과 병렬하여 발전되었다. 이것은 자신과 타인의 인간성 상실을 위한 동일한 능력에 의해 생산되었다. 이것은 한편으로는 규율과 복종을, 다른 한편으로는 자율성과 지배력을 증진한다."

Weber의 이러한 인간조건에 대한 다소 부정적인 평가는 유럽의 문화가 허무주의의 힘에 의해 압도당할 것이라고 한, 1888년에 출판한『힘에 대한 의지』라는 자신의 마지막 책에서 예언한 Nietzsche의 좀 더 염세주의적 예언에 의한 초기의 평가보다 더 우수하다고 할 수 있다. Nietzsche는 허무주의를 '합리성의 최종 과정'으로 보았다. 인간이 과거를 부수고 미래를 통제하려는 것은 자기의식적 의지이다. 그것은 극단에 있을 때 근대화이다. 사실상 그것은 형이상학적 상태이지만, 허무주의가 사회의 모든 면에 세력을 떨치고 종국에는 그 자신을 파괴하고 만다(Bell, 1976: 4).

현대 생활에서 합리주의의 효과를 숙고하는 또 다른 방법은 일에서부터 독립하여 소외(alienation)와의 연계성에 대해 조망하는 것이다. Marx는 생산수단에 대한 통제를 상실할 때 노동자는 자신의 일에서 소외된다고 주장했다. 합리적으로 기능하는 현대의 조직 속에서 일하는 대부분의 사람들은 자신의 일에서 소외되어 가는 경향이 있다고 주장하는 것이 아마 더 정확할 것이다. 왜냐하면 조직 속에서 사람들은 몰인정적인 지배를 받을 뿐만 아니라 작업장에서의 익명의 사회적 관계를 견디어야만 하기 때문이다. 그러므로 Berger 등(1973: 35)은 다음과 같은 주장을 했다. "작업 조건에서는 틀림없이 부인될 주관적 정체감의 요소를 개인이 표현할 수 있는 개인적 세계가 있어야만 한다." 합리성에 대한 이러한 결과의 암시는 다음에서 다루게 될 것이다.

제3절 개인주의의 부상

비록 사람들은 서구 문화에서 개인주의의 개념이 몇 세기에 이르러 중요하게 되었는지에 대해서는 불일치하더라도 서구 역사에서 개인주의 개념이 중요한 역할을 담당했다는 데 대해서는 논쟁이 없을 것이다. Bell(1976: 16)은 이에 대해 다음과 같이 지적하고 있다.

"근대화의 근본적인 가정, 즉 16세기 이래 서구 문명화를 통해 명맥을 이어온 것은 사회의 사회적 단위가 집단, 길드, 종족이나 도시가 아닌 개인이라는 점이다. 서구의 이상은 스스로 결정하게 되는 자유를 성취할 자율적 인간이었다."

자율적인 사람으로 만드는 주요 기제는 학교이다. 학교는 현대의 종교적, 정치적, 경제적 조직에서 미래의 구성원으로 일하게 될 개인들을 형성시키는 것을 주임무로 하는 기관이다. 이상적인 개인은 경제적 진보와 정치적 발전의 이중적 목적 추구를 상상하는 새로운 사회의 기본 구성원이 되도록 합리적이고 목적에 합치하며 유능하게 되는 것을 의미한다(Boli, et al., 1985).

사회에서 교육의 역할을 위한 이론적 모형은 폭넓게 인정을 받아왔고, 수많은 국가들이 자신의 국가적 경계 내에서 대중 교육을 확대하려는 야심에 찬 노력을 시작하는 데 대한 정당성을 제공해 주었다. 그러나 이 모형에 의해 예견되었지만 학교들은 사회의 통합을 증진시키지 못할 뿐만 아니라, 학교의 선발 기능에 의해 갈등과 긴장을 초래할 수 있다.

학교들은 성적에 의해 입학자들을 구별한다. 어떤 사람은 의무교육 수준을 넘어선 학교교육을 계속할 능력을 가지고 있는 것으로 여겨지며, 반면 사회의 대다수 사람들은 그 능력이 부족한 것으로 판단된다. 그래서 학교는 평가과정에서 경쟁을 하게 한다. 학교교육을 계속 받도록 선발된 사람들은 성공한 것으로 판단되며, 선발되지 못한 사람들은 자기 자신과 타인에 의해 실패한 것으로 보이는 것이다.

역설적으로, 아마 세계에서 가장 선발체제가 적은 나라중 하나인 미국은 다른 나라보다 학교선발에 관련된 긴장과 강요를 더 많이 만든다. 그 이유는, 부분적으로는 평등한 기회가 존재했던 기간이 짧았기 때문이기도 하고, 소수 대신 다수가 성공했을 때 더 민감하게 느끼는 실패감 때문이기도 하다. 정규학교의 고등수준에 입학할 능력이 없다고 평가된 미국인들은 좀 더 선발적인 학교제도를 가진 사회에 있는 사람들보다 더 큰 실패감을 겪게 되는 것 같다(Clark, 1960; Turner, 1960; Simmons & Rosenberg, 1972).

성공과 실패가 개인의 능력과 동기에 기인하게 되는 경향의 정도에서 학교교육과 직업에서 성공한 자들은 자신들의 지위와 수입에서 그럴만한 가치가 있다고 가정할 것이다. 이것은 이타주의적이 되는 대신 자기중심적이 되게 하거나 집단적인 대신에 자신의 욕구에 종속되는 쪽으로 만들 것이다. 그래서 우리는 서구의 개인주의 이데올로기가 자기 자신의 욕구를 만족시킴으로서 개인의 관심을 기르는 경향이 있다는 일반화를 제안한다.

여기서 기술하고 있는 논쟁의 핵심적인 사고는 이제 분명해졌다. 자신의 욕구를 만족시키는 충동이 종교적 믿음의 약화와 일에서의 소외와 결합할 때 그 결과는 현대 삶과 연관된 여러 종류의 태도와 결합하여 행동된다. 미국에서 이러한 것을 가장 잘 볼 수 있는 것은 일이 끝난 후 사생활로의 탈출과 낭비적인 소비를 동반하며, 타인의 복지에 대한 책임감의 결핍을 들 수 있다.

대중 소비현상에 대해 언급한 사람은 많이 있었다. 이 주제를 더 학문적이게 하는 것은 쓰레기 처리, 환경오염, 물질자원의 고갈에 대한 현재의 관심이다. 극히 다루기 힘든 이 문제는 소비에 대한 우리들의 선입견의 이유로 가능한 한 확인된 요인에 의해 제안된다. Frankfurt학파는 대중 소비를 근로자가 자본주의 체제에 속박되어 있는 것으로 간주한다. 이 견해에 의하면, 근로자들은 자신들의 능력을 개발할 기회가 거의 주어지지 않은 작업장에서 익명의 사회적 관계로부터 소외된다. 따라서 보수를 위해 일하는 개인의 요구는 소외된 요구이며, 사생활에서 근로자의 요구는 소유하고 소비하는 것이다(O'Connor, 1984: 165~172).

또 다른 관점에서는 서구에서의 종교적 영향의 쇠퇴는 상당할 정도의 즐거움의 추구와 쾌락주의를 자본주의의 문화적 정당화로 고양시킨 탓으로 돌린다. 더욱이 경제 성장은 사람들의 인식을 부족에서 풍요로 전환시켰다. 그렇게 됨으로서 필요한 것에서 원하는 것으로 관심을 옮기게 되었다. 필요한 것과는 달리 원하는 것은 생물학적으로 정해진 것이 아니므로 무한하다고 할 수 있다(Bell, 1976: 21~28).

타인에 대한 책임감을 약화시킨 개인주의의 효과는 미국의 범죄율 증가와 높은 이혼율에 반영되고 있다. 후자에 관해서 살펴보면 인구통계학의 최근 논문에서는 초혼한 사람의 3분의 2가 별거나 이혼으로 끝나며, 재혼은 파경에 이르는 비율이 더 높은 것으로 나타났다(Martin & Bumpass, 1989). 미국의 개인주의는 결혼의 약화를 초래한 강한 원인일 뿐만 아니라 동일한 사회의 시민으로서 우리 모두에게 영향을 미치는 개인적이고 사회적 문제의 부수적인 요인이라고 할 수 있다.

제4절 문화와 발전에 대한 새로운 인식

이 세대는 대체할 수 없는 자원을 소비하고 있으며, 대체될 수 있는 것보다 더 빠른 비율로 대체될 수 있는 자원을 소비하고 있다. 전통적 기술이 지원할 수 있는 인원수를 넘어선 인구가 지구에 살고 있다. 돌이킬 수 없고 암의 위험을 높일 수 있으며, 앞으로 오랫동안 피해를 일으킬 수 있는 여러 방법으로 대기를 간섭한다. 모든 대륙의 해안 평원에 홍수를 일으킬 수 있고, 문명을 파괴할 수 있는 행위에 의해 기후를 함부로 조작하고 있다. 재앙스러운 힘의 무기화와 함께 'chicken game'이라는 대륙 간의 게임을 한다.

그러나 우리 세대는 미래의 세대들이 지금 우리가 하는 것 보다 더 이러한 문제들을 극복할 수 있도록 과학적 기술을 창조하고 있다. 우리는 단순히 모를 뿐이다(Shinn, 1985: 25).

인류의 상태에 대한 이러한 세심한 평가는 저명한 기독교 신학자인 Shinn에 의해 제공되었다. Shinn(1985)은 그의 책 '강요된 선택: 21세기를 향한 사회적 결정'에서 우리의 무지와 냉담함의 유산으로서 미래 세대에 남겨줄 그리고 우리 자신을 위해 창조한 중요한 문제들을 상세히 분석하였다. Shinn(1985: 25)이 비록 인류가 직면한 문제의 심각성에 대해 철저히 확신하지만 이러한 문제의 주요 원인이 현재나 다가올 미래에서 우리 행위가 타인에게 영향을 미치는 바에 대해 우리가 아는 것이 거의 없고 때때로 관심도 거의 없다는 데 있음을 암시할 때는 확신이 부족하다.

이와 같은 것들은 Shinn에 의해 확인된 문제들로서, 강압과 강요에 의존함이 없이 이런 문제들을 우리가 해결하려면 수정되어야만 될 서구문화의 특정 근본적인 측면에 의해 주로 야기된 것이다. 우리의 미래를 위험하게 하는 문제들은 20세기 동안 이 세상에서 거의 모든 사람에게 영향을 미친 서구의 문화적 변화에 의해 야기되었기 때문에 지금 우리가 있는 곳에 우리를 오게 한 서구문화의 발전을 분석해야 될 필요가 있다.

자연자원과 재활용 자재의 실제적 보존을 격려하는 정책이 분명히 요구되며, 이에 오래전부터 채택되어졌어야 했었다. 또 다른 한편, Shinn이 서술한 문제들을 만드는 데 도움이 되는 사생활에서의 자기중심적 행동과 일로부터의 소외라는 두 가지 문제는 극도로 복잡하며 실제로 원활히 해결되지 않고 있다. 그리고 만약 이러한 깊이 골이진 문제가 서구에서의 경제성장과 근대화의 통합적 측면이라면 개발도상국의 국민들에게 작업장에서 규율화된 행동과 경제성장을 추구함과 동시에 사생활에서 개인적 자율과 안전한 환경을 포함하는 어려움을 미리 경고해 주어야 할 것이다.

경제 성장과 근대화와 관련한 몇몇 문제들이 어느 정도 해결되면 일에서부터의 소외를 줄이고 집단적 책임감의 증진을 도모할 방법을 고안할 필요가 있다. 이것은 순수히 개인주의적 방식으로보다는 다른 삶의 의미를 찾을 때 설명되어져야 한다고 Durkheim이 믿는 문제였다. 한국, 일본, 태국은 미국만큼 심하게 문제들을 만들지 않은 채 경이로운 경제성장을 이룩한 것으로 보인다. 그러나 이런 나라의 사람들은 서구의 사람들이 즐긴 사치스러운 정도의 개인의 자유는 갖지 못했다. 아마 이런 아시아 국가들은 다른 개발도상국가들에게 서구의 발전 모형보다 더 바람직한 발전모형을 제공한다. 그러나 만약 아시아 국가의 성공의 부분적인 비밀이 문화적으로 동질성에 기인한다면 다양한 인종과 문화적으로 다원화된 사회는 집단 책임감과 상호문제 해결을 위한 협동적 노력을 기르기 위해서는 극복해야 할 어려운 장애물을 가진 것 같다. 우리는 자신이 필요로 하는 해답을 아직 갖고 있지 않다. 그러나 이 문제를 우리가 무시하기에는 너무나 중요하다.

CHAPTER 11

양성평등교육과 교직사회의 이해

이 장에서는 양성평등교육의 의의를 살펴보고, 성불평등에 대한 다양한 교육적 관점을 자유주의적 관점, 급진주의적 관점, 사회주의적 관점으로 제시한다. 아울러, 교직사회가 지니고 있는 제 속성을 이해하기 위해 전문직으로서의 교사와 교직의 여성화 경향에 대해 기술한다.

제1절 양성평등교육의 의의

현대 사회는 농경사회, 산업사회, 자본주의 사회를 거쳐 정보화 사회, 지식사회 등으로 급격한 사회변화를 맞이하고 있다. 이와 더불어 여성의 사회 진출이 점차 활발해지고 역량이 증가함으로서 성불평등의 문제는 더 이상 간과할 수 없는 사회적 문제로 등장하게 되었으며, 급기야 학문적 연구의 대상으로서 성(gender)의 중요성이 부각되기에 이르렀다. 이러한, 성불평등에 대한 논의는 국제 경쟁력 강화를 위한 인력 정책의 일환으로서 여성 인력을 양성하고 활용하려는 국가의 정책적 관심으로 중요하게 나타나고 있으며, 이와 병행하여 여성들에게 궁극적으로 질 높은 삶의 기회를 제공해 주려는 관심으로 제기되고 있다.

이와 같은 여성 인력의 양성과 활용은 궁극적으로 교육에서의 성불평등 문제를 해소하는 데 초점이 모아지고 있다. 결국, 최근에 제기되고 있는 여성 인력의 양성 및 활용에 대한 관심은 교육 현실에서 여성들이 겪게 되는 경험을 올바르게 이해하고, 문제를 인식하여 그 해결책을 제시하는 과제를 던져주고 있다.

성을 연구의 중심 대상으로 다루는 것은 이미 여성학 분야에서 상당히 진전되고 있으며, 이러한 여성학 연구의 진전은 교육연구에도 적지 않은 영향을 미치고 있다. 최근에 발간되는 교육관련 도서와 학술지 등을 살펴보면 성불평등 문제를 다룬 내용이 많이 포함되고 있는 추세에 있으며, 여성에 대한 문제 제기의 차원을 넘어서 성차별의 해결을 위한 대안을 모색하는 영역으로까지 확대되어 성불평등에 관한 주제는 교육문제 연구의 중요한 부분으로 자리 잡아 가고 있다.

1970년대 후반부터 성불평등 문제가 교육사회학에서 다루어지기 시작하면서 성불평등과 교육과의 관계를 설명하는 연구들이 등장하였고, 특히 성역할 사회화를 주관하는 기관으로서의 학교에 관한 연구들은 교과서 분석이나 교사의 학생에 대한 차별적 기대, 교사-학생간의 상호작용 분석 등을 주로 수행해 왔다.

그러나 이러한 연구들은 학교에서 차별적인 성역할 사회화가 이루어지는 과정과 그로 인한 결과는 언급할 수 있지만 성별에 따라 서로 다른 행동유형이 생겨나는 이유를 체계적으로 설명하지 못하는 한계를 드러내고 있다. 또한, 성역할의 관점에서 연구를 함으로써 한 개인의 인성변화를 설명할 수는 있지만 성불평등을 야기하는 사회구조적인 원인에 대해서는 제대로 설명하지 못하고 있다. 따라서 성역할에 대해 교육사회학적으로 접근하기 위해서는 성역할을 단순히 남녀의 인성적 차이로 인식하는 것이 아니라 그것이 차별로 나타나는 사회에서의 역할 행동과 관련지어 인식해야 할 필요성을 제기하기에 이르렀다.

본 장에서는 양성평등교육 차원에서 여성교육발전을 살펴보고자 우선 관련 문헌을 중심으로 한 학교교육에서의 성불평등에 대한 교육적 관점을 자유주의, 급진주의, 사회주의 세 가지 관점을 중심으로 고찰하고, 학교교육 영역별로는 교육기회, 교육이념과 목적, 교육내용, 교사와 학생 관계, 계열선택, 교직의 성별분업으로 분류하여 분석하였다. 즉, 학교교육에서의 성불평등에 대한 교육관련 집단의 인지도를 파악하기 위해 질문지법에 의한 실증적 조사 연구를 실시하였다. 자료 수집은 서울 · 경기 지역과 대구 · 경북 지역의 초 · 중등학교의 교원과 대학생을 조사 대상으로 하였다.

따라서 양성평등 교육차원에서 여성교육발전을 실현하고자 학교교육에서의 성불평등에 대한 교육적 관점을 바탕으로 실제 학교교육을 통해 나타나는 성불평등의 실태를 분석 · 제시하는 데 그 목적이 있다.

제2절 성불평등에 대한 교육적 관점

성불평등에 대한 인식과 극복을 위한 전략을 탐구하는데 있어서 접근 시각 및 관점의 차이에 따라 성불평등에 대한 이론들을 다양한 관점으로 구분하여 설명할 수 있다.

Acker(1987)는 서구 페미니즘의 세 가지 주요한 이론적 틀인 자유주의 페미니즘, 사회주의 페미니즘, 급진주의 페미니즘으로 구분하였고, 특히 급진주의 페미니즘에 기초하여 교육학적인 적용을 시도하였다. Nelly(1990)도 세 가지 페미니스트 이론적 틀인 자유주의, 급진주의, 사회주의의 범주로 나누었으며 이러한 이론들이 사회 안에서의 여성의 불평등과 교육의 성취에서 나타나는 여성의 불평등을 어떻게 설명하고 있는가를 검토하였다.

한편, 우리나라에서 정세화 · 조경원(1989)은 남녀평등 교육을 실현하기 위해 필요한 이론을 찾아보려는 의도 하에 교육에서의 불평등을 설명하는 이론으로 자유주의적 관점, 재생산이론적 관점, 비판이론적 관점으로 나누어 설명하였다. 민무숙(1991)은 여성에 대한 연구와 여성운동의 이론적 틀로 발전되어 온 세 가지 큰 조류, 즉 자유주의적 관점, 급진적 관점, 사회주의적 관점에 준하여 교육적 시각에서 성별 불평등에 대한 연구를 하였다.

따라서 본 장에서는 이를 종합해서, 성불평등에 대한 관점을 크게 세 가지 관점, 즉 자유주의적 관점, 급진주의적 관점, 사회주의적 관점으로 제시하고자 한다.

1. 자유주의적 관점

자유주의적 관점의 기원은 17세기와 18세기의 계몽주의 사상, 또는 이성주의·합리주의로부터 비롯되었다. 1792년 Wollstonecraft의 『여성권리의 옹호(A Vindication of the Rights of Women)』가 출판되면서 여성의 권리는 여성이 남성과 동등한 이성능력의 소유자라는 견지에서 남성의 권리와 동등해야 한다고 주장했다(Jaggar & Struhl, 1978).

계몽주의 시대에 부상한 자유주의 철학은 자유라는 개념과 인간의 이성이라는 두 가지 핵심적 원리에 입각하여 자유주의적 여성론자들이 사회의 변혁을 요구하게 되었고 사회변혁의 중요 초점은 평등한 법률제정과 고용실시에 관한 규칙을 정하는 것이었다. 즉, 여성이 남성에 비하여 지적능력이 떨어지는 것은 열악한 교육에 기인한다고 주장하며 선천적인 능력의 차이가 아님을 강조하였다.

자유주의적 여성론자들의 사상은 여성의 의식화를 위한 모임이나 전국여성동맹(National Organization for Women)의 권리선언을 낳게 하여, 즉 '여성의 잠재력을 충분히 발휘하도록 교육받을 수 있는 권리가 전문대학 및 대학·대학원의 입학, 학비대여 및 장학금, 그리고 연방정부나 주 정부가 주관하는 직업의 훈련과정 등 모든 차원의 교육에서 성에 의한 차별을 없애는 것을 미국 헌법 및 주 정부의 법령으로, 남성과 동등하게 보장되어야 함'을 선언했다.

자유주의적 관점에서의 중요 쟁점은 교육의 기회균등과 성역할 사회화이다. 즉, 남성과의 균등한 교육기회, 교육연한, 교육과정, 수준 높은 교육의 질이 여성에게도 제공되어야 함을 주장하는 것이었다. 그러나 교육의 기회를 균등하게 준다고 해서 반드시 성불평등이 사라진 것은 아니었다.

Fox(1981)와 Becker(1982)는 같은 학교에서 같은 교사로부터 같은 교과서를 가지고 수업을 했지만 여학생들에게는 특히 수학이나 과학 과목에서 낮은 성취도를 나타내고 있음을 주장하였다. Tomas(1988)도 여학생들이 좋아하는 과목과 남학생들이 좋아하는 과목이 따로 있으며 이러한 경향은 직업선택에도 영향을 미치므로 여성들의 직업, 남성들의 직업으로 나뉘어 노동 분업을 조장한다고 했다.

이러한 현상이 나타나는 원인을 Middleton(1987)은 사람들 의식에 잠겨있는 성고정관념에 있다고 주장하였다. 전통적인 성고정관념, 특히 교사들의 성고정관념은 교실에서 학생들과의 상호작용을 통하여 학생들에게 성역할을 기대하게 되므로 잘못된 성의식을 심어주게 되었다. 또한 교과서 내용 중에서도 등장하는 인물이 남성이 훨씬 많고 그들의 역할도 사회에 공헌하고 유익한 일을 하는 것으로 묘사하고 있으므로 상대적으로 여성은 나약하고 쓸모없고 가정에서 가사노동이나 하는 성역할 의식이 교과서를 통하여 학습하게 되었다. 이렇게 학습하여 내면화된 여학생들은 교실에서 학습할 때 남성을 두려운 존재로 인식하게 되고 회피하거나 동등하게 경쟁하는 것을 포기하게 된다는 것이었다(Horner, 1972; Weitzman, 1979; Clarricoates, 1980).

그러므로 학교에서 학생들은 능력과 적성에 있어 남녀 간의 선천적 차이가 있다는 이데올로기를 내면화함으로써 성별에 따른 교과의 구분을 자연스러운 것으로 받아들이고 있다고 볼 수 있을 것이다.

Frazier와 Sadker(1973)의 연구에 따르면 중 · 고등학교 교사들이 바람직한 남학생과 여학생을 묘사한 것을 보면, 남학생의 경우에는 공격적, 독립적, 능동적, 자기주장이 강한, 모험심이 있는, 창의적, 진취적 등의 인성이 바람직한 것으로 기대하고 있으며, 여학생의 경우에는 의존적, 순종적, 예의바른, 조용한, 민감한, 신중한, 협동적 등의 인성을 바람직한 것으로 기대하고 있는 것으로 나타났다.

Nihlen(1976)의 연구에서도 교사는 여학생들에게 사교성을 강조함으로써 학업은 별로 중요하게 여기지 않고 자신들의 능력을 학업이외의 것에 발휘하도록 유도하고 있다고 하였다. 또 노동계층의 여학생들은 노동계층의 남학생들이나 중류계층의 학생들과는 다른 내용의 수업을 하며, 제도적으로 학문적 성격을 띤 교과를 배우지 않는 것을 당연하게 여기도록 강화시켰다. 교사의 기대에 대한 사회학적 분석은 주로 학생의 계층에 초점을 맞추어 논의되었지만 같은 맥락에서 고려해 볼 때, 교사가 학생의 성별에 따라 서로 다른 기대를 하게 되고 이러한 기대는 학생의 성취와 행동에 영향을 줄 수 있음을 짐작하게 하였다.

Evans(1982)는 젊은 교사들이 남녀 성적 평등에 대하여 진보적인 경향이 있긴 하지만 일반적으로 교사들은 성역할에 대하여 보수적이라고 하였다. 교사들의 보수성은 가정에서부터 사회화된 성역할 고정관념을 강화하는 제도이고 남녀평등을 추구한다는 이념은 허구라고 주장하였다.

따라서 자유주의적 여성론자들은 남녀불평등의 원인을 전통적인 성고정관념, 성정형화로 보고 교과서의 내용을 고치고 교사들의 성 고정관념을 없애주면 남녀불평등은 해소되리라고 낙관적인 견해를 가지고 있다고 볼 수 있을 것이다.

또한, 자유주의적 관점은 교과서를 분석하여 성차별적 요소를 분석하고 문서화했으며 교사와 학생관계에서 교사의 성고정관념의 중요성을 일깨워 주었다. 교재 속에 포함된 편견과 왜곡을 문서화하고 학교 안에서 여학생과 남학생들에게 실시되는 교과목이나 직업상담 등 교육과정 기저에 깔려 있는 성차별을 지적하는 데 중요한 역할을 하였다. 그러나 성과 계급관계 또는 권력관계 속에 존재하는 성차별의 깊이와 심각성을 무시하는 경향이 있으며, 학교교육을 더 넓은 사회적, 경제적 분석을 통하여 알 수 있는 노동자계층의 여성들에 대한 차별을 소홀히 다루고 있다고 볼 수 있을 것이다.

2. 급진주의적 관점

자유주의적 여권론에 대한 비판적 평가와 대안으로 탄생된 것이 급진주의적 관점이었다. 이는 가부장적 사회관계를 여성억압의 근본 원인으로 설정하는 관점을 일컫는다. 급진주의 여권론자들은 가부장제를 남성이 여성에 비해서 우위적 세력과 경제적 특권을 누릴 수 있는 유일한 권력체계라고 하였다 (Eisenstein, 1979).

가부장제는 자생적으로 형성된 사회적 · 역사적 · 정치적 세력으로 전제하고 있으며 사회관계의 기본으로 남성세력과 남성특권 그리고 성별에 의해 차이가 나는 심리적 발달과정을 중시하였다. 급진주의 여권론에서는 여성의 삶을 결정짓는 요인을 계급관계 보다는 가부장적 관계로 보았다.

Daly(1978)는 여성억압의 원인이 가부장적 문화와 그 속에서 가해지는 여성의 통제에 기반을 둔 것이라고 설명하고, 또한 가부장제로부터 계급불평등과 인종불평등이 생기게 되었다고 설명하였다.

급진주의적 여권론의 대표적인 Firestone(1970)의 '성의 변증법(The Dialectic of Sex)'에는 여성억압의 기원에 대하여 설명하였다. 여성은 출산기능 때문에 생존을 위해서는 남성에게 의존할 수밖에 없다는 사실에 근거하여 여성억압의 근원을 궁극적으로 생물학적이라고 간주하였다. 따라서 여성의 남성에 대한 물질적 의존을 종식시킬 수 있는 생물학적 혁명을 요청하고 있으며, 생물학 그 자체는 기술에 의하여 변화될 수 있음을 주장하였다(Jaggar & Struhl, 1978).

Bunch도 여성억압의 기원에 대한 설명에서 여성예속이 여성억압의 최초 형태이고 그것은 가장 뿌리 깊은 것으로 존속한다는 점을 확실히 믿고 있었다. 여성은 1차적으로 성차별주의에 의해, 2차적으로는 계급사회와 인종주의에 의해 억압되고 있으므로, 여성들은 무엇보다도 성차별주의와 투쟁해야 한다고 주장하였다.

급진주의적 관점에서 약간의 의견을 달리하는 부분도 있지만 여성억압이 근본적이라는 점에서 공통적이다. 학교교육에서 성불평등의 현상으로, 즉 학교의 교육과정과 지식의 체계가 남성중심적 가치와 남성중심적 경험과 사고체계에 근거하고 있으며, 지식은 남성의 경험에 근거하여 남성에 의해 만들어진 것이고, 보편적 진리와 객관성과 합리성을 중시하는 사회과학의 패러다임이 남성중심으로 지금까지의 학문과 교육과정을 지배해왔다고 강조하였다.

여성의 굴종적 지위를 해결할 수 있는 방법으로 급진적 여권론자들은 여성중심의 믿음체계와 그러한 제도의 정립을 통해서 남성에 의해서 주도되는 세상이 아닌, 여성에 의해서 지배되는 세상을 만들 것을 주장하였다. 그러므로 학교교육에서 남학생들에 의해서 억압받는 여학생들을 위하여 남성중심의 가부장적인 문화를 줄이고 여학생들의 경험을 드러낼 수 있는 여성문화를 창출하여 부각시키자는 것이었다(Wolpe, 1988).

자유주의적 관점에서는 남녀에게 동등한 교육기회를 주기 위해서 남녀공학학교에서 함께 교육받아야 한다고 주장하지만, 급진적 관점에서는 남녀분리학교교육을 주장하였다. 사실상 남녀공학은 남학생에게 유리한 교육을 시켜왔기 때문에 평등교육이라고 말하기 어렵다(Shaw, 1980)고 보며, 남녀분리교육을 통하여 가부장적인 학교의 요소를 배제하고 강한 여성으로서 그들의 자아의식을 높여주고 남성의 억압에 맞설 수 있는 여성을 기를 수 있다고 주장하였다.

즉, 기존의 교육과정이 남성중심이었기 때문에 여성중심적 교육과정과 여성중심적 교수방법을 만들어야 함을 주장하였다. 여성중심적 교육과정이란 여성의 실제적 경험과 삶에 근거한 여성의 역사, 문화에 대한 지식이 반영된 교육과정이며 여성의 결속과 의식고양을 지향하였다. 역사 이래 여성이 사적영역에서 담당한 역할을 재인식시키고 여성의 인간지향적인 가치를 재평가하는 것 등을 포함시킨 것이었다. 여성중심적 교수방법이란 비위계적이고 평등주의적인 교수방법으로 학급 내에서 상호평등, 신뢰관계를 강조하며 총체적 사고나 직관과 통찰, 감정과 사고의 결합을 중시하는 것이었다(Harrist, Silverstein & Andrews, 1989).

따라서 급진주의적 관점은 성불평등의 원인을 가부장제에 있다고 주장하여 오직 성불평등을 해소하는 길은 가부장제를 타파하는 길이라고 주장하였다. 남성중심의 경험, 사고와 논리를 바탕으로 한 교육내용을 배격하고 여성문화를 창출하여 남녀공학이 아닌 남녀분리교육을 통하여 남성과 대항할 수 있는 능력을 여성에게 기를 것을 주장하였다.

그러나 급진주의 관점에서 지적되는 한계는 모든 남성의 경험이 모두 같으며, 모든 여성의 경험이 모두 같은 것인가의 문제이며, 성이나 계급이나 인종에 따라 즉 다양한 사회적 조건에 의하여 억압과 지배의 형태도 다르다. 또한 모든 문제를 성이라는 구도에서만 집착하고 있다고 볼 수 있을 것이다.

3. 사회주의적 관점

1970년대 출현한 사회주의적 여권론은 Marx와 Engels에서 비롯된 사적 유물론적 접근을 기본적으로 받아들이는데서 출발하였다. 그러나 사회주의적 관점은 전통적 마르크스주의자의 분석이 여성억압의 본질을 설명하는 데는 미흡하다고 주장하고 여성억압의 중추적 요인인 문화적 제도들을 이해하는 데 역점을 두었다. 즉, 문화적 제도들을 계급이라는 상황 안에서 분석되어야 한다고 주장함으로 기본적으로 마르크스적 방법론을 따르고 있었다.

사회주의적 관점을 대표하는 Mitchell의 저서 『여성의 지위(Womens state)』에서 여성억압의 직접 원인을 자본주의 발달과 여성을 노동시장에 동등하게 참여시키지 않고 배제하는 데 있다고 하였다. 여성억압을 불식시키는 해결책으로 성별에 의거한 분업을 없애고 종국에 가서는 사회주의로 전환할 것을 주장하였다.

여성이 현재와 같은 위치에 머물게 된 일차적 원인이 경제생산에 있다고 주장하며, 가족과 관계되는 출산과 아동의 양육, 성관계에서 차지하는 역할이 함께 결정된다고 하여 계급구조와 성이 여성억압의 핵심요소가 된다고 하였다.

Mitchell에 의한 이론을 바탕으로 사회주의적 인권론자들은 성별분업이란 개념을 발전시켰다. 즉 여성의 활동분야가 가사영역으로 한정된 현실이 여성들로 하여금 공공분야로 진출하는 것을 배제시켰고, 그렇게 함으로서 사회적 자원이나 경제적 자원에 평등하게 접근할 수 있는 가능성을 배제했다고 주장하였다(Hatmann, 1981).

성별 분업이란 두 가지의 의미를 가지는 것이다. 즉, 남성은 생산관계에 참여하여 임금노동을 하는 데 비하여, 여자는 가정에서 가사노동에 참여하여 무임금 노동을 하는 것이다. 또 하나는 노동시장에서 여성노동은 남성노동과 차별을 받는 것으로서, 낮은 임금과 낮은 지위와 승진의 제한을 받는 것을 의미한다. 이것은 여성을 가사노동의 무임금 노동으로 간주함으로 가사노동과 자녀양육이 주 업무이고 노동시장의 업무는 부수적인 업무로 간주하고 있기 때문이다. 이러한 성별분업현상은 가정 내에서도 여성은 남성의 종속이라는 개념을 더욱 확실하게 하였다.

Deem(1978)은 학교는 현존하는 노동의 성별분업 현상을 유지 내지 재생산하는 과정의 핵심이라고 말하였다. 여학생의 교육과정은 여성의 주업무로서 가정의 무보수 노동이라는 전제 아래 가르치고 있으며, 여학생들이 전문직업과 기술직업 영역에서 소외될 수밖에 없도록 교육과정이 구성되어 있으며, 남성의 권위구조 속에서 남녀 학생들에게 각기 다른 문화를 전달하게 되고 그에 영향을 받는 학생의 선택은 현존하는 성별에 따른 노동 분업, 성별 분업 현상을 재생산하였다. Wolpe(1978)도 교육체계가 성별 분업에서 그 매개체들의 분배에 중재적 역할을 담당한다고 하여 결국 여성의 무임금 노동을 수행할 수 있는 사람을 재생산하는 수단으로 학교를 인식하였다.

Arnot(1982)는 공공영역과 가정, 사적 영역에서 여성이 맡은 일의 성격에 관심을 가지고 학교 내에서 계급에 근거한 여성들의 경험의 성격과 학교교육의 성억압을 재생산한다고 주장하였다. 또한 노동자 계급의 성과 중간계급의 성의 차이를 강조하며 이들에게서 재생산되는 것을 단순히 남성과 여성이 아니라 노동계급과 부르주아 계급의 남성과 여성으로서, 이는 성별과 계급관계의 결과로 보았다.

따라서 사회주의적 여성론자들은 여성들이 모두 동일한 문제를 가지고 동일한 양상으로 억압받고 불평등을 당하고 있지만 계급이나 인종, 또는 지역과 같은 다양한 사회적 요소들에 의하여 여성의 경험이 달라지고 있음을 주장하였다. 그러므로 성별분업도 학생들의 계급이나 지역 등에 따라 다른 방식으로 전수되고 또 다른 방식으로 학생들이 수용하게 된다는 것이었다.

또한 사회주의적 관점이 학교교육에 제시하는 대안은 뚜렷하지 못하지만 가정, 학교, 노동시장 간에 대응을 이루는 성별분업 현상은 가부장제와 자본주의 체제의 상호작용의 결과로서, 이러한 사회관계가 변화되지 않는 한 교육에 대한 대안은 무의미하다고 보았다. 그러나 학교교육을 통하여 남성위주의 사회가 당연시 해 온 모든 형태의 억압이나 성차별주의에 대한 의식을 불러일으키고 이를 비판할 수 있는 능력을 키워 평등한 사회를 만들겠다는 가능성을 보여준다고 볼 수 있을 것이다.

4. 실증적 분석 연구 결과

이상에서 기술한 성불평등에 대한 세 가지 관점을 토대로 실증적으로 분석한 연구결과(이재옥 · 김정희, 1997)를 소개하면 다음과 같다. 이 연구는 실제 학교교육을 통해 나타나는 성불평등의 실태를 분석한 내용인데, 즉 학교교육에서의 성불평등에 대한 관점을 자유주의, 급진주의, 사회주의 세 가지 관점을 중심으로, 학교교육 영역별로는 교육기회, 교육이념과 목적, 교육내용, 교사와 학생 관계, 계열선택, 교직의 성별분업으로 분류하였다. 실제 학교교육 현장에서의 성불평등에 대한 인지도를 파악하기 위하여 학교급별(초등학교, 중등학교, 대학교), 직급별(교원, 대학생), 그리고 성별(남, 여)을 고려하여 표집대상

했던 연구이다.

첫째, 학교교육에서의 성불평등에 관한 세가지 관점에 있어서 학교급별, 직급별에서는 자유주의, 급진주의, 사회주의 관점에 차이를 나타내지 않았지만, 성별에 있어서 여성이 남성보다 자유주의, 급진주의, 사회주의 관점에 각각 더 높은 인지도를 나타내고 있다. 이는 여성들이 실제 학교생활뿐만 아니라 가정 · 사회의 일상생활 속에서 불평등한 상황 등을 직면했거나 그 상황을 조금이나마 해소하기 위한 의식을 가진 적이 있는 장면 등을 직 · 간접적인 경험을 통해서 얻어진 결과로 추측 · 해석할 수 있다.

구체적으로 보면, 자유주의적 관점에서 성불평등의 원인이 남녀 불평등한 기회와 성 고정관념과 성불평등화에 있다고 주장하고, 급진주의적 관점에서는 가부장제 및 성 자체가 불평등의 원인이라고 하며, 교육내용은 남성중심문화로 되어 있어 여성문화를 창출할 것을 제안한다. 그리고 사회주의적 관점에서는 계급과 가부장제가 성불평등의 원인이며, 사회의 계급구조와 성별분업이 철폐될 때 성평등을 이룩할 수 있다고 주장한다.

둘째, 교육영역에 있어서 학교급별에서는 교육기회, 교육이념과 목적, 교육내용, 교사와 학생 관계, 계열선택에 대해 대학교의 대학생이 중등학교의 중등교원보다 높은 인지도를 나타냈으며, 직급별에서도 교육기회, 교육이념과 목적, 교육내용, 교사와 학생 관계, 계열선택에서 대학생이 교원보다 높은 인지도를 나타내고 있다. 그리고 성별에 따라서는 여성이 남성보다 교육기회, 교육이념과 목적, 교육내용, 교사와 학생 관계, 계열선택, 교직사회의 성별 분업에 높은 인지도를 나타내고 있다. 이는 학교급별과 직급별에 따라 교육기회, 교육이념과 목적, 교육내용, 교사와 학생 관계, 계열선택에 대해 대학생이 중등학교의 교원보다, 또 대학생이 교원보다 높은 인지도를 나타낸 것은 교육을 받고 있는 학생 입장에서 양성평등화에 대한 진보적인 관점을 나타낸 것이라고 추측할 수 있다.

또한 여성이 남성보다 여섯 가지 모든 교육영역에서 즉, 교육기회, 교육이념과 목적, 교육내용, 교사와 학생 관계, 계열선택, 교직사회의 성별분업에 높은 인지도를 나타낸 것은 학교교육에서, 사회생활에서 표면적으로나 잠재적으로 여성들에게 성불평등의 경험을 통해서 얻어진 결과로 해석할 수 있다.

구체적으로 보면, 교육기회에서 국민 학력 구성비, 국민 평균 교육연수, 대학교, 대학원으로 갈수록 남녀의 차이는 크게 나타내고 있다. 교육이념과 목적에서, 교육기본법에는 남녀 차별 없이 교육함을 목적으로 하지만 실제 학교현장에서는 여학생에게 현모양처를 목적으로 하고 있다고 볼 수 있다.

교육내용에서, 교과서 내용은 가부장적이고 성별분업을 조장하고, 교사와 학생관계에서는 교사의 가부장적인 성 고정 관념을 가지고 있으며, 계열선택에서 남학생은 이공계열을 여학생은 인문, 예술, 사회 계열을 대체로 선택한다. 그리고 교직의 성별분업에서 교직의 여성화 현상은 가부장제의 성분업의 결과이며, 또한 학교행정가 및 교육정책결정자들은 교육 전 조직에 걸쳐 남성 비율이 높은 것으로 나타났다.

제3절 교직사회의 이해

1. 교육과 교사

'교육의 질은 교원의 질을 능가하지 못한다'는 말은 교육에서 교사의 중요성이 그만큼 중요함을 보여준다. 교원은 초등학교, 중학교, 고등학교, 기술학교, 고등기술학교, 공민학교, 고등공민학교, 특수학교에 근무하는 국·공립, 사립학교의 교장, 교감, 교사, 대학의 총장, 부총장, 학장, 교수, 부교수, 조교수, 전임강사, 조교, 유치원의 원장, 원감, 교사 등을 말한다. 특히, 교사란 고육기관에서 원아 및 학생을 지도·관리할 책임을 지는 사람 등으로 정의되고 있다.

이러한 교사는 교육의 질을 결정하는 데 많은 영향을 주게 되어 교육의 발전을 도모하기 위해 마련·추진되고 있는 교육개혁에 핵심 과제의 하나로 다루어지고 있다.

현행 교원교육은 크게 직전교육과 현직교육(연수)으로 구분된다. 직전교육의 경우 초등교원은 교육대학과 사범대학 초등교육과를 중심으로, 중등교원은 사범대학을 중심으로 이루어지고 있다. 교원직의 속성에 대한 규정과 사회변화에 따른 학교교육에 대한 질적 제고 측면에서 전문성 신장은 매우 요구되는 부분이라고 할 수 있다. 학생에 대한 양질의 교육은 교사를 통해서, 그리고 교사에 대한 체계적인 관리와 능력발전은 교육전문직에서 결정된다고 해도 과언이 아니다.

한편, 교원의 신분과 자질은 교육기본법 제14조에 명시되어 있는 바, 제1항 학교교육에서 교원의 전문성은 존중되며, 교원의 경제적·사회적 지위는 우대되고 그 신분은 보장된다. 제2항 교원은 교육자로서 갖추어야 할 품성과 자질을 향상시키기 위하여 노력하여야 한다. 제3항 교원은 교육자로서의 윤리의식을 확립하고, 이를 바탕으로 학생에게 학습윤리를 지도하고 지식을 습득하게 하며, 학생 개개인의 적성을 계발할 수 있도록 노력하여야 한다. 제4항 교원은 특정 정당 또는 정파를 지지하거나 반대하기 위하여 학생을 지도하거나 선동하여서는 아니 된다. 제5항 교원은 법률이 정하는 바에 의하여 다른 공직에 취임할 수 있다. 제6항 교원의 임용·복무·보수 및 연금 등에 관하여 필요한 사항은 따로 법률로 정한다.

교원단체 조직에 관련된 사항은 교육기본법 제15조에 규정하고 있는 바, 제1항 교원은 상호 협동하여 교육의 진흥과 문화의 창달에 노력하며, 교원의 경제적·사회적 지위를 향상시키기 위하여 각 지방자치단체 및 중앙에 교원단체를 조직할 수 있다. 제2항 제1항의 규정에 의한 교원단체의 조직에 관하여 필요한 사항은 대통령령으로 정한다.

또한, 일반적으로 교사의 교육할 권리는 부모의 신탁(信託)에 의한 것과 공교육의 책임이 있는 국가가 학생의 교육받을 권리를 보장하기 위해 위임한 것이다. 이는 자격증 제도 및 교사채용 등으로 인정된다. 따라서 교육의 전문직에 대해서는 교사에게 선택과 결정의 권리를 보장하는 것이 학생의 교육받을 권리를 보장하는 것이다. 그리고 학교를 설립 · 경영하고 있는 국가나 지방자치단체 및 민간법인 등에는 학생의 교육받을 권리를 보장할 수 있도록 필요한 제반 인적 · 물적 조건을 정비하고 지원해야 한다(강인수, 1999).

교사의 임무는 초 · 중등교육법에 제20조 제3항에 제시한 바와 같이, "교사는 법령이 정하는 바에 따라 학생을 교육한다."라고 규정하고 있다. 그리고 세계노동기구(ILO)의 '교원지위에 관한 권고' 제67항은 아동 · 학생의 이익을 위해 교원과 부모의 긴밀한 협력을 촉진하는 모든 가능한 노력이 있어야 하며, 교원은 본질적으로 전문적 영역에 대한 부모의 부당한 간섭으로부터 보호되어야 한다고 규정하고 있다. 교원의 권리와 의무는 헌법, 교육기본법, 초 · 중등교육법, 국가공무원법, 교원지위향상을 위한 특별법 등 교육관계 법령에 규정되어 있다.

2. 전문직으로서의 교사

교사의 전문성에 대한 논의와 교직의 전문직에 대한 논쟁은 교육계와 학계에서 끊임없이 이루어지고 있다. 교직을 어떻게 보는가 하는 것은 시대와 사회가 처한 상황에 따라서 변화해 왔다. 다양한 교직관을 세 가지 유형별로 보면, 크게 세속적인 삶과는 거리가 먼 정신적이고 이상 지향적인 성직자로 보는 관점, 육체노동대신 정신노동을 통해 재화를 획득하는 노동자로 보는 관점, 그리고 고도의 전문성을 필요로 하는 전문직으로 보는 관점 등으로 구분할 수 있다.

우리가 갖고 있는 교사에 대한 기대는 실력 있고 사회적으로 존경받는 인물을 생각하게 된다. 이러한 교사에 대한 사회적 기대는 시대가 바뀌어도, 국가에 따라서도 크게 변화되지 않은 교사상일 것이다. 다만 기술적으로 어떤 교사가 실력이 있으며, 학생들이나 학부모들로부터 존경을 받는가는 사회발전과 문화여건에 따라 달라질 수 있을 것이다. 예를 들어, 기술공학이나 과학의 엄청난 발전은 교수방법이나 평가에 있어서 새로운 기술을 갖춘 교사를 요구하게 되며, 사회구조의 복잡화 · 다양화는 교원의 직업윤리에 있어서 전통적인 기대와는 다른 인식을 요구하게 된다. 아울러 지식 · 정보화 사회에서 교사는 전문직으로서의 위상을 강화해야 할 필요성이 점증되고 있다.

이러한 교원의 자질 및 전문성 향상을 위한 노력의 필요성은 국제적으로도 강조되고 있다. 1966년 유네스코와 세계 노동기구는 세계 각국에서의 '교원의 지위에 관한 권고'를 선포하였다. 이러한 권고의 기본으로 제6항에 교직은 전문직으로 간주되어야 한다(teaching should be regarded as profession)라고 규정하고 있다. 또한, 제44항에 교원의 승진은 엄밀한 전문직적 기준에 비추어 새로운 직위에 대한 교원의 자격을 객관적으로 평가한 결과에 근거를 두어야 한다고 규정하여 전문직적 기준을 강조하고 있다.

이와 같은 규정들은 교직이 전문적인 지식과 기술을 습득하기 위한 장기적이고 계속적인 교육과 연찬이 필요하고, 엄격한 자격기준이 요구될 뿐만 아니라, 교육 공급자인 교원들의 권익보다 수요자인 학생들의 권익이 우선하는 사회 공공적 및 윤리적 책임이 수반되는 직종임을 시사해 주고 있다. 따라서 전문직 종사자로서 교원은 전 교직기간을 통해 계속 교육차원에서 전문성을 유지 · 발전시킬 필요가 있다.

Liberman(1958: 452)은 교사의 전문직 기준으로 갖추어야 할 특성으로써 독특한 사회봉사, 고도의 지적 기술에 대한 강조, 장기간의 전문화된 교육, 실천면에서 개인적 · 집단적으로 폭넓은 자율성 부여, 전문적 자율성의 범위 안에서 내린 결정과 이루어진 행위에 대한 책임의 수용, 전문가 집단의 자기통제 기구 및 윤리 강령 등을 들고 있다.

그리고 한명희(1997: 173)는 교사의 전문성이란 '교원의 직무수행에 필요한 능력, 자질, 성향, 가치, 행동양식 등과 이를 가능하게 하는 여러 가지 요인들을 포함하는 것'으로 규정하고 있어, 이는 교사의 능력, 자질 및 행동양식 등과 관련이 있는 것으로 보고 있다. 또한 일본 임시교육심의회(1987)는 교사가 지녀야 할 자질능력으로 교육자로서의 사명감, 인간의 성장 발달에 관한 깊은 이해, 유아 · 아동 · 학생에 대한 교육적 애정, 교과 등에 대한 전문적 지식, 넓고 풍부한 교양, 그리고 이를 기반으로 한 실천적 지도력으로 규정하고 있어 교과에 대한 전문적 지도 능력과 인간에 대한 폭넓은 이해와 교육관을 요구하고 있다.

한편, 교원의 전문적 능력을 제고한다는 것은 우수교원을 확보 · 배치하는 것을 의미하며, 우수교원이란 교육적 행위에 있어서 유능한 사람이라고 할 수 있다. 교육적 행위를 유능하게 행한다는 것은 교육적 행위를 자각적, 반성적으로 한다는 것을 의미한다(한명희, 1993: 144). 우수교원에 대한 개념적 조건에 대한 접근은 크게 학문지향적, 실천지향적, 교육공학적, 인간주의적, 사회적 비판적 접근으로 구분하여 논의할 수 있다(한명희, 1993: 144~149). 학문지향적 접근은 교육행위란 지식의 전달과 이해의 발달에 관여하는 것을 전제로 하며, 교육학적 교과지식을 요구하게 된다. 교과교육자로서의 교육적 행위를 위해 필요한 지식유형을 강조하는 통합적 접근이며, 유능한 교사는 그 계통의 지식이 중심이라는 것을 강조하고 있다.

실천지향적 접근에서 우수한 교사는 무엇보다 학습자와의 교육적 관계를 중시하고, 현장교육의 문제를 해결하는 교육기술을 강조하기 때문에 무엇보다 실제 경험을 강조해야 된다고 보는 입장이다. 여기서 우수한 교사란 교육적 행위의 현실이 필요로 하는 구체적인 실천행위를 잘하는 사람을 말한다.

교육공학적 접근은 교육적 행위의 개념적 실천적 특성을 과학적, 공학적 기초에 의하여 탐구하는 것으로, 우수교원의 교육적 행위에 있어서 지식과 기술들을 강조하는 것이 특징이다. 우수교원의 개념은 교사 효과성(teacher effectiveness), 능력중심 교사교육(competency-based teacher education)과 관련되어 설명된다. 교사 효과성과 관련된 능력으로는 수업계획 능력, 학생행동 처치

능력, 교수교직 능력, 교과제시 능력, 의사소통 능력, 그리고 검사능력이 포함된다.

인간주의적 접근은 교육행위의 내면적 과정을 중시하는 접근으로서, 우수한 교사란 교육적 상황에 대한 의식세계와 지각이 발달되고, 그 일에 대한 의미부여가 강하고 교육적 동기가 강하게 작용하는 사람이라고 할 수 있다.

사회적 비판적 접근은 사회변혁 의식이나 개혁의 열정이 있는 교사가 우수한 교사이며, 이와 같은 개혁의지를 실천할 수 있는 구비조건으로는 교육과정 전개와 관련된 책무성을 동반하는 교수능력, 학교와 교실문화를 넓은 사회적 정치구조와 관련하여 탐구하는 능력 등을 들 수 있다. 이러한 능력들은 교육실습을 통하여 현실에 대한 체험과 밀접한 관계 속에서 논의되어야 한다는 입장이다.

이와 같은 제 접근을 토대로 우수교사의 개념적 구성요소로는 교육실천에 관련되는 지식과 이론에 대한 숙지력, 교육이론을 교육현장에 적용할 수 있는 교육 연구력, 문제해결력, 잘 가르치는 능력, 그리고 교육애 등을 들 수 있다. 교사가 갖추어야 할 전문적 능력으로는 교과교육 및 내용에 대한 전문 지식과 지도 능력, 학생에 대한 폭넓은 이해와 열정적인 교육애, 교육조직에서 합리적인 업무 수행 능력 등을 들 수 있다. 따라서, 교직의 전문직성과 교사가 지녀야 할 자질 및 능력은 교사교육 전반에 걸친 제도적, 정책적 변화와 개선을 통해서 가능할 것이다. 아울러 학생들의 삶을 육성하고, 새로운 세기에 요구되는 인재를 양성하기 위해서는 교사들의 전문적 능력의 향상은 필수적이라고 할 수 있다.

3. 교사의 직무와 자질

교사의 직무는 교수·학습지도를 비롯하여 교육과정계획 및 운영, 생활지도, 학습활동에 대한 평가, 학급사무의 처리, 학교행정에의 참여, 그리고 학부모와 지역사회와의 관계 등에서 찾을 수 있다. 서울특별시 교육연구원(1991:

127~129)에서 제시하고 있는 학급담임의 임무를 소개하면 크게 학급경영이 목표설정과 계획수립, 학습활동지도, 합리적인 생활지도, 교실의 환경구성(인적 · 물적 환경), 특수학생지도, 학급사무처리 등 여섯 가지 영역으로 나눌 수 있다.

첫째, 학급경영의 목표설정과 계획수립 측면에서는 올바른 학급경영의 목표설정을 위해 국가교육목표, 교육부 교육지표, 교육청 교육지표 및 주요 업무계획 등을 기저로 학교장의 학교경영 방침에 의해 학교교육 목표와 교사의 학급경영 목표를 설정한다. 그리고 학급경영 계획을 위해 학급경영 계획안을 작성하여 구체적인 학급활동 계획을 수립하고, 학급경영의 목표, 학급학생의 실태(기초조사, 가정환경 실태 등), 환경구성 계획, 특수학생 지도 방안 등을 고려하여 학급경영안을 작성한다.

둘째, 학습활동의 지도 측면에서는 합리적인 교육과정을 구성 · 운영하고 학생들의 지능정도, 학업성취도, 건강상태, 무단결석자, 지각 · 조퇴자의 동태 파악 등을 파악하여 전체적인 학급을 조직 · 관리한다. 학습자료의 수집 및 학습효과의 평가와 학급효과의 극대화를 위한 학습자료의 준비, 초등학교에서는 학급담임 교사, 중 · 고등학교에서는 교과담당 교사가 준비한다. 그리고 학습목표 달성도의 평가계획, 실시 및 결과에 의한 피드백 및 교수-학습방법의 개선자료로 활용한다.

셋째, 합리적인 생활지도 측면에서는 학생실태 파악 및 개별지도를 위해 학생의 가정환경, 지능, 성격, 소질, 적성, 취미, 사회성, 교우관계 등의 기초자료 작성하고, 개성에 적합한 지도 방법을 모색하며, 개별 카운셀링으로 심성과 능력개발을 한다. 학급회 활동 지도를 통해 민주적 지도력 신장을 위한 민주적인 학급회의가 이루어질 수 있도록 지도 · 감독한다. 학생들의 집단지도를 통하여 공동생활 훈련, 협동심 기르기, 사회성을 길러준다. 그리고 과외활동과 여가의 선도하고, 계획적이고 능률적인 교외 생활을 지도하며, 학급의 비공식적 조직에서 활동실태를 파악하고, 여가의 건전한 선용을 지도한다.

넷째, 교실의 환경구성 측면에서는 교사와 학생 간에 진실한 인간관계의 래포(rapport)를 형성하고, 교실은 학생들의 생활의 장, 학습의 장이므로 명랑하고 아름다운 교실, 학습의욕을 돋우어 주는 환경 제공 필요, 교실에 대한 애착심을 유발시켜 교실 환경을 정리 · 관리한다.

다섯째, 특수학생지도 측면에서는 성격이상 학생 교정지도, 학습부진 학생지도, 신체허약 학생 배려, 신체 장애학생의 특별지도, 가정 상담교사와의 긴밀한 협조체제 유지한다.

여섯째, 학급사무처리 측면에서는 각종 장부(출석부, 종합생활기록부, 건강기록부, 가정환경 조사서, 학급일지, 특별활동 평가 및 누가 기록부, 행동발달 상황 및 누가 기록부 등)를 관리하고 기록한다.

교직은 전문직으로서 이에 종사하는 교사는 전문직이 지니고 있는 속성과 자질을 갖추고 있어야 한다. 전문직이 지니고 있는 일반적인 특성으로는 ① 전문적인 지식, ② 자격증, ③ 장기간에 걸친 준비교육, ④ 계속적인 현직연수를 통한 자기성장, ⑤ 영속적인 근무와 경력, ⑥ 사회적 봉사 수행, ⑦ 전문적인 집단과 조직 등을 들 수 있다(Stinnett & Huggett, 1963: 57~68; Hoyle, 1980: 80~85).

전문직으로서 교직에 종사하는 교사에게는 보다 높은 자질과 풍부한 교양과 투철한 사명감이 요청된다. 김영돈(1983: 32~37)은 교사의 자질을 일반적이고 근본적인 자질과 실질적인 자질로 구분하고, 근본적인 자질로는 투철한 교육관, 건전한 인생관, 민주적 교육관 등을, 그리고 실질적 자질로서 건전한 심신, 원만하고 성실한 인격, 높은 교양, 충분한 학술면의 실력, 고도의 교육기술 등을 들고 있다.

그리고 최근 교육인적부에서 제시한 교직발전종합방안에서는 새롭게 요구되는 교사상으로 전문직업인으로서의 교사(전문직업인으로서의 교사, 교과교육 · 생활지도 전문가, 소질 · 적성 개발 지도자), 교육공동체의 주체자로서의 교사, 변화에 능동적으로 대처하는 교사(지속적으로 전문성을 개발 · 유지 · 혁신·공유하는 교사)등을 들고 있다. 이상을 토대로 교사에게 요구되는 자질을 인간적인 측면과 전문적인 측면에서 구분하여 기술하면 다음과 같다(김명한 외, 1988: 762).

인간적 측면에서는 요구되는 자질을 살펴보면 첫째, 인도주의적 인간애로 사람을 사랑할 줄 아는 교육애의 소유자라야 한다. 둘째, 교직원, 학생, 학부모, 지역사회 주민, 그리고 교육행정가 등 교직수행과 관련되는 사람과 원만한 대인관계를 가질 수 있는 인간관계의 소유자라야 한다. 셋째, 학생들에 대하여 다양한 관심과 흥미를 가져야 한다. 넷째, 사회발전을 유도하고 선도할 수 있는 변동의 역군으로서 강한 신념을 가져야 한다. 다섯째, 건전한 정신과 건강한 신체를 갖추어야 한다. 여섯째, 직무에 열의와 최선을 다하는 자라야 한다. 일곱째, 협동적이고 민주적인 태도의 소유자라야 한다. 마지막으로, 명랑하고 학생들에게 공평무사해야 한다.

전문적 측면에서 요구되는 자질로는 첫째, 투철한 교육관을 가져야 한다. 즉 국가, 사회, 인간과 시대적 가치의 인식과 교육이념과 철학을 지녀야 한다. 둘째, 교직수행에 필요한 전문적인 소양, 예를 들어 교수-학습지도, 교육과정계획 및 운영, 교육평가, 학생에 대한 상담, 사무처리, 학부모와 지역사회관계 등에서 전문적인 능력을 갖추어야 한다. 셋째, 교육활동에 중요한 수단인 설명력, 분석력, 종합력 등의 고등정신 기능의 소유자라야 한다.

이와 같은 인간적, 전문적 자질이 요구되는 교사들은 학생들에게 적극적인 관심과 열정, 이해심을 가지고 공평무사하게 대하여야 할 것이다. 교사의 직무를 원활히 수행하고 앞에서 기술한 자질을 토대로 바람직한 교사상을 제시하면 다음과 같다.

① **학생을 위하는 교사** : 학생의 실태를 파악하고 능력에 맞는 지도를 하기 위해 부단히 노력한다.

② **수업에 충실한 교사** : 매 시간의 수업을 소중히 하고, 지도 후 분석·반성하여 새로운 수업 설계에 도움이 될 수 있도록 한다.

③ **정조가 풍부한 교사** : 인화에 힘쓰고 교육적인 정열로서 풍부한 인간성을 갖도록 한다.

④ **책임감이 강한 교사** : 자기가 지도한 학생이 스스로 생각하고 계속 공부하도록 유도한다.

⑤ **연구하는 교사** : 발전하는 시대적 요청에 부응하여 항상 자기연수에 노력한다.

4. 교직의 여성화

산업화 이후, 특히 지식기반사회에서 사회 각 부문에 대한 여성들의 참여는 증가 추세에 있으며, 사회구조, 가족구조 등의 변화에 따라 이러한 경향은 매우 두드러지고 있다. 특히, 교육 분야에 종사하는 여성의 비율은 계속 증가하고 있다. 여성들의 교육에 대한 참여는 교육기회의 확대와 균등화에 따른 교육연한의 증가와 가르치는 일에 종사하는 여성의 비율이 높아지는 것으로 나타났다.

여성교원의 비율은 <표 11-1>에서 제시된 바와 같이, 초등학교의 경우 1970년에는 29.1%, 1980년에는 36.8%, 1990년에는 남교사 수를 앞질러 49.6%로 급증하였으며, 2000년 66.4%, 2005년 71.0%, 2007년 73.0%, 2011년 75.8%, 2012년 76.2%로 계속 증가 추세에 있다. 중학교의 경우 여교사의 비율은 1970년 18.6%, 1980년 32.8%, 1990년 46.5%, 2000년 57.6%, 2005년 62.3%, 2007년 63.6%, 2011년 66.8%, 2012년 67.3%로 증가하고 있으며, 고등학교의 경우도 1970년 9.0%, 1980년 17.1%, 1990년 22.9%, 2000년 29.7%, 2005년 38.1%, 2007년 40.4%, 2011년 46.3%, 2012년 47.3%로 급증하고 있다(교육과학기술부, 2012).

표 11-1 여성교원 비율 변화추이

(단위 : %)

구 분	유치원	초등학교	중학교	고등학교		
				전 체	일 반 계	전 문 계
2012	98.3	76.2	67.3	47.3	48.8	44.1
2011	98.3	75.8	66.8	46.3	47.9	42.8
2007	98.3	73.0	63.6	40.4	41.6	37.5
2006	98.3	72.0	63.0	39.1	40.2	36.6
2005	98.3	71.0	62.3	38.1	39.1	36.0
2000	97.6	66.4	57.6	29.7	28.8	31.2
1990	93.5	49.6	46.5	22.9	22.1	24.3
1980	85.2	36.8	32.8	17.1	17.2	17.0
1970	74.6	29.1	18.6	9.0	12.1	5.9

* 고등학교 전문계는 특수목적고+특성화고+자율고

이와 같이 교직의 여성화는 강한 추세를 보이고 있으며, 초등학교의 경우 그 비율은 보다 높아지고 있다. 이러한 증가현상은 교직이 타 직업 분야보다 남녀가 평등한 입장에서 근무할 수 있어 여성에게는 매력 있는 직종으로 인식되어 온 반면, 산업화의 진전으로 일반 기업체에 비해 사회·경제적 지위가 상대적으로 낮아졌다는 것 등의 이유로 남성은 기피하는 직종으로 평가되고 있다(이인효, 1992). 또한, 최근 여교사의 행정직 진출이 높아지고, 여교원을 위한 복지·후생의 질적 향상으로 인해 여교사의 증가 추세는 당분간 계속될 전망이다.

그러나 이러한 교직의 여성화 경향에 비해 학교행정가로서 여성이 점유하는 비율은 <표 11-2>에서 나타난 바와 같이, 그다지 높지 않는 것으로 나타나고 있다. 즉, 교감 이상 여성이 차지하는 비율은 2011년 초등학교 24.1%, 중학교 22.0%, 고등학교 7.8%로 낮은 비율을 보이고 있다. 그러나 1990년 이후 초등학교 교감이상의 관리직 여교원 비율은 꾸준히 증가를 보여 1990년 3.5%, 2000년 8.0%, 2007년 14.4%, 2011년 24.1%를 나타내고 있다. 중학교의 경우도

1990년 불과 5.9%에 불과하던 것이 2000년 8.8%, 2007년 14.4%, 2011년 22.0%로 증가추세를 보이고 있다. 그러나 교직사회에서 상대적으로 고등학교의 경우는 1990년 2.7%, 2000년 3.6%, 2007년 5.9%, 2011년 7.8%로 낮은 편이다.

표 11-2 학교행정가 중 여성교원 비율 변화추이

(단위 : 명, %)

구 분	초등학교		중학교		고등학교	
	교감이상	비 율	교감이상	비 율	교감이상	비 율
2011	2,859	24.1	1,220	22.0	352	7.8
2007	1,705	14.4	907	16.8	253	5.9
2006	1,527	12.8	817	15.2	239	5.6
2005	1,382	11.8	729	13.8	232	5.6
2000	856	8.0	419	8.8	136	3.6
1990	470	3.5	275	5.9	91	2.7

이와 같은 여교사의 교육행정가로서 진입이 낮은 이유에는 여러 가지 문화적 · 제도적 · 정책적 요인 등이 작용하고 있다. 특히, 교육공무원인사제도 중 승진규정에서 벽지지역 근무에 대한 가산점, 근무성적 평정 시 특정 승진대상 교사에 대한 우대 등은 제도적으로 여교사의 진출을 막고 있는 것 중의 하나라고 할 수 있다. 그러나 사회 전반에 걸친 양성평등의식과 이와 관련한 제도적 장치 및 법적 근거마련, 교사의 여성비율의 증가 등은 자연히 관리직에서도 여성의 비율은 증가하게 될 것이며, 여성 교육행정가의 교육조직에서의 리더십 발휘는 확산될 것으로 전망된다.

또한, 고등교육분야에서 여성 대학교수 비율을 국공·사립 전체 살펴보면, 2006년 16.8%, 2009년 18.3%, 2012년 20.2%로 증가 추세를 나타냈다. 이러한 증가 추세는 2003년 6월 여성교수 채용확대를 희망하는 국립대학에 대하여 우선적으로 200명 여성교수 별도정원이 배정되었으며, 2007년 7월에는 「교육공무원법」 개정으로 양성평등조치계획 의무적용 대상을 4년제

국공립 전체 대학으로 확대하는 등 제도적·정책적으로 여성의 대표성을 제고한 측면으로 볼 수 있다.

표 11-3 대학 여성교수 비율

구분	2006년	2007년	2008년	2009년	2010년	2011년	2012년
전체(%)	16.8	17.2	17.67	18.3	19	19.6	20.2
국공립(%)	11.7	12.1	12.2	12.8	13.2	13.6	13.7
사립(%)	18.8	19.3	19.7	20.3	21.1	21.8	22.6

출처 : 여성가족부(2013). http://www.mogef.go.kr/korea/view/policyGuide/; 교육과학기술부, 각년도 교육통계연보.

양성평등한 공직문화를 조성하기 위해 양성평등 채용목표제 차원에서는 2003년부터 공무원임용시험령 제20조(여성 또는 남성의 선발예정인원 초과합격)에서 여성과 남성의 평등한 공무원임용 기회를 확대하는 내용을 명시하고 있다. 한편, 1996년부터 2002년까지는 일정 비율의 여성을 채용하도록 하는 '여성공무원 채용목표제'가 한시적으로 실시되었다(여성가족부 정책가이드 http://www.mogef.go.kr, 2013).

표 11-4 양성평등채용목표제(2003~2012) : 국가직(남녀포함)

직급	계	2003년	2004년	2005년	2006년	2007년	2008년	2009년	2010년	2011년	2012년
5급	17	3	4(3)	1	1(1)	1(1)	2	-	5(1)	-	-
7급	116	19	9	10	20	16	8	5	10	8	11
9급	59	17(9)	4	6	9(1)	7(2)	5	3	4	2	2
계	192	39(9)	17(3)	17	30(2)	24(3)	15	8	19(1)	10	13

※ 괄호 안의 수치는 남성공무원 채용 선발인원임. 양성평등채용목표제 국가직

출처 : 여성가족부(2013). http://www.mogef.go.kr/korea/view/policyGuide/

CHAPTER 12

교육과 인적자원개발

이 장에서는 지식기반사회, 지식경제사회에서 국가 및 개인의 경쟁력을 제고시키기 위한 방책으로써 인적자원개발과 교육의 역할을 탐색·제시한다. 구체적으로 인적자원개발의 의미를 살펴보며, 인적자원개발의 특징을 탐색한다. 이를 토대로 인적자원개발과 효율적인 교육의 역할을 사회구성원들의 인식제고, 개인의 능력개발을 위한 다양한 수준의 교육 제공, 그리고 형식교육기관과 비형식교육기관간의 상호협력, 국가차원에서의 장기적인 인적자원개발전략 및 정책 등의 측면에서 제시한다.

제1절 인적자원개발의 의미

21세기 지식기반경제를 주도하는 핵심요소는 분명 사람이다. 이들 인적자원(human resource)확보가 조직과 국가의 경쟁력을 결정짓는 요인이 된 것이다. 이러한 여건 속에서 선도적 기업들의 경우, 구성원들의 역량개발에 끊임없는 투자와 노력을 기울이고 있다. 이들 기업에서 인적자원은 자산 가운데 가장 가치 있는 자산으로 여겨지며, 이와 같이 가장 중요한 자산의 가치를 더욱 확대시키기 위하여 인적자원개발(human resource development)이라는 말로 구성원의 능력과 역량개발에 투자와 지원을 아끼지 않고 있는 것이다.

그렇다면 인적자원개발이란 무엇인가? 인적자원개발은 인적자원이라는 단어와 개발이라는 단어가 합하여진 합성어이다. 따라서 인적자원이 무엇이고 개발은 무슨 의미로 사용되는지를 먼저 살펴보고 인적자원개발의 개념을 정의하는 것이 순서이다. 인적자원개발의 의미를 더 분명하게 드러내기 위해서는 인적자원개발의 외연도 검토할 필요가 있다. 이를 위해, 인적자원개발과 유사한 용어들을 그 차이점에 주목하면서 살펴보고, 인적자원개발이 어떤 하위 영역들로 구성되어 있는지도 제시하기로 한다(장원섭, 2009).

1. 인적자원

인간은 사회 속에서 조직을 형성하여 함께 살아간다. 누구나 어떤 방식으로든 사회조직에 속해서 삶을 영위한다. 한 사회조직이 형성하고 발전되기 위해서는 여러 가지 형태의 자원(resources)이 필요하다. 그 조직을 운영하기 위해서는 현금, 주식 같은 재정적 자원(financial resources)과 시설, 설비, 기계 같은 물적 자원(physical resources)도 중요하다, 그러나 가장 필수적이고 중요한 자원은 바로 사람이다.

조직(organization)은 공동의 목적을 달성하기 위해 체계적인 구조와 규율에 따라 구성된 사람들을 모임이다. 따라서 사람이 없다면 조직 그 자체가 성립되지 않는다. 게다가 산업사회에서 토지, 자본, 노동 같은 물적, 양적 자원이 생산의 주요 요소였다면, 지식기반사회로 일컬어지는 지금은 지식과 창의력 같은 사람에게 체화된 질적 요소가 더욱더 중요해 졌다.

인적자원은 조직의 구성과 발전을 위해 가장 핵심적인 요소로서 사람의 자원적 측면을 일컫는 말이다. 즉, 조직에 속한 사람이 조직 발전을 위해 기여하는 요소를 의미한다. 다시 말해서, 인적자원이란 조직의 구성원으로서 사람과 관련한 자원을 의미한다. 따라서 인적자원은 조직인으로서의 인간을 전제로 하는 개념이다.

조직의 미래적 가치를 제고하기 위한 기초로서 인적자원은 두 가지 차원으로 구분된다. 하나는 인적자본이고, 또 다른 하나는 사회적 자본과 관련된다. 먼저, 인적자본(human capital)은 개인에게 체화된 지식, 기술, 능력 등을 의미한다. 이것은 개인의 교육 투자가 인적자본을 증진시킴으로써 소득을 높일 수 있음을 설명하는 경제학적 개념이다. 조직 내에서 구성원 개개인의 인적자본은 조직의 역량에 있어서도 중요한 기반이 된다. 사회적 자본은 사람들 사이의 관계를 통해 형성되는 무형의 자본을 일컫는다. 조직은 어떤 기능을 수행하도록 사람들이 협동해나가는 체계이다. 사람들은 조직에 속해서 역할을 분담하면서 함께 업무를 수행한다. 일은 개인적으로 수행하는 것처럼 보이는 경우일지라도 언제나 이미 사회적 관계 속에서 이루어진다. 근래에는 팀 단위의 조직체계가 부상하고 프로젝트 팀을 구성하여 과업을 수행하는 것이 더욱더 중요해지고 있다. 따라서 개인적 능력으로서 인적자본뿐만 아니라 신뢰, 협력, 규범 등과 같이 사람들 사이의 관계에 기반을 둔 사회적 자본이 필수적이다.

결국, 인적자원은 조직구성원 개개인의 인적자본과 그들의 관계를 통한 사회적 자본을 포함하는 개념이다. 한마디로, 조직의 발전을 위해 조직 구성원으로서 사람과 관련한 모든 자원적 요소를 총칭한다.

2. 개발

개발(development)이란 사람의 성장과 발달을 도모하는 활동을 말한다. 조직 내에서 사람은 업무를 수행하고 다른 사람들과 관계 맺는 가운데 학습하고 성장한다. 동시에, 체계적인 교육을 통해 지식과 기술을 더욱더 신장하고 태도를 변화시킬 수 있다.

인적자원의 개발은 사람을 관리의 대상으로 보는 활동과는 구분된다. 조직은 새로운 구성원을 선발하고, 업무에 배치하며, 임금을 지급하고, 노사관계를 조정하는 등 구성원들을 관리한다. 이와 더불어, 구성원들의 지식과, 기술, 태도를 증진하고 개발하는 활동을 하게 된다.

인적자원에 대한 개발은 훈련, 교육 등의 개념과 혼용되기도 하지만, 구분할 수도 있다. Nadler는 훈련은 현재의 직무 수행을 위해서, 교육은 미래의 직무 수행을 위해서, 그리고 개발은 직무에 초점을 두지 않고 개인의 성장을 도모하기 위해서 이루어지는 학습 활동이라고 보았다. 또 다른 견해로, 훈련은 더 세부적이고 구체적인 업무수행 기술을 반복적으로 숙달하여 일정한 기준점에 도달하도록 하는 낮은 수준의 교육활동이며, 교육은 가르치고 배우는 활동을 의미하는 포괄적인 의미로서 훈련을 포함하는 개념으로 보고 있다. 그러나 개발은 자원을 개척하고 활용한다는 의미를 내포하고 있다. 따라서 조직에 속한 사람의 자원적 요소로서 인적자원이라는 용어와 함께 사용할 경우에 교육보다는 개발이 더 적합하다고 본다.

3. 인적자원개발

인적자원개발은 간단히 말해서 인적자원을 개발하는 활동이다. 구체적으로 인적자원개발은 조직을 구성하는 또는 조직에 고용된 개인 또는 개인들의 지식, 기술, 태도 등의 증진을 도모하는 모든 프로그램 또는 개입, 절차와 방법, 행위, 관행 등을 의미한다. 한마디로, 조직의 발전을 위한 가장 중요한 자원으로서 조직 구성원인 사람을 성장, 발달하도록 하는 활동이다.

이러한 개념정의는 인적자원개발과 인적자원개발이 아닌 활동의 구분도 분명하게 할 수 있도록 한다. 예를 들어, 한 회사가 자사의 연수원에서 직원이 아닌 고객을 대상으로 돈을 받고 또는 무료로 제공하는 교육 프로그램은 그 회사 입장에서는 인적자원개발이라고 보기 어렵다. 그 교육의 대상이 조직에 고용된 사람들이 아니기 때문이다.

인적자원개발의 개념은 세 가지 핵심어를 가지고 있다. 그것은 조직, 사람, 그리고 성장이다. 이러한 세 가지 핵심어를 통해 인적자원개발 활동의 본질을 파악할 수 있고, 조직과 사람이라는 두 가지 중심축 가운데 어디에 우선순위를 두느냐에 따라 서로 다는 관점으로 구분할 수도 있다.

인적자원개발은 조직과 인간을 함께 성장하도록 한다는 의미를 가지고 있기는 하지만, 개념 자체로 보았을 때 그것은 인간의 자원적 특성을 강조한다. 즉, 조직이나 국가의 구성 요소로서 인적자원에 대한 시각을 갖는다. 예를 들어, 조직의 입장에서 조직 내부의 자원으로서 조직구성원의 교육을 바라본다거나, 국가의 입장에서 국민들의 경제적, 사회적 능력을 신장시키는 활동이 인적자원개발의 개념에 내재되어 있다. 한마디로, 인적자원개발은 언제나 구성원으로서의 인간을 전제하고, 그들이 소속된 조직이나 사회, 국가를 기본적인 단위로 한다.

제2절 인적자원개발의 특징

현대 사회에서 인적자원의 중요성을 부각시키고 인적자원의 효율적·효과적 개발을 위한 인적자원개발은 미래 국가의 발전의 원동력으로 인식하고 있다. 우리나라와 같이 물적 자원이 부족한 국가에서 인적자원은 그 중요성이 더욱 부각된다. 이러한 인적자원개발의 중요성과 더불어 그 특징은 무엇인지를 살펴볼 필요가 있다.

첫째, 인적자원개발의 가치가 조직 및 사회의 질을 결정한다. 개인은 인간으로서의 존엄성을 지닌 존재일 뿐만 아니라 개인이 어떻게 조직 또는 사회에 기여하는가를 고려한다는 점에서 조직이나 사회의 질을 결정하는 중요한 요소인 것이다.

둘째, 인적자원은 조직 또는 사회의 요구에 필요한 능력이 있는 자원이다. 조직 또는 사회에서의 지위 고하를 막론하고 구성원들은 조직 또는 사회의 인적자원과 관련된 현재나 미래의 요구를 충족시키는데 필요한 능력 있는 존재이다.

셋째, 인적자원개발은 좋은 환경을 요구한다. 모든 조직 또는 사회에서 환경에 대해 관심을 갖는 것은 정당하고 가치 있는 것으로 누구나 안전하고 쾌적한 환경에서 일하기를 원한다.

넷째, 인적자원개발은 계속적인 학습욕구를 충족한다. 조직 또는 사회의 구성원들을 훈련, 교육, 개발하는 것은 일회적인 노력이 아니다.

다섯째, 인적자원개발은 변화에의 준비이다. 환경, 조건, 자원에 대한 요구가 변한다는 사실은 조직 또는 사회 내에서 변화에 능동적으로 대처하는 준비이다.

이렇게 볼 때 인적자원개발의 특징은 다음과 같이 요약할 수 있다. 인적자원개발은 조직적 학습이어야 하며, 제한된 특정기간 내에 이루어져야 하며, 직무성과 향상과 관련되어야 한다. 그리고 인적자원개발은 직무성과 향상 가능성을 증대시켜야 하며, 개인과 조직의 성장가능성을 증대시켜야 한다.

제3절 인적자원개발과 교육의 역할

이상에서 인적자원개발의 의미와 특징을 고찰하였다. 이상의 고찰을 토대로 인적자원개발과 교육의 역할을 제시하면 다음과 같다.

첫째, 교육은 평생학습사회에서 필수적이며, 이에 대한 사회구성원들의 인식제고와 더불어 구매력 높은 교육내용 및 다양한 교수-학습방법 등을 통하여 학습자들에게 동기부여를 촉진해야 할 것이다. 즉, 다양한 배경을 가진 학습자들이 학교에 진입했을 때 학습 습관과 학업 준비도는 다양하다. 초기, 그리고 전 학교생활에 걸쳐 학습에 대한 긍정적인 태도를 고양하는 방법을 찾아야 한다. 특히, 학습자들이 교육을 경제와 사회생활의 참여를 위한 의미 있는 기회와 연결하는 실제적인 통로임을 인지하도록 해주어야 한다.

둘째, 교육은 개인에게 있어서 생애능력 개발을 위한 준비과정이 되어야 하며, 일반지식, 직업기초능력, 그리고 전문지식 등의 능력을 증진시키기 위한 다양한 수준의 교육이 제공되어야 한다. 이를 위하여 교사와 학습자 간에 창의적이고 자율적인 학습이 전개될 수 있도록 지원해 주어야 한다. 아울러, 전통교육기관과 원격교육기관간의 상호역할 분담 및 상호인정을 통하여 형식교육과 비형식교육 간의 경계가 사라지도록 학사운영을 융통성 있고 유연하게 해야 할 것이다(이돈희 외, 1999).

끝으로 개인뿐만 아니라 국가·사회도 평생 동안 계속해서 새로운 지식을 학습하고, 이를 토대로 새로운 지식 및 부가 가치를 창출할 수 있는 구체적인 인적자원개발전략을 마련해야 할 것이다. 지식정보 사회에서 지식, 기술 등의 인적자원이 국가·사회발전의 원동력이 되며, 아울러 개인의 삶의 질을 결정하는 중요한 요인이 되기 때문에 인적자원개발이 더욱 중요시되고 있다. 따라서 효율적인 인적자원개발을 위하여 범부처적으로 정책방안과 세부 추진전략을 영역별, 과제별로 탐색·제시하고, 아울러 국가 예산의 일정 비율을 인적자원개발에 투자할 수 있도록 법규화해야 할 것이다.

인적자원개발은 기본적으로 조직 관리 이론에 기초하고 있다. 그러나 인적자원개발은 Tayler의 과학적 관리 이론이나 인간 관계론과 같은 맥락으로 파악해서는 안 된다. 인적자원개발은 교육이라고 하는 측면을 내재하고 있으며, 인간의 자아실현을 포함하고 있기 때문에 전체론적인 이해가 필요하다고 하겠다.

인적자원개발이 성공하기 위한 전제 조건은 '인간'이다. 즉, 인간이 조직의 수혜자인가, 수단인가에 대한 질문에 대하여 수혜자로서 인간의 가치에 주목하고 있다. 조직 내에서 개인의 지속적인 학습 욕구에 대한 조직적 배려, 개인의 변화에 대한 조직적 차원에서의 준비 강화와 같은 개인의 가치 향상에 커다란 관심을 갖고 있다.

따라서 인적자원개발의 개념은 바로 인간의 가치 향상이라고 정리할 수 있겠다. 즉, 개인이 여러 형태의 조직 활동 속에서 최고의 질(가치)을 가지도록 해 주는 과정, 개인이 조직 내의 다양한 업무를 잘 이해하여 현재의 직무를 더 효과적으로 수행하고 최고의 만족감을 가지고 변화에 대처할 수 있는 능력을 갖도록 해 주는 것이다. 이에 따라 인적자원개발은 조직 내의 개인이 조직과 자신의 삶에 대하여 제대로 이해하고 인식하며 기여할 수 있도록 하는 것을 중요시하게 된다.

참 고 문 헌

강무섭(2000). "인적자원개발을 위한 비전과 방향", 교육개발, 가을호, 서울: 한국교육개발원, pp.16~25.

강인수(1999). "교원의 권리와 의무", 교육마당21, 교육부.

강찬중(1995). "학교 교무실, 그 세대차의 문제", 교육월보, 5월호, pp.44~59.

강태중(2000). "지식기반사회를 전망하며 이루어지는 평생교육연구들의 음미: 국제적 동향과 시사", 평생교육학연구, 제6권 제1호, 서울: 한국평생교육학회, pp.21~37.

강희돈(1993). "우리나라 고등학생의 학교과정화 모형 탐색", 교육문제연구, 제5권, pp.197~222.

곽삼근(2001). "한국 평생교육기관의 이념 및 방향에 관한 논의 : 지역사회 평생교육이념을 중심으로", 평생교육학연구, 제7권 제2호, 서울: 한국평생교육학회, pp.1~23.

곽형식 외(2000). 인간행동과 사회환경, 서울: 형설출판사.

교육개혁위원회(1995). 신교육체제 수립을 위한 교육개혁방안, 서울: 대한교과서 주식회사.

교육과학기술부(2011). 2011년도 주요 교육과학기술통계.

교육과학기술부(2012). 교육통계연보.

교육과학기술부(2012). 다름을 재능으로, 모두를 위한 다문화교육! 「다문화학생 교육 선진화 방안」 발표. 보도자료(2012. 3. 12자).

교육부(1965~1995). 교육통계연보.

교육부(1998). 교육 50년사 : 1948~1998, 서울: 교육부.

교육부(1999a). 교육발전 5개년 계획 시안.

교육부(1999b). 양성평등 학교문화 선생님이 만듭시다.

교육부(2000a). 교직발전종합방안시안.

교육부(2000b). 평생교육법 · 평생교육법시행령 · 평생교육법시행규칙 해설자료.

교육부(2000c). 평생교육백서.

구정화 · 박윤경 · 설규주(2009). 다문화교육 이해. 서울: 동문사.

권이종(1996). 청소년학 개론, 서울: 교육과학사.

기순신(2001). 교사론, 서울: 학지사.

김광억(1994). 교육개혁을 위한 다학문적 접근, 시민사회와 문화이해의 교육, 유네스코한국위원회.

김남선 외(2002). 청소년 교육론, 서울: 형설출판사.

김남선 외(2003). 노인교육개론, 서울: 형설출판사.

김남희(2002). "교육과 국가인적자원개발과의 관계에 대한 소고", 한국교육, 제29권 제2호, 서울: 한국교육개발원, pp.359~375.

김도수(1994). 사회교육학, 서울: 교육과학사.

김명희(1998). 현대사회와 부모교육, 서울: 학문출판사.

김병성 외(1992). 교육학총론, 서울: 양서원.

김병성(1990). 증보 교육사회학 관련이론, 서울: 양서원.

김병성(1991). 학교의 사회심리학, 서울: 양서원.

김병성(1996). 교육과 사회, 서울: 학지사.

김병성(2002). 교육사회학 이론신강 : 거시 · 미시적 관련이론, 서울: 학지사.

김병욱(2007). 교육사회학, 서울: 학지사.

김병욱(2012). 교육사회학(2판), 서울: 학지사.

김선양 외 역(1988). 교사교육의 혁신, 서울: 교육과학사.

김수일(1998). 사회교육학상설, 서울: 교육과학사.

김승한(1981). 평생교육입문, 서울: 정민사.

김신일(2011). 교육사회학(제4판), 서울: 교육과학사.

김영돈(1983). 학급경영론, 서울: 교육과학사.

김영화 외(1994). 한국인의 교육의식 조사 연구, 서울: 한국교육개발원.

김영화(1993). 한국의 교육불평등 : 고등교육 팽창의 과정과 결과, 서울: 교육과학사.

김이선(2007). 다민족 · 다문화사회로의 이행을 위한 정책 패러다임 구축(Ⅰ): 한국사회의 수용 현실과 정책과제, 서울: 한국여성정책연구원.

김정자(1984). 편부모가족의 지원방안에 관한 연구, 서울: 한국여성개발원.

김정환 외(1989). 문제의 교사, 서울: 양서원.

김종서 · 김승한 · 황종건 · 정지웅 · 김신일(1987). 평생교육원론, 서울: 교육과학사.

김종서 · 김신일 · 한숭희 · 강대중(2011). 평생교육개론. 파주: 교육과학사.

김종서 외(2001). 평생교육개론, 서울: 교육과학사.

김천기(2003). 교육의 사회학적 이해, 서울: 학지사.

김태기(2001). "국가인적자원개발의 비전과 과제", 교육개발, 9・10월호, 서울: 한국교육개발원, pp.22~27.

김태준(2001). "인적자원으로서의 인간자본과 사회적 자본", 교육개발, 9・10월호, 서울: 한국교육개발원, pp.53~58.

김형태(1998). 청소년 세대 교육론, 대전: 한남대학교 출판부.

김흥규・이만표(2013). 교육사회학, 파주: 양서원.

김흥규(1990). 교육사회학, 서울: 형설출판사.

김흥주 외(2002). "인적자원개발 정책을 위한 교육 및 관련 법제 개혁방안", 교육법학연구, 제14권 제1호, 서울: 한국교육법학회, pp.17~51.

남정걸 외(2003). 평생교육행정, 서울: 도서출판 하우.

대통령실(2012.11). '인류의 녹색미래를 책임집니다'. 청와대 정책소식, vol. 17.

문화관광부(2000). 청소년백서.

민무숙(1991). "교육연구 대상으로서의 성(gender) : 연구동향과 전망", 교육사회학 연구, 제1권 제2호, 서울: 한국교육사회학회.

박성정(2001). "평생교육 관점에서 본 인적자원 개발체제", 평생교육학연구, 제7권 제2호, 서울: 한국평생교육학회, pp.159~175.

법제처(2013). 다문화가족지원법.

서울대학교 교육연구소(1994). 교육학 용어사전, 서울: 도서출판 하우.

서울보호관찰소(1994). 보호관찰 현황.

서울특별시 교육연구원(1991). 교직실무편람.

석태종(2004). 교육사회학, 서울: 교육과학사.

손준종(2000). "평생학습 논리의 의미와 한계 검토", 교육학연구, 제38권 제1호, 서울: 한국교육학회, pp.289~308.

송병순・이영호(2000). 평생교육의 이론과 실제, 서울: 원미사.

송병순 외(2003). 교육사회학, 서울: 문음사.

심성보(1996). "한국대안학교 운동의 현황과 과제", 교육사회학연구, 제6권 제2호, pp.173~198.

안경식, 김동광, 김향은, 김회용, 박천응, 이철호, 장인식(2009). 다문화 교육의 현황과 과제. 서울: 학지사.

양용칠 외(2013). 교육의 종합적 이해, 개정판, 파주: 교육과학사.

여성가족부(2011). 2012년도 업무추진계획. 보도자료(2011. 12. 23자).

여성가족부(2012). 보도자료(2011. 12. 23자).

여성가족부(2013). 보도자료(2013. 3. 29자).

여성가족부 정책가이드(2013). http://www.mogef.go.kr/korea/view/policyGuide

오욱환(2003). 교육사회학의 이해와 탐구, 서울: 교육과학사.

외국인정책위원회(2008). 다문화 사회통합 프로그램 이수제. 다문화 사회통합 프로그램 구축 방안 마련을 위한 공청회. 서울: 법무부 출입국 외국인정책본부.

유현숙(2001). "인적자원개발을 위한 학교교육의 기능", 교육개발, 9 · 10월호, 서울: 한국교육개발원, pp.34~39.

윤준상 · 임형백(2000). "지역평생교육 발전을 위한 지방자치단체의 역할", 한국농촌지도학회지, 제7권 제2호, 서울: 한국농촌지도학회, pp.347~358.

이규환(1982). 지역사회와 교육, 서울: 삼일당.

이돈희 외(1999). 지식기반사회와 교육, 서울: 교육부.

이문웅 역(1983). 문화의 개념, Lesile A. White 저, 서울: 일지사.

이미나(1987). "한국노동시장 분단과 교육의 임금에 대한 효과", 김기석 편, 교육사회학탐구, 서울: 교육과학사.

이영자 외(1993). "성평등의 사회학", 서울: 한울아카데미.

이윤식 외(2007). 교직과 교사, 서울: 학지사.

이재옥 · 김정희(1997). "교육에서의 성불평등에 대한 관점 정립과 실증적 분석", 교육학논총, 제18권, 한국교육학회 대구 · 경북지회, pp.357~383.

이정표(1996). "여성진로교육의 모형정립과 실천방향", 진로교육연구, 제6호.

이종각(2000). 교육사회학총론, 서울: 동문사.

이종각(2005). 새로운 교육사회학총론, 서울: 동문사.

이칭찬(1996). 교사론, 서울: 동문사.

이현청(1995). 교육사회학, 서울: 양서원.

장원섭 역(2009). 인적자원개발론. 서울: 학지사.

장지표(2008). 다문화 사회통합 프로그램 이수제. 다문화 사회통합 프로그램 구축방안 마련을 위한 공청회. 서울: 법무부 출입국 외국인정책본부.

장휘숙(1999). 청년심리학, 서울: 학지사.

정구현 외(1994). 21세기 한국의 사회발전 전략: 성장 · 복지 · 환경의 조화, 서울: 나남출판.

정무장관(제2)실(1995). 한국여성발전 50년.

정범모(1996). 미래의 선택, 서울: 나남출판.

정세화 외(1989). "교육여성학: 교육기회균등과 여성", 여성학 영역별 연구, 이화여자대학교 출판부.

정우현(1988). "고교생의 교육기대 및 직업적 포부와 관련변인에 관한 연구", 교육문제연구, 창간호.

정우현(1993). 현대교사론, 서울: 교육과학사.

정일환 · 권상혁(1993). 교사론, 서울: 교육출판사.

정일환 · 박노보(1995). "경쟁력 있는 지역인재 육성방안", 지역발전연구센터(편), 자치시대, 대구발전전략, 대구: 지역발전연구센터.

정일환 외(2002). 사회발전과 인적자본론, 파주: 교육과학사.

정일환 외(2003). 여성교육론, 파주: 교육과학사.

정일환 외(2013). 교육학개론, 서울: 동문사.

정일환(1996). "풍요로운 삶: 교육 · 문화측면의 삶의 질", 한국행정연구, 제5권 제1호, 서울: 한국행정연구원.

정일환(1996). 교육개혁의 쟁점과 과제, 한국지역발전연구재단, 제9차 팔공 포럼.

조혜정(1996). 학교를 거부하는 아이, 아이를 거부하는 사회, 서울: 또 하나의 문화.

차갑부(1992). 신교육학개론, 서울: 형설출판사.

차갑부(1998). 열린사회의 평생교육, 서울: 양서원.

차경수 · 최충옥 · 이미나(2002). 교육사회학의 이해, 서울: 양서원.

차경수 · 최충옥 · 이미나 · 옹정근 · 남기석(2010). 교육사회학의 이해(개정판), 파주: 양서원.

차경수(1985). 교육사회학의 연구, 한국교육학의 탐색: 한기언 박사 회갑 기념집, 서울: 고려원.

차경수(1996). 교육사회학의 이해, 서울: 양서원.

최돈민(2001). "인적자원개발을 위한 평생학습 체제 구축", 교육개발, 9 · 10월호, 서울: 한국교육개발원, pp.40~45.

최운실 외(1993). 한국 사회교육의 과거 · 현재 · 미래 탐구, 서울: 한국교육개발원.

최창섭(1993). 대중매체와 청소년, 서울: 서원.

통계청(2010). 2010 인구주택 총조사.

한국교육개발원(2000a). 국가인적자원개발 정책의 방향과 과제.

한국교육개발원(2000b). 평생학습지원체제 종합 발전방안 연구(Ⅰ).

한국교육개발원(2002). 평생교육지표 및 지수개발.

한국교육개발원(2003). 주요국의 평생교육체제분석.

한국교육과정평가원(1999). 제7차 교육과정에서의 양성평등교육 실현방안 연구.

한국유네스코위원회(1974). 평생교육발전세미나보고서.

한국청소년개발원(편), 청소년문화론, 서울: 서원.

한명희(1993). "우수교원 확보를 위한 교원정책의 개혁방향", 교육과정연구, 제12집.

한상철 · 조아미 · 박성희(1997). 청소년 심리학, 서울: 양서원.

한상철(1998). 청소년학개론, 서울: 중앙적성출판부.

한숭희(2001). "국제기구의 인적자원개발 방향과 권고", 교육개발, 9 · 10월호, 서울: 한국교육개발원, pp.28~33.

한승준 외(2009). 지자체 다문화 정책 추진체계 구축방안에 관한 연구. 한국사회와 행정연구, 20(2).

한준상 외(1996). 신교육사회학, 서울: 학지사.

한준상(2000). "평생교육기관에서의 인적자원개발 전략", 교육개발, 가을호, 서울: 한국교육개발원, pp.26~33.

황종건(1980). 사회교육제도의 비교연구, 대구: 계명대학교 지역사회교육연구소.

Acker, S.(1987). "Feminist theory and the study of gender and education", *International Review of Education*, Vol. 33.

Acker. S.(1990). "Gender issues in schooling", In G. Entwistle(ed.), *Handbook of Educational Ideas and Practices*, London: RKP.

Addo, H.(1985). "Beyond eurocentricity: Transformation and transformational responsibility", In H. Addo, et al.(eds.), *Development as social transformation,* Colorado: Westview Press, pp.12~27.

Alexander, J. C.(1987). "The dialectic of individuation and domination: Weber's rationalization theory and beyond," In M. Weber, *Rationality and modernity*, S. Whimster & S. Lash, (eds.), London: Allen and Unwin.

Anderson, M. L., & Taylor, H. F.(2009). *Sociology: The essentials,* Belmont, CA: Thomson Wadsworth.

Anyon, J.(1981). "Social class and school knowledge", *Curriculum Inquiry,* Vol. 11, No. 1, Spring.

Apple, M.(1982). *Education and power*, London: Routledge & Kegan Paul.

Ardent, H. W.(1981). "Economic development: A semantic history", *Economic Development and Cultural Change,* Vol. 9, pp.457 ~466.

Armstrong, J. M.(1981). "Achievement and participation of women in mathematics: Results of two national surver", *Journal for Research in Mathematics Education*, Vol. 12, No. 5.

Arnau, J. C. S.(1981). "The cultural dimension of development", *Development: Seeds of Change,* Vol. 3, No. 4, pp.3~9.

Arnot, M.(1982). "Male hegemony, social class women's education", *Journal of Education.*

Arnot, M.(1983). "A cloud over co-education: An analysis of the forms of transmission of class and gender relations", In S. Walker & L. Barton(ed.), *Gender, class and education*, London: The Falmer Press.

Aspin, D., & Chapman, J.(2000). "Lifelong learning: Concepts and conceptions", *International Journal of Lifelong Education*, Vol. 19, No. 1, pp.2~19.

Aspin, D., et al.(2001). *International handbook of lifelong learning*, London: Kluwer Academic.

Axinn, G. H.(1978). "New strategies for rural development", *A Collection of papers by Axinn, G.*, Nepal: Rural Life Associate.

Ballantine, J. H.(1997). *The sociology of education: A systematic analysis,* 4th ed., Upper Saddle River, New Jersey: Prentice-Hall.

Ballantine, J. H.(2001). *The sociology of education; A systematic analysis*, 5th ed., New Jersey: Prentice Hall, Inc.

Bandura, A.(1977). *Social learning theory*, Englewood-Cliffs, New Jersey: Prentice-Hall.

Becker, G. S.(1964). *Human capital: A theoretical and empirical analysis, with special reference to education*, New York: National Bureau of Economic Research.

Becker, J. R.(1983). "Gender and mathematics in Unites States", In *Mathematics educational report: An international review of gender and mathematics*, Columbus, OH: The Ohio State

University Press.

Bell, D.(1976). *The cultural contradictions of capitalism*, New York: Basic Book.

Berger, et al.(1973). *The homeless mind: Modernization and consciousness*, New York: Random House.

Berger, P. L.(1963). *Invitation to sociology,* New York: Anchor Books.

Bidwell, C. E. & Friedkin, E.(1988). "*The school as a formal organization*", In J. G. March(ed.), *The handbook of organization,* New York: Rand McNally.

Blau, P. M. & Duncan, O. D.(1967). *The American occupational structure,* New York: John Wiley & Sons.

Blaug, M.(1970). *Economic of education*, Harmonds Worth: Penguin Press.

Blumer, H.(1969). *Symbolic interactionism: Perspective and method,* Englewood -Cliffs, New Jersey: Prentice-Hall.

Bowels, S. & Gintis, H.(1976). *Schooling in capitalist America*, New York: Basic Books.

Brant, W.(1980). *North-South: A program for survival*, The report of the independent commission of international development issues under the chairmanship of willy beant, Cambridge: The MIT Press.

Bruner, J.(1990). *Acts of meaning*, Cambridge: Harvard University Press.

Bryson, L.(1936). *Adult education,* New York: American Book.

Burney, S. M. H.(1988). "Community involvement must for rising living standards", *Yoiana*, Vol. 32.

Carnoy, M.(1974). *Education as cultural imperialism*, New York: Mckay Com.

Castetter, W.(1996). *The personnel function in educational administration*, 5th ed., New York: Macmillan Publishing Com.

Centers, R.(1949). *The psychology of social science,* Princeton: Princeton University Press.

Challis, M.(1996). "Andragogy and the accreditation of prior learning: Points of continuum or uneasy bedfellows", *International Journal of Lifelong Education*, Vol. 15, No. 1, pp.32~40.

Chesler, M. A. & Cave, W. M.(1981). *Sociology of education,* New York: Macmillan Publishing Com.

Chung, I. H. (1989). Development Paradigms: A comparison of American and third world students' preferences for development ideas, Unpublished Doctoral Dissertation, The Pennsylvania State University.

Clark, B. R.(1960). "The 'cooling out' function of higher education," *The American Journal of*

Sociology, May, pp.569~576.

Clarricoates, K.(1980). "The importance of being Ernest··· Emma··· Tom···Jane: The perception and categorization of gender conformity and gender deviation in primary schools", In R. Deem(ed.), *Schooling for women's work*, London and Boston: Routledge and Kegan Paul.

Cole, J.(1987). *Development and underdevelopment: A profile of the third world*, London: Methuen & Co., LTD.

Coleman, J. S.(1998). *Foundations of social theory*, Harvard University Press.

Coleman, J. S., et al.(1966). *Equality of educational opportunity*, Washington, D.C.: U.S. Department of Education.

Corwin, R. G.(1965). *A sociology of education*, New York: Appleton Century Crafts.

Courtney, S.(1989). "Defining adult and continuing education", In S. B. Merriam & P. M. Cunningham(eds.), *Handbook of adult and continuing education*, San Francisco: Jossey-Bass.

Cullingford, C.(1995). *The effective teacher*, London: Cassell Villiers House.

Daly, M.(1978). *Gyn-ecology: The metaethics of radical feminism*, Boston: Beacon Press.

Darkenwald, G. G., & Merriam, S. B.(1982). *Adult education: Foundations of practice*, New York: Harper & Row.

Dave, R. H.(1976). *Foundations of lifelong education*, Oxford: Palmer Press.

Deem, R.(1978). *Women and schooling*, Lodon: Rontledge and Kegan Paul.

DeMarrais, K. B., & LeCompte, M. D.(1995). *The way schools work: A sociological analysis of education*, 2nd ed., White Plains, New York: Longman.

Denison, E. F.(1961, 1962). *The sources of economic growth in the United States and the alternatives before us*, Washington D. C.: Committee for Economic Development.

Dewey, J.(1963). *Experience and education*, New York: Collier Books.

Donald, M.(1991). *Origins of the modern mind: Three stages in the evolution of culture and cognition*, Cambridge, MA: Harvard University Press.

Dube, S. C.(1979). *Development perspective for the 1980s*, New Jerdy, Atlantic Highlands: Humanities Press Inc.

Eagly, A. H.(1987). *Sex differences in social behavior: A social-role interpretation*, N.J.: Lawrence Erlbaum Associates.

Eisenstin, Z.(1979). *Socialist feminism and the class for capitalist patriarchy*, New York: Monthly Review Press.

Esteva, G.(1987). "Regenerating people's space", *Alternatives*, Vol. 12.

Evans, P. B., & Stephens, J. D.(1988). "Development and the world economy", In N. J. Smelser(ed.), *The handbook of sociology,* London: Sage Publications, Inc.

Evans, T. D.(1982). *Being and becoming: Teacher's perceptions of sex-roles and actions toward male and female pupils*, BJSE.

Fennema, E.(1980). "Sex related differences in mathematical achievement: Where and why", In L. H. Fox, L. Brody & D. Tobin(eds.), *Women and the mathematical mystigue*, Baltimore: John Hopkins University Press.

Fox, L. H.(1981). *The problem of women and mathematics: A report the ford foundation*, Baltimore: John Hopkins University Press.

Fox, T. G. & Miller, S. M.(1965). "Economic, political, and social determinants of mobility: An international cross-sectional analysis", *Acta Sociolica*, pp.76~93.

Frazer, N. & Sadker, M.(1973). *Sexism in school and society*, New York: Harper and Row.

Freeman, R. B.(1976). *The overeducated American*, New York: The Academic Press.

Freiberg, M. & Hettne, B.(1985). "The greening of the world: Towards a non-deterministic model of processes", In H. Addo, et al.(eds.), *Development as social transformation,* Colorado: Westview Press, pp.204~270.

Galtung, J., O'Brien, P., & Preiswerk, R.(eds.)(1980). *Self-reliance, a strategy for development,* Bogle: L'Ouverture.

Goodlad, J. I.(1984). *A place called school*, New York: McGraw-Hill Book Company.

Grattan, C. H.(1971). *In quest of knowledge: A historical perspective on adult education,* New York: Arno Press.

Griffin, C.(1999). "Lifelong learning and social democracy", *International Journal of Lifelong Education*, Vol. 18, No. 5, pp.329~342.

Griffith, W. S.(1970). "Adult education institutions", In R. M. Smith, G. F. Aker & J. R. Kidd(eds.), *Handbook of adult education,* New York: Macmillan.

Haque, W.(1981). "Our grave new world: Grass roots initiatives and strategies in responds", *Report on the Castelgandolfo Interaction*, June, pp.13~15.

Harrison, P.(1980). *The third world tomorrow: A report from the battlement in the war against poverty*, England: Penguin Book.

Harrist, J., Silverstein, J., & Andrews, D.(1989). "Educating women in science", In *Educating the majority: Women challenge*, Tradition in Higher Education, New York: Collier Macmillan Publishers.

Hatmann, H.(1981). "The Unhappy marriage of marxism and feminism", In S. Lydia(ed.), *Women and revolution*, Boston: South and Press.

Hauser, R. M., & Phang, H. S.(1993). Trends in high school dropout among white, black, and hispanic youth, 1973 to 1989, Institute for Research on Poverty, Discussion Paper No. 1007~1093, University of Wisconsin-Madison, pp.1~46.

Havighurst, R. J., & Neugarten, B. L.(1968). *Society and education,* 3rd ed., Boston: Allyn & Bacon.

Hogard, K., & Buller, H.(1987). "Rural development*", A geographical perspective,* London: Croom Helm.

Horner, M. S.(1972). "Toward an understanding of achievement- related conflicts in women", *Journal of Social Issues*, Vol. 28, No. 2.

Horton, P. B., & Hunt, C. L.(1976). *Sociology,* New York: McGraw-Hill.

Huntington, S. P.(1976). "The change to change: Modernization, development and politics", In C. E. Black(ed.), *Comparative modernization*, New York: The Free Press.

Illich, I.(1983). "Eco-pedagogics and the commons", *The Illustrated Weekly of India*, August .

Illich, I.(1984). "The weekly essay/Ivan Illich", *The illustrated Weekly of India,* August.

Inglehart, R.(1977). *The silent revolution*, Princeton Press.

Inkeles, A., & Smith, D. H.(1974). *Becoming modern*, London: Heinemann Education Books.

Jaggar, A. M., Paula, R., & Struhl(1978). *Feminist frameworks: Alternative theoretical accounts of the relations between women and men*, New York: McGraw-Hill.

Jencks, C., et al.(1972). *Inequality: A reassessment of the effects of family and schooling in America*, New York: Basic Books.

Jha, S. N.(1955). *A critical study of Gandhian economic thought*, Agra: Educational Publishers.

Johnson, D. P.(2008). *Contemporary sociological theory: An integrated multi-level approach*, New

York: Springer.

Johnson, D. W.(1970). *The social psychology of education,* New York: Holt, Ringart & Winston.

Karabel, J., & Halsey, A. H.(eds.)(1977). *Power and ideology in education*, New York: Oxford University Press.

Keating, D. P.(1998). "Human development in the learning society", In Hargreaves, et al.(ed.), *International handbook of educational change*, London: Kluwer Academic, pp.693~709.

Kinloch, G. C.(1977). *Sociological theory*, New York: McGraw-Hill.

Klein, S. F., & Beller, A. H.(1988). "Educational attainment of children from single-parent families: Differences by exposure, gender, and race", *Demography*, Vol. 25, pp.221~234.

Knowles, M. S.(1980). *The modern practice of adult education,* New York: Cambridge University Press.

Lave, J.(1988). *Cognition in practice: Mind, mathematics, and culture in everyday life*, Cambridge: Cambridge University Press.

Lehmann, D.(ed.)(1979). *Development theory: Four critical studies*, London: Frank Class.

Lengrand, P.(1973). *An introduction to lifelong education,* London: Croom Helm.

Lengrand, P.(ed.)(1986). *Areas of learning basic to lifelong education*, Oxford: Pergamon.

Levine, D. U., & Havighurst, R. J.(1992). *Society and education*, 8th ed., Boston: Allyn and Bacon.

Levine, D. U., & Levine, R. F.(1996). *Society and education,* 9th ed., Boston: Allyn & Bacon.

Lewis, J. P., & Kallab, V. K.(eds.)(1986). *Development strategies reconsidered*, New Brunswick: Transaction Books.

MacDonald, M.(1980). "Schooling and the reproduction class and gender relation", In L. Barton, R. Meighan & S. Stephen eds.), *Schooling, ideology, and the curriculum*, London: The Falmer press.

MacDonald, M.(1980). "Socio-cultural reproduction and women's education", In R. Deem(ed.), *Schooling for women's work*, London: RKP.

Martin, T. C., & Bumpass, L. L.(1989). "Recent trends in marital disruption," *Demography*, February, pp.37~51.

Mayer, K. B.(1970). *Class and society*, New York: The Free Press.

McLanahan, S.(1985). "Family structure and the reproduction of poverty", *American Journal of*

Sociology, Vol. 90, pp.873~901.

Meece, J. L., Parsons, J. E., Kaczals, C. M., Gohh, S. B., & Futterman, R.(1982). *Sex differences in math achievement: Toward a model of academic choice*, Psychological Bulletin, Vol. 9, No. 2.

Meyer, C. A., & Rubinsion(1975). "Education and political development", *Review of Research In Education*, Vol. 3.

MicLver, R. M.(1942). *Social causation*, Boston: Gin and Company.

Midlleton, S.(1983). "The sociology of womens' education at a field of academic study", In M. Arnot & G. Weiner(ed.), *Gender and the politics of schooling*, London: The Open University Press.

Munoz, H.(ed.)(1981). *From dependency to development: strategies to overcome underdevelopment and inequality,* Boulder, Colorado: Westview Press.

Nash, R.(1976). *Teacher expectations and pupil learning*, London: Routledge & Kegan Paul.

Nelly, P. S.(1990), "Gender inequality in education: Accountion for women's subordination", *British Journal of Sociology of Education*, Vol. 11, No. 2.

Nihlen, A.(1976). The white working class in school: A study of first grade girls and their parents, Unpublished Doctoral Dissertation, University of New Mexico.

Nyerere, J. K.(1982). "South-South option", In A. Gauhar(ed.), *Third world strategies: Economic and political cohesion in the South*, pp.9~16.

O'Connor, J.(1984). *Accumulation crisis*, New York: Basil Blackwell.

Olson, D., & Torrance, N.(1996). *Handbook of education and human development: New models of learning, teaching and schooling*, Oxford: Blackwell.

Parelius, A. P., & Parelius, R. J.(1978). *The sociology of education,* Englewood-Cliffs, New Jersey: Prentice-Hall.

Park, H. S.(1984). *Human needs and political development*, Cambridge, Massachusetts: Schenkman Publishing Company, Inc.

Parkay, F. W.(1995). *Becoming a teacher*, 3th ed., Boston: Allyn and Bacon.

Plecas, D. B., & Sork, T. J.(1986). "Adult education: Curing the ills of an undisciplined discipline", *Adult Education Quarterly*, Vol. 37, pp.48~62.

Preiswerk, R.(1981). "Cultural identity, self-reliance and basic Needs", *Development: Seeds of Change*, Vol. 3, No. 4, pp.83~91.

Prichard, K. W., & Buxton, T, H.(1973). *Concepts and theories in sociology of education*, Lincoln, Nebraska: Professional Educators.

Rahnema, M.(1984). "A grass-roots look at the education- development tandem", *A Paul Masoner International Lecture*, May, University of Pittsburgh.

Robinson, P.(1983). *Pespectives on the sociology of education*, London: Routledge & Kegan Paul.

Rogoff, B.(1990). *Apprenticeship in thinking: Cognitive development in social conext*, New York: Oxford University Press.

Rosenthal, R., & Jacobson, L.(1968), *Pygmalion in the classroom*, New York: Holt, Reinhart and Winston.

Rostow, W. W.(1960). *The stages of economic growth*, Cambridge University Press.

Rumberger, R. W.(1995). "Dropping out of middle school: A multilevel analysis of students and schools", *American Educational Research Journal*, Vol. 32, pp.583~625.

Sachs, W.(ed.)(1992). *The development dictionary: A guide to knowledge as power*, London: Zed Books Ltd.

Schroeder, W. L.(1970). "Adult education defined and described", in R. M. Smith, G. F. Aker & J. R. Kidd(eds.), *Handbook of Adult Education*, New York: Macmillan.

Schultz, T. W.(1961). "Investment in human capital", *American Economic Review*, Vol. 51.

Schultz, T. W.(1963). *The economic value of education*, New York: Coumbia University Press.

Schultz, T. W.(1968). "Investment in human capital", *Economics of Education*, Baltimore, Maryland: Penguin Book Inc.

Shaw, J.(1980). "Education and the individual: Schooling for girls or mixed schooling: A mixed blessing", In R. Deem(ed.), *Schooling for women's work*, London: RKP.

Shaw, L. B.(1982). "High school completion for young women: Effects of low income and living with a single parent", *Journal of Family Issues*, Vol. 3, pp.147~163.

Simmons, R., & M. Rosenberg(1971). "Functions of children's perceptions of the stratification system", *American Sociologist*, pp.235~249.

Singer, H.(1981). "Overview of discussion in conclusions", In *Critical issues in development in the*

80', Liaizon Bulletin Between Development Research and Training Institutes, Paris: Organization for Economic Cooperation and Development.

Snow, C. P.(1960). "The 'two culture' controversy, afterthoughts", *Encounter*, February.

Sorokin, P. A.(1964). *Social and cultural mobility,* Illinois: The Free Press.

Spring, J.(1989). *American education: An introduction to social and political aspects*, 4th ed., New York: Longman Inc.

Streeten, P.(1984). "Basic needs and human rights", *Development: Seeds of Change*, Vol. 3, pp.10~12.

Takei, Y., & Chung, I. H.(1989). "Culture and development: A need for a re-examination of the issues", A paper for the meeting of the international studies, March, Association in London.

Thompson, J.(1990). *Ideology and modern culture*, Stanford University Press.

Tomas, K.(1988). "Gender and arts/science divide in the higher education", *Studies in Higher Education*, Vol. 13, No. 2.

Tozer, S. E., et al.(2002). *School and society: Historical and contemporary perspectives*, 4th ed., Boston: McGraw Hill.

Verner, C., & Booth. A.(1964). *Adult education,* Washington, D.C.: The Center for Applied Research in Education.

Wain, K.(1993). "Lifelong education and adult education: The state of the theory", *International Journal of Lifelong Education*, Vol. 12, No. 2, pp.85~99.

Wallerstein, I.(1979). *The capitalist world-economy*, Cambridge: Cambridge University Press.

Warner, W. L., et al.(1949). *Social class in America: A manual for procedure for measure of social status*, Chicago: Science Research Associates.

Weitzman, L.(1979). "Feminist critique of the social sciences", *Harvard Educational Review*, Vol. 49, No. 4.

Wexler, P.(1987). *Social analysis of education: After the new sociology*, London: Routledge & Kegan Paul.

Wojtkiewicz, R. A.(1993). "Simplicity and complexity in the effects of parental structure on high school graduation" *Demography*, Vol. 30, pp.701~717.

Wolpe, A.(1988), *Experience as analytical framework: Does it account for girs' education?,* London: The Falmer Press.

인 명 색 인

주 제 색 인

저자소개

주동범

〈학력 및 주요 경력〉

미국 펜실베이니아주립대학교 교육이론과 정책학과 교육사회학 전공(철학박사)

한국청소년정책연구원 책임연구원, 한국해양대학교 교직과 교수 역임

현) 부경대학교 교육대학원 교육학과 교수

〈주요 저서〉

청소년교육론(공저), 사회발전과 인적자본론(공저), 현대비교교육발전론(공저), 현대 교육과정과 교육평가(공저) 외 논문 다수

김정희

〈학력 및 주요 경력〉

대구가톨릭대학교 대학원 교육학과(교육학박사)

대구대학교 대학원 특수교육학과(문학박사)

대교협 기획홍보팀장·국제화지원팀장, 숭실대학교 겸임교수 역임

현) 한국대학교육협의회 연구지원팀장, 중앙대학교 교육대학원 강사

〈주요 저서〉

교육학개론(공저), 지체부자유아교육(공저) 외 논문 다수

정일환

〈학력 및 주요 경력〉

미국 펜실베이니아주립대학교 교육정책학과(철학박사)

한국학술진흥재단 전문위원, 한국대학교육협의회 정책자문교수, 초등·중등교원 임용고시 출제위원, 대통령실 교육비서관 역임

현) 대구가톨릭대학교 사범대학 교육학과 교수, 교육대학원장

〈주요 저서〉

교육행정학 : 이론과 적용, 교육정책론 : 이론과 적용, 사회발전과 인적자본론(공저), 노인교육개론(공저), 여성교육론(공저), 교육학개론(공저) 외 논문 다수

교육사회학

초 판 1쇄 발행 / 2013년 8월 20일

초 판 3쇄 발행 / 2016년 8월 30일

공저자 / 주동범 · 김정희 · 정일환

발행인 / 이 중 수

발행처 / **동 문 사**

서울특별시 서대문구 홍제동 137-8

Tel : 02) 736-3718(대), 736-3710, 3720

Fax : 02)736-3719

등록번호 : 제9-17호

가격 : 17,000원

ISBN : 978-89-8251-574-3(93370)

E-mail : dong736@naver.com

www.dongmunsa.com